ANATOMIA DE UM DESASTRE

CLAUDIA SAFATLE, JOÃO BORGES
E RIBAMAR OLIVEIRA

Anatomia de um desastre

*Os bastidores da crise econômica
que mergulhou o país na pior recessão
de sua história*

3ª reimpressão

Copyright © 2016 by Claudia Safatle, João Borges e Ribamar Oliveira

A Portfolio-Penguin é uma divisão da Editora Schwarcz S.A.

PORTFOLIO and the pictorial representation of the javelin thrower are trademarks of Penguin Group (USA) Inc. and are used under license. PENGUIN is a trademark of Penguin Books Limited and is used under license.

Grafia atualizada segundo o Acordo Ortográfico da Língua Portuguesa de 1990, que entrou em vigor no Brasil em 2009.

Os autores agradecem aos jornalistas Mônica Izaguirre, Renata Veríssimo e Murilo Salviano, pela ajuda no levantamento de informações, datas e indicadores, e a Monique Gasparelli, pela concepção do infográfico da página 110.

CAPA Eduardo Forest
GRÁFICOS Mikka Mori
PROJETO GRÁFICO Tamires Cordeiro
CHECAGEM Érico Melo
PREPARAÇÃO Ciça Caropreso
REVISÃO Huendel Viana e Valquíria Della Pozza

Dados Internacionais de Catalogação na Publicação (CIP)
(Câmara Brasileira do Livro, SP, Brasil)

Safatle, Claudia
    Anatomia de um desastre : os bastidores da crise econômica que mergulhou o país na pior recessão de sua história / Claudia Safatle, João Borges e Ribamar Oliveira. — 1ª ed. — São Paulo : Portfolio-Penguin, 2016.

    ISBN 978-85-8285-043-5

    1. Brasil – Condições econômicas 2. Brasil – Condições sociais 3. Brasil – Política econômica 4. Brasil – Política social 5. Desenvolvimento econômico – Brasil 6. Economia – Brasil 7. Partido dos Trabalhadores I. Borges, João. II. Oliveira, Ribamar. III. Título.

16-08072   CDD-330.981

Índice para catálogo sistemático:
1. Brasil : Desenvolvimento econômico : Economia 330.981

[2017]
Todos os direitos desta edição reservados à
EDITORA SCHWARCZ S.A.
Rua Bandeira Paulista, 702, cj. 32
04532-002 — São Paulo — SP
Telefone: (11) 3707-3500
Fax: (11) 3707-3501
www.portfolio-penguin.com.br
atendimentoaoleitor@portfolio-penguin.com.br

SUMÁRIO

Lista de siglas 7

PREFÁCIO
Armínio Fraga 11

1. "Despesa é vida" 17
2. Lula ortodoxo 31
3. A meta que inflacionou 45
4. Fim da festa 57
5. "Um momento mágico" 69
6. A era Tombini 79
7. O nascimento da nova matriz econômica 91
8. A "operação quadrangular" 103
9. Em Brasília, 17 horas e 10 minutos 115
10. A conta do BNDES 129
11. Luz na primavera 147
12. A Petrobras definha 161
13. Fábrica de dividendos 179
14. "Eu quero é emprego" 189

15. Muito além das pedaladas   205

16. O boom das commodities   217

17. Um trotskista no comando do Tesouro   229

18. A forte redução da pobreza   245

19. O estilo Dilma   255

20. Novo governo velho   273

21. A seis meses da vitória   293

Epílogo   305

Notas   315

Créditos das imagens   327

LISTA DE SIGLAS

AGU Advocacia-Geral da União

B&MF Bovespa Bolsa de Valores, Mercadorias e Futuros de São Paulo S.A.

BNDES Banco Nacional de Desenvolvimento Econômico e Social

Caged Cadastro Geral de Empregados e Desempregados

Cemig Companhia Energética de Minas Gerais S.A.

Cesp Companhia Energética de São Paulo S.A.

Cide Contribuição de Intervenção no Domínio Econômico

CNI Confederação Nacional da Indústria

CNM Confederação Nacional de Municípios

Cofins Contribuição para o Financiamento da Seguridade Social

Copec Coordenação-Geral de Operações de Crédito do Tesouro Nacional

Copel Companhia Paranaense de Energia S.A.

Copom Comitê de Política Monetária

CPI Comissão Parlamentar de Inquérito

CPMF Contribuição Provisória sobre Movimentação Financeira

CSLL Contribuição Social sobre o Lucro Líquido

CUT Central Única dos Trabalhadores

CVM Comissão de Valores Mobiliários

DI Demanda Interna

DS Democracia Socialista

Ecopetrol Empresa Colombiana de Petróleos S.A.

Eletrobras Centrais Elétricas Brasileiras S.A.

Embraer Empresa Brasileira de Aeronáutica S.A.

Febraban Federação Brasileira de Bancos

FGV Fundação Getulio Vargas

Fiergs Federação das Indústrias do Rio Grande do Sul

Fies Fundo de Financiamento Estudantil

Fiesp Federação das Indústrias do Estado de São Paulo

FMI Fundo Monetário Internacional

IBGE Instituto Brasileiro de Geografia e Estatística

Ibmec Instituto Brasileiro de Mercado de Capitais

ICMS Imposto sobre Circulação de Mercadorias e Serviços

Infraero Empresa Brasileira de Infraestrutura Aeroportuária

Inovar-Auto Programa de Incentivo à Inovação Tecnológica
e Adensamento da Cadeia Produtiva de Veículos
Automotores

INSS Instituto Nacional do Seguro Social

IOF Imposto sobre Operações Financeiras

IPCA Índice Nacional de Preços ao Consumidor Amplo

Ipea Instituto de Pesquisa Econômica Aplicada

IPI Imposto sobre Produtos Industrializados

LDO Lei de Diretrizes Orçamentárias

LRF Lei de Responsabilidade Fiscal

MCMV Programa Minha Casa Minha Vida

MP Medida Provisória

OB Ordem Bancária

Opep Organização dos Países Exportadores de Petróleo

PAC Programa de Aceleração do Crescimento

PDT Partido Democrático Trabalhista

PDVSA Petróleos de Venezuela S.A.

Petrobras Petróleo Brasileiro S.A.

PF Polícia Federal

PIB Produto Interno Bruto

PIL Programa de Investimento em Logística

PIS Programa Integração Social

PMDB Partido do Movimento Democrático Brasileiro

Pnad Pesquisa Nacional por Amostra de Domicílios

PP Partido Progressista

PPS Partido Popular Socialista

PPSA Empresa Brasileira de Administração de Petróleo e Gás Natural — Pré-Sal Petróleo S.A.

PR Partido da República

Pronatec Programa Nacional de Acesso ao Ensino Técnico e Emprego

ProUni Programa Universidade para Todos

PSDB Partido da Social Democracia Brasileira

PSI Programa BNDES de Sustentação do Investimento

PT Partido dos Trabalhadores

PTB Partido Trabalhista Brasileiro

RP Resultado Primário

Selic Sistema Especial de Liquidação e Custódia

Senai Serviço Nacional de Aprendizagem Industrial

Sesc Serviço Social do Comércio

Sesi Serviço Social da Indústria

Siafi Sistema Integrado de Administração Financeira do Governo Federal

STF Supremo Tribunal Federal

STN Secretaria do Tesouro Nacional

Sudene Superintendência do Desenvolvimento do Nordeste

TCU Tribunal de Contas da União

TIR Taxa Interna de Retorno

TJLP Taxa de Juros de Longo Prazo

TR Taxa Referencial

UFRGS Universidade Federal do Rio Grande do Sul

UnB Universidade de Brasília

PREFÁCIO

Caro leitor, em suas mãos está um livro que conta a história econômica dos treze anos de PT no poder. Se o texto que vem a seguir em algum momento lhe parecer ficção, a culpa é dos fatos, não dos autores, três dos mais renomados jornalistas do país, que viveram esse período muito de perto (inclusive morando em Brasília).

Claudia, João e Ribamar me convidaram para escrever este prefácio, o que muito me honrou. Os dois primeiros foram importantes colegas quando de minha passagem pelo Banco Central, e o terceiro, Ribamar, é um grande especialista nos temas fiscais do Brasil, uma qualificação essencial para entender o momento que vive o país.

Tudo começou com a nomeação de Antonio Palocci para coordenar a transição do governo Fernando Henrique para Lula, seguida de sua nomeação para o Ministério da Fazenda. Crédito eterno a Lula. Palocci inaugurou a primeira fase do caminho econômico do PT no poder. A segunda foi da saída de Palocci até o fim do segundo mandato do presidente Lula e a terceira coincide com a Presidência de Dilma Rousseff.

Na primeira fase, Lula descartou o programa histórico do PT, comprometeu-se com a continuidade das políticas ortodoxas de Fernando Henrique e, como num passe de mágica, debelou a crise de confiança que já na época o PT alegava ser uma herança maldita do governo anterior. Para alguém que, como eu, se dedicou à mais civilizada das transições, em boa parte do tempo com o dedo no pulso da economia brasileira (que enfartou com a perspectiva da chegada do PT ao poder), essa atitude foi uma surpresa, talvez um prenúncio da maneira João Santana de ser. Mas isso pouco importa. A inflação foi posta nos trilhos, a agenda de reformas prosseguiu e, com a ajuda de um boom nos preços das commodities que duraria os oito anos de Lula na Presidência, a economia voltou a crescer.

Naquele momento me parecia que o Brasil continuaria em um bom caminho para o desenvolvimento. Mas infelizmente ele não durou muito. Um primeiro sinal de desvio de rota surgiu com a hoje famosa rejeição da proposta de reordenamento das finanças públicas do país, apresentada pela área econômica do governo. Como bem relata este livro, a então ministra-chefe da Casa Civil, Dilma Rousseff, qualificou a proposta de "rudimentar" e declarou que "gasto é vida".

Em pouco tempo Palocci estaria fora do governo. Logo se iniciaria a segunda fase, que, embora tenha preservado em boa parte a estabilidade, marcou o início de uma política econômica mais intervencionista e menos transparente. Essa nova linha se caracterizou pela grande e mal desenhada presença do Estado na economia, tanto de forma direta — como nos setores bancário, de energia e petróleo — quanto indireta, via proteção contra a concorrência externa, subsídios e desonerações tributárias. Ainda assim, graças à credibilidade acumulada no primeiro mandato de Lula e à continuidade dos ventos positivos do crédito e das commodites, foi possível navegar bem a grande crise financeira global e manter uma taxa de crescimento equivalente à dos demais países da América Latina (como ocorreu também nos dois mandatos de Fernando Henrique Cardoso).

Com a chegada de Dilma Rousseff à Presidência inaugura-se a terceira fase da política econômica do PT. Após um primeiro momento de ajuste para corrigir os exageros do ano eleitoral de 2010, ficou claro que os sinais de mudança observados na fase anterior tinham vindo para ficar. Do lado macro iniciou-se um longo período de inflação acima da meta e perda adicional de disciplina e transparência das contas públicas (cujo saldo primário exibiu uma deterioração de quase 6 pontos do PIB). Do lado micro, dobrou-se a aposta no modelo dirigista, com aumento acentuado das custosas e regressivas políticas de favorecimento, não surpreendentemente sem ganhos relevantes do ponto de vista social. Esse conjunto de políticas foi batizado, ao som de trombetas, de "nova matriz econômica", e seus resultados são agora bem conhecidos: queda de quase 10% no PIB per capita em apenas três anos e aumento de 5 pontos percentuais do desemprego. A comparação com os demais países da região é taxativa: nos anos Dilma o crescimento do Brasil ficou cerca de 3% ao ano abaixo da média regional.

Como consequência dessas escolhas de política pública, a economia brasileira vem padecendo de grande incerteza e elevadas taxas de juros, a despeito da tendência global de queda a níveis jamais vistos, inclusive negativos. Por conseguinte, no agregado o Brasil vem investindo pouco e mal, o que limita o potencial de crescimento a médio e longo prazo. Essa combinação perversa de baixo crescimento, juros altos e déficit primário faz com que a dívida pública cresça bem mais rápido do que o PIB, um processo perigoso e insustentável.

Este livro dá uma importante contribuição para o entendimento desta tragédia econômica e social, ao analisar em detalhe os eventos e temas mais importantes desse período. Certamente vai ajudar na busca de soluções e avanços de que o país urgentemente necessita.

Em paralelo ao colapso econômico, não é exagero dizer que do ponto de vista político e moral o desastre foi igualmente relevante. O sintoma mais claro parece ser a captura do Estado por interesses partidários e privados, em detrimento do bem maior da sociedade. Esse quadro se caracteriza por uma profusão de partidos e grupos de interesse, cada qual buscando maximizar seu quinhão, sem grandes preocupações com a real capacidade de desenvolvimento da nação a longo prazo (ou sequer a curto prazo).

A onda de populismo e desonestidade intelectual que nos atingiu recentemente sugere que essas crises múltiplas têm raízes comuns, e que sua solução será difícil e lenta. Uma reforma política que reduza significativamente o número de partidos políticos parece ser condição necessária para qualquer avanço. Mas será preciso ir além. Não há como imaginar avanço pleno na direção de um futuro melhor sem que se instale aqui uma cultura de igualdade perante a lei e de oportunidade, de valores éticos, de esforço e de mérito.

Armínio Fraga

CAPÍTULO 1

"Despesa é vida"

Uma palavra dita pela então ministra-chefe da Casa Civil, Dilma Rousseff, selaria o destino da política econômica que marcava o governo de Luiz Inácio Lula da Silva desde o começo. No dia 9 de novembro de 2005, Dilma declarou ao jornal *O Estado de S. Paulo*[1] que a proposta de um novo regime fiscal era "rudimentar", enterrando assim o projeto que estava sendo conduzido pelos ministros Antonio Palocci, da Fazenda, e Paulo Bernardo, do Planejamento, com a ajuda do então deputado e ex-ministro Delfim Netto. Os três haviam sido estimulados pelo presidente Lula a preparar uma reforma fiscal ousada, que tinha como meta zerar o déficit nominal[2] das contas do setor público em um prazo de cinco a dez anos.

Alcançado o equilíbrio fiscal, o país poderia ter juros reais normais, mais parecidos com os do resto do mundo, de 2% a 3% ao ano. Era uma ideia factível, embora trouxesse o risco de se pretender controlar os juros como meio de cumprir a meta. Se a proposta tivesse sido vitoriosa, a história da economia brasileira e o desfecho de treze anos de governo do PT, com a aprovação do impeachment da presidente da República, Dilma Rousseff, em agosto de 2016, provavelmente teriam sido diferentes.

A entrevista de Dilma deixou a equipe econômica atônita. Ninguém ousou confrontá-la publicamente, por entender que aquela audácia emanava do gabinete presidencial. As condições eram favoráveis a iniciativas mais ambiciosas. Depois do ajuste dos primeiros anos do governo Lula, as finanças da União, dos estados e dos municípios estavam em uma situação confortável. O superávit primário, de 4,35% do PIB em 2005, superou a meta de 4,25%. O déficit nominal, que é a expressão mais ampla da real situação de solvência do Estado brasileiro, de 2,96% do PIB, era reflexo da despesa com os juros da dívida pública, que naquele ano consumiu o equivalente a 7,32% do PIB. Os juros reais, a partir do compromisso com o déficit zero, cairiam e as condições de financiamento para a expansão da economia seriam bem mais favoráveis. Tratava-se, portanto, de dobrar a aposta no modelo que vigorava até então.

O quadro político, porém, era bem complicado. O escândalo do mensalão alimentava a hipótese de renúncia do presidente Lula. O desaquecimento da economia punha em risco o desempenho do PT e a própria recondução de Lula ao Palácio do Planalto nas eleições de 2006. Levar adiante a discussão do déficit zero foi uma proposta surgida quando o Banco Central teve que retomar o aperto monetário em 2004 para conter as pressões inflacionárias. Palocci contou que, incomodado com o círculo vicioso do crescimento que gera inflação, que eleva a taxa de juros e derruba o crescimento, conversou com Delfim. Queria saber como era possível romper esse círculo que trava a economia e lhe permite, no máximo, voos de galinha.

A meta para a taxa básica de juros, Selic,[3] era de 16% ao ano desde abril de 2004, mas pressões inflacionárias levaram o Copom a iniciar um novo aperto monetário em setembro daquele ano. Os juros subiram gradualmente até 19,75% ao ano em maio de 2005. Havia um debate entre os economistas sobre a necessidade de se aprofundar o ajuste fiscal como pré-condição para a redução dos juros estratosféricos que constituem, há décadas, uma aberração da economia brasileira. Delfim defendia a eliminação do déficit.

Quando foram chamados no início de junho para uma reunião com Palocci, os técnicos do Ipea Fabio Giambiagi e Paulo Levy estavam trabalhando em algumas ideias e fazendo contas para impor um reforço à política fiscal dos anos seguintes. Ainda não havia acontecido o encontro das duas propostas — a deles e a de Delfim.

A conversa com Palocci foi marcada para o dia 6 de junho de 2005. Giambiagi e Levy embarcavam no aeroporto Santos Dumont, no Rio, quando viram, numa livraria, a edição da *Folha de S. Paulo* com a entrevista do então deputado federal Roberto Jefferson (PTB-RJ) denunciando o pagamento de uma mesada de 30 mil reais para parlamentares da base aliada do governo, no escândalo que ficaria conhecido como mensalão. Giambiagi olhou para Levy e comentou: "Vai dar merda". Em Brasília, eles participaram de uma reunião de dez minutos com Palocci, em uma sala do Palácio do Planalto. Pouco se falou ali. Não havia clima.

O comentário de Giambiagi foi premonitório. Em 16 de junho, José Dirceu, ministro-chefe da Casa Civil, foi exonerado e substituído por Dilma, na época ministra de Minas e Energia. "Tenho as mãos limpas. Saio de cabeça erguida do ministério", declarou Dirceu, a primeira vítima do mensalão. No julgamento do escândalo, ocorrido em novembro de 2012, ele foi condenado por corrupção ativa e preso por onze meses e vinte dias. Em 4 de novembro de 2014, passou ao regime de prisão domiciliar. Em 2015, Dirceu foi preso novamente, por denúncias de envolvimento em um gigantesco esquema de corrupção na Petrobras, cuja investigação ficou conhecida como Operação Lava Jato.

Depois da primeira conversa com Delfim, Palocci convidou o economista para um jantar com Lula, na residência oficial do ministro da Fazenda. "Lula pediu que eu coordenasse, junto com o Palocci, o Paulo Bernardo e o setor privado, o plano para zerar o déficit em alguns anos", contou Delfim anos depois. Conselheiro e amigo de Lula, a quem conheceu nos tempos em que foi ministro do Planejamento no governo do general João Batista Figueiredo, Delfim disse:

"Eu estava defendendo um choque de austeridade. Com ele, a taxa de juros desceria de elevador".

No fim de junho de 2005, com a proposta de um novo regime fiscal para o país quase pronta, era preciso buscar o apoio do setor privado para vencer as resistências das lideranças políticas. Afinal, medidas duras teriam de ser tomadas para colocar a despesa pública dentro da receita disponível. Convidados por Delfim, Palocci e Paulo Bernardo, empresários e políticos do alto escalão se reuniram no dia 5 de julho em Brasília para ouvir o que seria o novo programa em um jantar no restaurante Renata La Porta, no Lago Sul. Se aprovado pelo Congresso Nacional e, depois, bem executado, ele poderia retirar de cena o problema do desequilíbrio fiscal crônico do setor público, que desde os anos 1980 vinha sendo tratado de forma conjuntural e insuficiente. Os déficits no Brasil sempre foram cobertos por aumento de impostos e nunca pela redução de despesas. Ao impor limites ao crescimento das despesas, a mudança de concepção soou bem para os empresários e políticos presentes a esse jantar.

Quando Dilma encerrou a discussão que ocorria desde meados do primeiro semestre de 2005, a proposta estava pronta. "Esse debate é absolutamente desqualificado, não há autorização do governo para que ele ocorra", disse ela. "Quando você fala em [um plano de] dez anos, tem que 'combinar com os russos', que são os 180 milhões de pessoas que vivem no Brasil", continuou, parafraseando Mané Garrincha na Copa de 1958. "Para crescer, é necessário reduzir a dívida pública. Para a dívida pública não crescer, é preciso ter uma política de juros consistente, porque senão você enxuga gelo", acrescentou a então ministra.

Para não deixar dúvida de que estava, sim, desautorizando Palocci, Bernardo e Delfim, Dilma ainda disse: "O que foi apresentado [em reunião na Casa Civil, no Palácio do Planalto] foi bastante rudimentar". E concluiu, em seguida, com a frase que mais impressionou o então ministro da Fazenda: "Despesa corrente é vida. Ou você proíbe o povo de nascer, de morrer, de comer ou de adoecer, ou vai ter despesas correntes".

Onze anos depois, com o país mergulhado em uma crise econômica e política e nas investigações da Operação Lava Jato sobre um megaesquema de corrupção na Petrobras, Palocci, Delfim e Paulo Bernardo consideraram que o "rudimentar" de Dilma foi o ponto de inflexão da política econômica do PT. Quem barrou o debate "foi o Lula", garantiu Bernardo. Até aquele momento, lembrou, "Dilma não tinha peso próprio para acionar a metralhadora contra a ideia do déficit zero". A arma só poderia ter sido fornecida por quem de fato tinha bala na agulha.

Segundo relato de Bernardo, no encontro na Casa Civil para a discussão da proposta, além de Dilma, estava o então ministro do Desenvolvimento, o empresário Luiz Fernando Furlan, que, para a surpresa de Bernardo, combateu com veemência a proposta. "A certa altura eu disse: 'Furlan, não estou entendendo! Vocês, empresários, sempre defendem juros mais baixos, menos impostos, e nós estamos propondo, inclusive, reduzir a CPMF para apenas 0,1% para ser um imposto regulador. E você está contra?'", lembrou Bernardo.

Poucos dias antes da entrevista de Dilma ao jornal *O Estado de S. Paulo*, já apareciam, aqui e ali, sinais de resistência ao endurecimento da política de gasto público. Essa não era uma discordância recente. Ela já pautava o debate econômico desde o primeiro ano do governo Lula. Os economistas alinhados com o programa do PT não aceitavam o conservadorismo da dupla Palocci, ministro da Fazenda, e Henrique Meirelles, presidente do Banco Central. Foram marcantes, por exemplo, as declarações da economista Maria da Conceição Tavares sobre um documento produzido pelo secretário de Política Econômica do Ministério da Fazenda, Marcos Lisboa, intitulado "Política Econômica e Reformas Estruturais" logo no início da gestão do PT, em abril de 2003. No texto, Lisboa realçava a importância do desequilíbrio fiscal nos problemas do país e defendia a "focalização dos programas sociais", o que significava concentrar os gastos sociais na população realmente pobre.

Conceição chamou Lisboa de "débil mental" e "semianalfabeto". Ícone do desenvolvimentismo[4] no Brasil, a economista salientou que aquele documento contradizia argumentos históricos do PT, que sempre atribuiu as mazelas da economia ao déficit externo, e defendeu a preservação da universalização das políticas de saúde, educação básica e da previdência social.

O economista Carlos Lessa, outro expoente do pensamento desenvolvimentista e muito amigo de Conceição, foi destituído por Lula da presidência do BNDES em novembro de 2004, por expor, em entrevistas a jornais, sua total discordância da política econômica conduzida pela dupla Palocci e Henrique Meirelles.

Na reunião da Câmara de Política Econômica, na Casa Civil, realizada no segundo semestre de 2005 e coordenada pela então ministra Dilma Rousseff, ficou claro que não havia mais apoio do governo Lula a propostas conservadoras, liberais ou "neoliberais", como a do déficit zero, para a política econômica. Era hora de enfrentar o mensalão e ganhar as eleições de 2006. Doses adicionais de austeridade, dizia-se no governo, poderiam comprometer a reeleição de Lula.

Palocci, nessa reunião da Câmara, ainda pediu que o então diretor do Banco Central, Afonso Bevilaqua, explicasse a Dilma a relação entre o superávit primário das contas públicas, a taxa real de juros, a trajetória da dívida e o crescimento econômico. Bevilaqua, considerado um economista ultraconservador, fez uma exposição técnica e didática. Segundo o relato de pessoas presentes, Dilma não escondeu sua impaciência com aquela conversa entre olhares para o teto e o tamborilar de dedos na mesa de reunião.

Encerradas as explicações de Bevilaqua, a ministra da Casa Civil, sem meias palavras, começou a tentar demolir os argumentos e esclarecimentos do diretor do Banco Central. Defendeu o gasto público como uma questão de "vida" e falou tudo o que depois repetiria na entrevista de novembro, e um pouco mais. Bevilaqua se dirigiu a Palocci e disse que talvez não tivesse sido claro o suficiente para mostrar a Dilma a importância do controle das despesas públicas, da geração de superávits nas contas do governo para o crescimento econômico e que, portanto, voltaria a explicar. Por uns dez minutos, ele retomou a palavra. Dilma voltou a se impacientar.

Prenunciava-se aí uma reviravolta na concepção da política econômica e começavam a surgir as primeiras pinceladas do estilo Lula de administrar. Ele estimulava o contraditório para formar opinião e decidir de que lado ficar. Quando, no fim do ano, foi divulgada a retração de 1,2% no PIB do terceiro trimestre de 2005, o ataque da ala desenvolvimentista do governo à atuação do Banco Central foi explícito. Guido Mantega, que no ano anterior havia deixado o Ministério do Planejamento para substituir Lessa no comando do BNDES, também da escola desenvolvimentista, apontou o dedo para quem julgou ser o responsável pela queda do PIB: "O que houve foi mesmo excesso de zelo do Banco Central, principalmente de alguns diretores, particularmente o Afonso Bevilaqua", afirmou em entrevista em dezembro de 2005.[5]

O diretor do Banco Central seria o culpado por "errar a mão" no aumento dos juros e por desaquecer a economia justamente um ano antes da campanha eleitoral. "São os talibancos", dizia-se entre os técnicos do Ministério da Fazenda e em parte do mercado financeiro.

A inflação, porém, levou um tombo com a elevação dos juros. Caiu de 7,6% em 2004 para 5,69% em 2005, e para 3,14% em 2006, a menor taxa de inflação medida pela variação do IPCA durante todo o regime de metas instituído em 1999.

Em outubro de 2006, quando os eleitores foram às urnas para reeleger Lula, o resultado do aperto monetário do Banco Central era uma inflação acumulada de apenas 2,33% no ano e, no fim de 2006, um crescimento econômico de 3,96%. Lula teve 58 295 042 de votos (60,83% do total) e Geraldo Alckmin, do PSDB, 37 543 178 (39,17%).

Os juros voltaram a cair, de 19,75% em setembro de 2005 para 11,25% em setembro de 2007, ficando nesse patamar até abril de 2008, quando se iniciou um novo ciclo de alta.

O debate sobre que rumos tomar — aprofundar o ajuste fiscal para zerar o déficit ou adotar a receita desenvolvimentista que preconizava um papel ativo do Estado na expansão dos investimentos — ocorria simultaneamente à elevação da temperatura do mensalão, que alimentava a pressão para a renúncia de Lula. Em agosto de 2005, os termômetros bateram recorde. Em um dos momentos mais dramáticos da gestão Lula, quando o escândalo dominava o noticiário, diante do depoimento bombástico do publicitário Duda Mendonça à CPI dos Correios, Dilma Rousseff, em um ato de ousadia, entrou no gabinete do presidente e sugeriu que ele renunciasse. Lula encerrou aquela desagradável questão com uma frase: "Vocês [na sala, além de Dilma havia mais ministros] não me conhecem".[6]

A proposta de Dilma decorria de um fato muito sério. Duda Mendonça havia acabado de declarar à CPI dos Correios que, em 2003, tinha recebido do PT, como pagamento pelos serviços prestados na campanha presidencial do ano anterior, 15,5 milhões de reais em recursos de caixa 2, sendo que, desse total, 10,5 milhões haviam sido depositados em uma conta no exterior. Prova suficiente para abrir um processo de impeachment contra o presidente da República ou para anular a eleição de 2002. A oposição, porém, não quis levar adiante nem uma coisa nem outra, por falta de votos no Congresso e de apoio nas ruas.

A articulação em torno do déficit zero passou também a ter o objetivo de estimular as elites econômicas a aplacar os ânimos da oposição em torno de um processo de impeachment de Lula. O plano fiscal, acreditavam seus idealizadores, poderia antecipar a obtenção do "grau de investimento"[7] do país e criar condições para o crescimento sustentado. Lula convocou o movimento sindical para apoiá-lo contra um eventual processo de impeachment e passou a governar com alguns de seus expoentes. Estava afastada a hipótese de renúncia.

Palocci, desautorizado a dobrar a aposta no aprofundamento do ajuste das contas públicas, entrou em inferno astral. José Dirceu já estava fora do governo. Vendo-se como o próximo alvo de ataques, o ministro da Fazenda disse a Lula, mais de uma vez, que o melhor seria ele se antecipar e deixar o governo também. Na última vez que abordou esse assunto com o presidente, em dezembro de 2005, ouviu dele: "Para de encher o saco e vai trabalhar!".

Em plena crise do mensalão, outro escândalo explodiu com a quebra do sigilo bancário do caseiro Francenildo Santos Costa, encarregado de manter e vigiar uma mansão do Lago Sul. Em depoimento à CPI dos Bingos no dia 16 de março de 2006, Francenildo contou que Palocci era assíduo frequentador da residência. Ali ocorriam reuniões de lobistas — a chamada República de Ribeirão Preto, em alusão à cidade de origem do ministro — suspeitos de interferir em negócios de seu interesse no governo Lula. Na casa fazia-se não só partilha de dinheiro como festas animadas por garotas de programa.

Francenildo disse ter visto malas e maços de dinheiro, além de haver testemunhado o motorista da casa entregar um envelope a um assessor de Palocci no estacionamento do Ministério da Fazenda. O caseiro depôs na CPI por cerca de quarenta minutos, até a sessão ser interrompida por uma liminar do senador Tião Viana, do PT, acatada pelo Supremo Tribunal Federal. Antes Francenildo havia dito: "Confirmo até morrer" ter visto Palocci na mansão umas vinte, trinta vezes. No depoimento, o caseiro repetiu as informações que havia dado em sua entrevista ao jornal *O Estado de S. Paulo* de 14 de março daquele ano.

No dia 17, um blog da revista *Época* divulgou um extrato recente da conta bancária do caseiro com o saldo de 38 860 reais. No dia seguinte, em sua edição de 20 de março, a revista sugeria que Francenildo teria sido pago para fazer as denúncias contra Palocci. Porém, uma equipe da Polícia Federal encarregada de apurar o fato logo desmontou a tese. O caseiro apresentou recibos bancários provando que o dinheiro era fruto de um acordo com seu pai biológico, um empresário do Piauí, para que Francenildo não entrasse com um processo de paternidade contra ele. O empresário e a mãe do caseiro confirmaram a história. No dia 27 de março de 2006, uma segunda-feira, Palocci deixou o governo.

Lula examinou três nomes para substituir o ministro da Fazenda que havia conquistado a confiança do mercado e que era mencionado, inclusive, como possível candidato do PT à sucessão presidencial. O deputado Aloizio Mercadante era uma solução política, por ser um parlamentar do partido do governo; Murilo Portugal, secretário executivo na gestão de Palocci, era a alternativa conservadora; e Guido Mantega, no comando do BNDES, era uma saída prática e caseira, pois já estava no governo e teria apenas que mudar de endereço. Lula preferiu Mantega, que por muitos anos fora seu assessor no PT. Economista desenvolvimentista, Mantega queria ser, e foi, o mais longevo ministro da Fazenda do Brasil: assumiu em março de 2006 e comandou a pasta até dezembro de 2014.

Antes de deixar o cargo, Palocci anunciou que o governo pagaria antecipadamente a dívida de 15,5 bilhões de dólares que o país tinha com o FMI e que venceria em 2006 e 2007. O PT comemorou a libertação dos acordos com o Fundo, do qual o Brasil vinha sendo um cliente contumaz desde os anos 1980, quando da crise da dívida externa, e a partir de novembro de 1998, último ano do primeiro mandato do presidente Fernando Henrique Cardoso, quando o governo tentou sustentar a taxa de câmbio administrada. O Partido dos Trabalhadores celebrou que o país tivesse finalmente se libertado das algemas ortodoxas do Fundo Monetário.

A saída de Palocci criou espaço para uma nova agenda. Sob a hegemonia do pensamento desenvolvimentista — com Mantega na Fazenda, Dilma na Casa Civil e Nelson Barbosa como formulador da política econômica —, a abundância de recursos decorrentes do boom das commodities e a valorização do real em relação ao dólar, parecia possível uma mudança radical na condução da economia. A ideia era, mediante ação do Estado, pôr o crescimento em marcha. Em 2007 foi instituído o Programa de Aceleração do Crescimento, PAC. O salário mínimo passaria a ter aumentos reais expressivos, e o gasto público, um crescimento sistemático. A exacerbação extrema desse modelo, no entanto, é que faria o Brasil chegar a 2015 com as contas públicas em frangalhos e o Tesouro Nacional quebrado.

Como secretário de Política Econômica do Ministério da Fazenda, Nelson Barbosa, que em 2015 se tornaria ministro da Fazenda, escreveu em 2010: "A visão desenvolvimentista do governo Lula combinava vários argumentos, sem refletir uma escola de pensamento econômico homogênea. Em contraponto ao caráter teórico e ideologicamente mais coeso da visão liberal, os desenvolvimentistas então adotaram uma postura mais pragmática em torno da defesa de três linhas de atuação para o governo federal. Foram elas: a adoção de medidas temporárias de estímulo fiscal e monetário para acelerar o crescimento e elevar o potencial produtivo da economia; a aceleração do desenvolvimento social por intermédio do aumento nas transferências de renda e elevação do salário mínimo; e o aumento no investimento público e a recuperação do papel do Estado no planejamento de longo prazo".[8]

Para Barbosa, essa visão foi fortalecida e venceu o embate com os liberais porque "o ajuste fiscal de 2003-2005 não acelerou substancialmente o crescimento da economia nem tampouco ajudou o compromisso de melhorar a renda e o emprego, o que fez a visão neoliberal ir se esgotando nos primeiros três anos do governo Lula". Ele destacou ainda outro ponto relevante: "A proposta neoliberal de novos ajustes recessivos [a do déficit zero] acabou fortalecendo a visão desenvolvimentista sobre a política econômica ao final de 2005".

A MAIOR RECESSÃO BRASILEIRA DOS SÉCULOS XX E XXI

VARIAÇÃO REAL ANUAL DO PIB (%)

Fonte: IBGE

1980-83	-6,3
1989-92	-3,4
2013-16	-6,8

*Estimativa

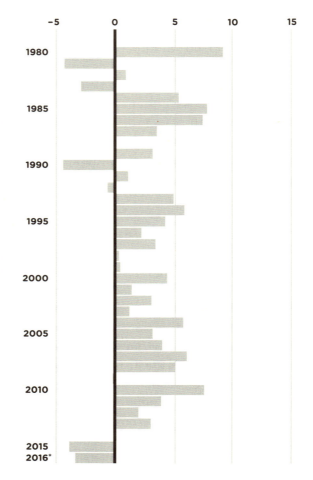

CAPÍTULO 2

Lula ortodoxo

A posse de Luiz Inácio Lula da Silva em 1º de janeiro de 2003 foi uma festa popular. A Esplanada dos Ministérios e a praça dos Três Poderes, em Brasília, jamais haviam acolhido multidão tão abundante na posse de um presidente da República. A festa se estendeu pela noite, com shows de vários artistas, entre eles o já nomeado ministro da Cultura, Gilberto Gil, e a dupla sertaneja Zezé di Camargo e Luciano.

Lula conquistou a Presidência da República na quarta eleição consecutiva que disputou. Depois de construir sua liderança política nas lutas sindicais, uniu-se a outras lideranças e a intelectuais para fundar o PT. Até conseguir sua primeira vitória presidencial, percorreu o país no que ficou conhecido como "caravanas da cidadania", visitando inúmeras cidades, conhecendo de perto os problemas reais da população. Uma antítese do modelo de político tradicional, que só se aproximava dos eleitores durante a eleição. Foi o primeiro líder genuinamente popular a chegar à Presidência, com um discurso claro a favor dos segmentos mais desassistidos da população.

Sob o mote "A esperança venceu o medo", a vitória do líder petista ensejou expectativas e receios. A esperança era daqueles que vislumbravam a oportunidade histórica de reduzir as desigualdades sociais, distribuir melhor a renda e diminuir a dívida social do país.

O medo vinha dos que temiam uma mudança radical na condução da economia, como constava do programa original do PT. Esse temor foi parcialmente atenuado já durante a campanha, quando Lula divulgou, em junho de 2002, sua "Carta ao Povo Brasileiro" — uma carta compromisso na qual afirmou que respeitaria contratos e que mudanças seriam feitas democraticamente, dentro dos marcos institucionais. Para dissipar dúvidas sobre o receio de um calote na dívida pública nos moldes do "confisco" feito pelo ex-presidente Fernando Collor de Mello, a Carta garantia: "Vamos preservar o superávit primário o quanto for necessário para impedir que a dívida interna aumente e destrua a confiança na capacidade do governo de honrar os seus compromissos".

Apesar da Carta, à medida que a campanha esquentava cresciam as incertezas sobre como Lula e o PT, se vitoriosos, conduziriam o país. O presidente Fernando Henrique Cardoso optou por fazer mais um acordo com o FMI, que colocou à disposição do Brasil, independentemente de quem vencesse as eleições, um empréstimo de 30 bilhões de dólares, o maior já feito ao país. Como o Brasil dispunha de apenas 16,6 bilhões de dólares em reservas internacionais e tinha contas pesadas do balanço de pagamentos para honrar todos os anos no exterior, o dinheiro serviria para aliviar as tensões do mercado financeiro e, principalmente, para dar ao novo presidente condições de iniciar o mandato em janeiro com um colchão financeiro.

O comunicado do Fundo, emitido em 7 de agosto de 2002, dizia: "Ao reduzir as vulnerabilidades e as incertezas, o novo programa do FMI garante uma ponte para o novo governo que começa em 2003 e apoia a continuação da estratégia política que irá assegurar a estabilidade macroeconômica e aproximar o crescimento econômico do Brasil de um nível mais próximo de seu potencial no médio prazo, preservando inflação baixa e sustentabilidade externa, e apoio aos esforços para aumentar os índices de emprego e melhorar as condições sociais para os brasileiros".

Em 19 de agosto, Fernando Henrique reuniu-se em separado com os três principais candidatos ao Palácio do Planalto (Lula e Ciro Gomes, da oposição; José Serra, da situação), para explicar o acordo.

Era um ritual para que os postulantes à Presidência apoiassem publicamente o compromisso assumido pelo Brasil. Ao final de cada encontro, todos indicaram que honrariam o acordo com o FMI.

No entanto, nos comícios e programas dos candidatos da oposição, no rádio e na TV, prosseguia a retórica hostil às políticas conservadoras, neoliberais, na economia. Ao ser eleito presidente, Lula teria que se equilibrar entre duas vertentes — de um lado, manter a estabilidade da economia; de outro, atender aos anseios legítimos e represados dos eleitores.

Sob o impacto de turbulências desde 2001, ano do racionamento de energia elétrica, a economia brasileira enfrentava ainda os efeitos da aguda crise econômico-financeira argentina, que contaminava as expectativas em relação ao Brasil, e do ataque às Torres Gêmeas em 11 de setembro. Para piorar, em 2002, a volatilidade dos mercados foi potencializada pela dinâmica da campanha eleitoral e pelo sobe e desce nas pesquisas de intenção de voto.

A cotação do dólar refletia de imediato os temores da disputa eleitoral. No dia 2 de janeiro de 2002, ele estava cotado a 2,30 reais e em 22 de outubro, cinco dias antes do segundo turno que elegeria Lula, a moeda americana chegou a valer 4 reais, até fechar o dia em 3,95. Uma escalada de alta impressionante. A valorização de 71,7% do dólar, em relação ao início do ano, trazia pressões inflacionárias que teriam de ser enfrentadas pelo novo governo.

Passadas as eleições, a real disposição do governo Lula em manter uma política econômica ortodoxa passou por um primeiro teste na reunião de janeiro de 2003 do Copom.[1] Dias antes do segundo turno, em uma reunião extraordinária, o Banco Central, sob a presidência de Armínio Fraga, aumentara a taxa Selic de 18% ao ano para 21% e para 25% em dezembro, catorze dias antes da posse de Lula. Uma alta de sete pontos percentuais em apenas dois meses, mas ainda insuficiente para debelar a inflação. Por isso era grande a expectativa em relação à primeira reunião do Copom sob o novo governo, que aconteceria no dia 22 de janeiro. Para quem duvidava, a surpresa: o

Comitê elevou a taxa básica de juros (Selic) de 25% para 25,5%. Era uma demonstração de que a troca de governo não iria representar uma descontinuidade no compromisso de ajustar uma economia fortemente abalada pela expectativa de mudança no poder. Com o aumento nos juros, o governo do PT marcava um ponto importantíssimo na conquista da confiança dos agentes econômicos. O indicativo de sua disposição de manter a inflação sob controle.

O objetivo da "Carta ao Povo Brasileiro" havia sido sinalizar a investidores e empresários — nacionais e estrangeiros — que o governo do PT tinha compromisso com a estabilidade econômica e honraria contratos. Que não se pautaria pelas posições mais radicais que constavam dos documentos e resoluções do PT, nem pela retórica de suas campanhas eleitorais desde 1989. Para parcelas expressivas do partido e para a militância, contudo, esse não era um compromisso a ser levado à risca; fora apenas um movimento tático na eleição. O documento do XII Encontro Nacional do Partido dos Trabalhadores, realizado no ano anterior, 2001, em Olinda, falava em "ruptura" com o modelo neoliberal de Fernando Henrique Cardoso, entre outras propostas.[2]

A composição da equipe econômica, porém, indicava que não haveria experimentalismos. Antonio Palocci, médico, ex-prefeito de Ribeirão Preto, coordenador da campanha presidencial, foi a escolha de Lula para o Ministério da Fazenda. Palocci havia se credenciado ao cargo durante a campanha. Teve papel fundamental na elaboração da "Carta ao Povo Brasileiro", em contatos com empresários e banqueiros e, na transição, estabeleceu um diálogo sereno com a equipe do governo que terminava. A cada declaração sua à imprensa, diminuíam as desconfianças com a nova administração. A cotação do dólar — termômetro da volatilidade econômica ditada pelas incertezas políticas — cedia. Em pouco mais de dois meses, ela caiu da máxima de 3,95 reais para 3,53 em 30 de dezembro de 2002.

No Banco Central, a mais surpreendente escolha de Lula: Henrique Meirelles, que um ano antes deixara uma longa e exitosa carreira no BankBoston, onde havia chegado à presidência internacional, para disputar — e conquistar — um mandato de deputado em

Goiás pelo PSDB, partido de José Serra, candidato que Lula vencera. Ao aceitar o convite de Lula para assumir a presidência do Banco Central, Meirelles desfiliou-se do PSDB e renunciou ao mandato.

Antonio Palocci montou uma equipe com perfil técnico. Apenas Bernard Appy, chamado para o cargo de secretário executivo e, depois, para secretário de Política Econômica do Ministério da Fazenda, tinha ligações com o PT, mas era visto como um economista que não se pautava pela militância. Para a secretaria do Tesouro, Palocci escolheu Joaquim Levy, doutor em economia pela Universidade de Chicago, que ocupara cargos importantes no Ministério da Fazenda e do Planejamento durante o governo Fernando Henrique. Doze anos depois, Levy seria nomeado ministro da Fazenda pela presidente Dilma Rousseff.

Durante a campanha, inflação e dólar foram os temas prediletos dos candidatos de oposição. A alta do dólar e a consequente desvalorização do real no decorrer de 2002 acumularam pressões inflacionárias desafiadoras para o ano seguinte. O índice oficial de inflação, o IPCA, calculado pelo IBGE, fechou 2002 em 12,53%, muito distante da meta para o ano, que era de 3,5%. Enfrentar o processo inflacionário era, portanto, crucial não apenas para a economia, mas para o destino do governo que se iniciava. Aumentar a taxa de juros tem sempre um custo político para qualquer governo. Naquele momento, Lula e a equipe econômica assumiram o custo de ajustar a economia, apostando as fichas em resultados de médio prazo.

O diagnóstico que a equipe econômica de Fernando Henrique havia repassado ao futuro ministro da Fazenda, Antonio Palocci, tocava, contudo, em um ponto ainda mais sensível: o financiamento da dívida pública. Em plena campanha eleitoral, o Tesouro Nacional e o Banco Central enfrentaram progressivas dificuldades para vender títulos com vencimento a partir de 2003.

A situação foi administrada com o uso do caixa do Tesouro, que só teria fôlego até o primeiro trimestre de 2003. Era fundamental que o novo governo agisse com energia para recuperar a confiança do mercado. "O país não quebra nas nossas mãos, mas pode quebrar na de vocês", avisou uma autoridade do governo FHC que participou de várias reuniões com Palocci no período da transição.

O alerta foi entendido. De acordo com o testemunho de vários economistas que atuaram na transição, o presidente Lula e seus principais futuros ministros — Palocci, José Dirceu e Luís Gushiken, este da Secretaria de Comunicação da Presidência da República — tinham noção dos riscos na economia e sabiam que o caminho a trilhar teria que ser o da prudência. Assim, a decisão do Copom na primeira reunião feita sob o governo Lula não teve surpresa. A alta da taxa básica de juros foi confirmada em um curto comunicado: "Os indicadores de inflação mostram sinais de queda. No entanto, o Copom julgou que a convergência das expectativas de inflação para a trajetória das metas recomenda uma elevação da taxa Selic para 25,5% ao ano. A decisão foi unânime". Essa foi a primeira demonstração concreta de que o novo governo iria manter o arranjo macroeconômico configurado no tripé câmbio flutuante, metas de inflação e equilíbrio das contas públicas, consolidado no governo FHC em 1999. O governo passava pelo primeiro teste.

Mas a unanimidade dos integrantes do Copom não encontrava correspondência em correntes expressivas do PT. As críticas ao que se considerava uma continuidade da política econômica do governo FHC foram imediatas. E prosseguiram crescendo nos meses seguintes. No núcleo do governo não houve críticas. "Lula não se envolvia diretamente. A impressão era de que Palocci e José Dirceu tocavam o governo", disse Luiz Fernando Figueiredo, na época diretor de Política Econômica do Banco Central e remanescente do governo anterior. Figueiredo participou ativamente da equipe de transição e, a convite de Henrique Meirelles, permaneceu no Banco Central até abril de 2003. Marcos Lisboa, secretário de Política Econômica do Ministério da Fazenda na gestão de Antonio Palocci, também relembra que no início do governo os três ministros de Lula davam sustentação política às medidas econômicas: "Todas as vezes que tive que tratar alguma coisa com o José Dirceu, as conversas se deram de forma racional e cordial".

A pressão sobre o Copom começou na reunião do dia 19 de fevereiro. A taxa de juros vinha aumentando desde outubro de 2002. O esforço maior para debelar a inflação, que havia subido por causa da alta do dólar, estava feito, mas ainda era insuficiente, mesmo com a elevação da taxa de juros em janeiro. No meio da reunião, na manhã daquela quarta-feira 19 de fevereiro, Henrique Meirelles deixou a sala para ir atender um telefonema em seu gabinete, que ficava logo ao lado, separado apenas por uma porta. A conversa demorou cerca de quinze minutos, mas o suficiente para alterar o humor do presidente do Banco Central. "Ele voltou diferente, havia uma tensão visível nele", relata um participante da reunião do Copom.

Antes que a discussão fosse reiniciada, um comentário de Meirelles forneceu uma pista sobre o teor do telefonema: "Politicamente vai ser complicado aumentar os juros". Carlos Eduardo de Freitas, diretor da área de Liquidações, remanescente da diretoria anterior e funcionário de carreira do Banco Central com participação em vários governos ao longo de décadas, quebrou diplomaticamente o silêncio com uma sugestão gastronômica: "Presidente, dado o adiantado da hora, poderíamos interromper a reunião e retomar depois do almoço". Todos concordaram.

No ambiente mais informal do almoço, que acontecia em uma sala do vigésimo andar, o mesmo da reunião do Copom, os diretores discutiram sobre como reagir à "complicação política" e fecharam posição de que todos sustentariam a decisão já encaminhada. De volta à reunião, Meirelles não mencionou nenhuma "complicação política" e, em momento algum, insinuou que não se deveria aumentar a taxa de juros. Também não deu pistas sobre quem o chamara ao telefone de manhã. Pelo ritual do Copom, ninguém deixa a sala nem atende telefone enquanto se discute taxa de juros. Exceto em situações excepcionais, como um chamado do presidente da República ou do Ministro da Fazenda. No fim do dia, o comunicado do Copom dizia: "A inflação mostra sinais de resistência. Diante disso, o Copom decidiu, por unanimidade, elevar a taxa Selic para 26,5% ao ano. Concomitantemente, a diretoria aumentou a alíquota do compulsório sobre os depósitos à vista de 45% para 60%".

O aperto monetário aumentava também por causa da redução da liquidez, do dinheiro disponível para emprestar, com a elevação da parcela de recursos dos depósitos que os bancos são obrigados a recolher junto ao Banco Central. Os sinais de resistência da inflação desafiavam a análise dos economistas do Banco Central. O consumo não estava aquecido; pelo contrário, as vendas no comércio varejista caíam. O primeiro semestre de 2003 fecharia com queda de 5,7%, de acordo com dados do IBGE. E a indústria tinha estoques elevados. Depois de muita discussão e análise de indicadores, a conclusão foi de que os agentes econômicos não estavam acreditando que o governo sustentaria a alta de juros por muito tempo, desconfiança que os levava a uma posição defensiva. Se o governo afrouxasse a política de juros, a inflação seguiria seu curso, e nos meses seguintes haveria aumentos de preços. Então, segurar estoques para vender a preços mais altos lá na frente era melhor do que baixar os preços naquele momento. Feito esse diagnóstico, o Banco Central entendeu que não havia alternativa: era necessário prosseguir com o aperto dos juros até quebrar a resistência inflacionária.

Em março, o Banco Central manteve a taxa de juros em 26,5% ao ano, mas com viés de alta. Na linguagem do Copom, isso significa que o comitê poderia, a qualquer momento, antes mesmo da reunião de abril, aumentar novamente os juros. Na semana em que ocorreria a reunião de abril do Copom, Henrique Meirelles levou aos demais membros um convite do ministro Antonio Palocci para um café da manhã. O local não seria o Ministério da Fazenda, mas a residência oficial dele, no Lago Sul de Brasília. Os diretores responderam que aceitariam o encontro, desde que ele ocorresse depois da reunião. O convite não foi renovado.

O economista Guido Mantega, coordenador do programa econômico do PT e principal assessor de Lula nessa área, nunca escondeu sua discordância sobre a política de elevação da taxa de juros. Em novembro de 2002, com Lula já eleito mas ainda não empossado, depois de uma palestra a empresários na Câmara Americana de Comércio, em São Paulo, Mantega declarou que a inflação estava alta por causa da subida do dólar e que, no caso, aumentar a taxa de juros era ineficaz. Três dias depois, ocorreria a penúltima reunião do

Copom da era FHC. Aos jornalistas, com ironia, o futuro ministro do Planejamento afirmou: "Pelo que conheço do Banco Central, acho que vai elevar a taxa de juros, que seja em 0,5%, para seguir o modelinho". Segundo ele, esse "modelinho" tinha sido criado por Ilan Goldfajn, diretor de Política Econômica. O que era um engano. Os modelos usados pelo Banco Central, com base em experiências de outros países, foram desenvolvidos pela diretoria do Banco em 1999, sob o comando do então diretor de Política Econômica, Sérgio Werlang. Antes, portanto, da chegada de Ilan, chamado para substituí-lo.

"Talvez por esse modelinho, a taxa de juros tenha que subir um pouco. Mas não nos esqueçamos que modelinho econométrico é burro", completou Mantega. Por ocupar uma diretoria-chave na condução da política monetária, a pedido de Meirelles e Palocci, Ilan permaneceu no Banco Central até o início de julho de 2003. Mantega também questionava o "modelinho" na Câmara de Política Econômica, que se reunia no Palácio do Planalto. Um integrante do governo que participava dessas reuniões relatou: "Foi preciso que o Ilan desse uma aula ao Mantega para explicar que a política monetária funcionava e que a inflação iria cair". Em 2016, Ilan Goldfajn assumiria a presidência do Banco Central, a convite do então presidente interino Michel Temer.

O Banco Central só começou a reduzir os juros na reunião do Copom de 18 de junho de 2003, depois que a queda da inflação se materializou. Em novembro de 2002, a variação do IPCA, índice oficial que mede a inflação, havia atingido 3,02%. Em junho, houve deflação de 0,15%. Nos quatro meses em que a Selic ficou estacionada em 26,5%, as pressões contrárias à elevação da taxa de juros foram intensas e já não se restringiam às correntes mais à esquerda do PT. O vice-presidente da República, o empresário José Alencar, também fazia críticas veementes. Em uma entrevista para a imprensa no dia 2 de junho, disse: "Isso [a taxa de juros] não é uma decisão para economistas. É decisão para políticos". Indagado se estava criticando o Copom, ele respondeu: "Sobre Copom eu não falo, porque disseram que os juros não baixaram porque eu falei. De pirraça eles não baixaram".

Coube ao presidente Lula, que se encontrava em Genebra, na Suíça, participando de uma reunião da Organização Internacional do Trabalho, dissipar o ruído que se espalhara com as críticas de seu vice. "Vamos resolver os problemas com tranquilidade e nenhuma precipitação. Todos nós entendemos que é preciso baixar os juros, mas não se faz isso com bravatas." Com o tempo, o aparente antagonismo entre presidente e vice-presidente foi se revelando um jogo combinado. Alencar, o empresário-político que ajudou Lula a ser aceito por segmentos conservadores na eleição, expressava o descontentamento de seus pares no setor produtivo. E, por tabela, reforçava os argumentos dos radicais do PT contra a taxa de juros. Lula cumpria o papel oposto, o de ser a voz da ponderação, para acalmar segmentos que ainda desconfiavam dele.

Quando, no início de julho, o economista Afonso Bevilaqua substituiu Ilan Goldfajn no Banco Central, o clima já era outro. Uma semana antes, o Banco Central havia publicado o relatório trimestral de inflação, documento no qual a instituição atualiza suas projeções sobre a economia. Para 2003, já se previa crescimento de 1,5% do PIB. Em discurso, Henrique Meirelles afirmou: "Será um desempenho extraordinário quando comparado à contração do produto enfrentada por países que passaram por crise similar à do Brasil". O mercado financeiro projetava 1,75% no fim de junho, de acordo com a pesquisa Focus.[3] Com base em projeções da Fazenda, Palocci falava em 2% de crescimento.

Os sinais de retomada da economia foram comemorados uma semana antes pelo presidente Lula. Em um discurso para cerca de 350 metalúrgicos de São Bernardo do Campo, na sede do sindicato onde havia iniciado sua trajetória de líder sindical e político, Lula afirmou: "Outro dia eu disse num debate que julho seria o mês do espetáculo de crescimento. Estou convencido de que esse é o mês que a gente vai começar a fazer a curva que deveríamos fazer".

O bordão "espetáculo do crescimento", adotado dali em diante pelo presidente, custaria a ele uma avalanche de ironias quando, em 27 de fevereiro de 2004, o IBGE divulgou o PIB de 2003: queda de 0,2%. A recessão, segundo o instituto, se devia a três fatores: juros altos, queda na renda das famílias e aumento do desemprego. "Ano perdido — PIB tem a primeira queda desde 92" foi o título da matéria do caderno Mercado da *Folha de S.Paulo* de 28 de fevereiro de 2004. Os demais jornais também chamaram a atenção para o fato de este ser o pior resultado desde 1992, no governo Collor.

Apesar da frustração, Lula tinha o que celebrar em relação a 2003. Os números de desempenho da economia ainda não se mostravam satisfatórios, mas a virada já era nítida. O país estava superando as turbulências que vinham desde 2002, e o presidente vencia as desconfianças contra seu governo. A inflação, que chegara a 12,53% em 2002, caiu para 9,3% no ano seguinte, índice ainda acima da meta ajustada de 8,5%, porém em trajetória descendente. Isso permitiu que o Banco Central reduzisse a taxa de juros para 16,5% na última reunião do Copom no ano, realizada em 17 de dezembro. Em seis meses o comitê cortou a Selic em dez pontos percentuais em relação a junho de 2003.

E o cenário só iria melhorar. No dia 27 de maio de 2004, foi divulgado o PIB do primeiro trimestre do ano: crescimento de 2,7% em relação ao primeiro trimestre de 2003 e de 1,6% na comparação com o quarto trimestre do período anterior. O fundo do poço da economia havia ficado definitivamente para trás. A recuperação se consolidou em 2004, estimulada pela queda da inflação e da taxa de juros e pelo aumento das exportações. Apesar da taxa de câmbio valorizada, era forte o crescimento da economia mundial.

Lula chegou ao fim de seu primeiro mandato com 52% de aprovação, de acordo com pesquisa Datafolha de dezembro de 2006. Um desempenho excepcional, superior ao de seu antecessor, Fernando Henrique Cardoso, que ao final do primeiro mandato, em 1998, tinha 35% de aprovação dos brasileiros.

Muitos foram os percalços no decorrer dos quatro anos do primeiro governo Lula. O de 2003 ficou marcado pelo juro alto, que chegou a 26,5%, desemprego de 12,3%, segundo pesquisa mensal do IBGE, e recessão de 0,2%. Em 2006, ano da reeleição, a situação era substancialmente melhor. Até mesmo o frustrante desempenho da economia em 2003 foi revisado em 30 de novembro de 2004 pelo IBGE, e a recessão de 0,2% passou para um crescimento de 0,5%, o que levou o ministro Antonio Palocci a comemorar: "O custo do grande ajuste que fizemos em 2003 foi menor que o previsto. O Brasil mostrou uma economia muito vigorosa, capaz de fazer um ajuste dessas proporções sem perda de PIB". (Em 2007, com nova metodologia, o IBGE fez outra revisão, e o PIB de 2003 foi recalculado para 1,1% de crescimento.) A inflação em 2006 caiu para seu patamar mais baixo desde o início do regime de metas, ficando em 3,14%, o PIB cresceu 4%, a taxa básica de juros foi cortada pela metade, com a Selic em 13,25% ao ano, e o desemprego, embora ainda elevado, caiu para 10%. Na área fiscal, as contas públicas estavam razoavelmente arrumadas, com superávit primário de 3,15% do PIB em 2006. Em 2003 ele tinha sido de 3,23%.

Lula foi reeleito para outros quatro anos de governo com mais de 60% dos votos válidos. Com a popularidade em alta e confiante, o presidente estava preparado para iniciativas mais ousadas.

CAPÍTULO 3

A meta que inflacionou

Derrotada a proposta da reforma fiscal que zeraria o déficit público, era preciso cuidar da contraparte do lado monetário: definir a meta para a inflação de 2009, representada pela variação do IPCA. Como a meta é definida a cada mês de junho para dois anos à frente, a decisão teria quer ser tomada em 2007. O regime de metas para a inflação[1] foi instituído em 1999 pelo governo FHC, juntamente com a taxa de câmbio flutuante e os superávits primários das contas públicas. Com esse tripé macroeconômico, mantido por Lula nos primeiros anos de sua gestão, o governo pretendia garantir a estabilidade da economia e a política gradual de desinflação.

O anúncio da meta para 2009 era aguardado com expectativa no auditório do andar térreo do Ministério da Fazenda, em Brasília, lotado de jornalistas. Se o tema sempre foi tratado com destaque pela mídia, na tarde daquele 26 de junho de 2007, ele despertava um interesse ainda mais especial, pois nos quatro meses que antecederam a decisão era pública a divergência entre o Ministério da Fazenda e o Banco Central. Desde março, o ministro Guido Mantega defendia, em pronunciamentos e entrevistas, a manutenção da meta em 4,5%. O Banco Central advogava redução para 4%. A questão, crucial, passaria pelo arbítrio do presidente Lula. Nos bastidores o debate era acalorado. Na época circulou entre os economistas do governo um texto do então secretário executivo da Fazenda, Nelson Barbosa, defendendo a meta de 4,5%. A alegação era de que uma meta mais apertada obrigaria o Banco Central a aumentar os juros, o que limitaria o crescimento da economia nos anos seguintes.

O Banco Central discordava frontalmente dessa visão. Estudos dos diretores da instituição sustentavam que as condições básicas para ousar na redução da meta de inflação estavam dadas. Não fazia sentido, portanto, imaginar que haveria custos adicionais para o crescimento da economia manter a inflação onde ela já se encontrava. Pelo contrário, estabilizar a inflação em um nível mais baixo fortaleceria as condições para o crescimento de uma forma mais segura, sustentável. Um texto preparado pelo diretor de política econômica do Banco Central, Mário Mesquita, listava um conjunto de argumentos técnicos para a redução da meta. As expectativas de inflação encontravam-se bem ancoradas com o prognóstico do mercado de um IPCA de 4% para 2008. Sancionar essa meta para 2009 só consolidaria a ancoragem.

O governo estava com a faca e o queijo na mão para avançar na desinflação e, com o tempo, atingir o que os economistas chamam de inflação neutra — a taxa anual de variação dos preços que pouca diferença faz na tomada de decisões de investidores e consumidores. O regime de metas para a inflação, adotado com sucesso por vários países, é fundamentado no controle das expectativas.

Para ficar claro o que estava em jogo, desde 2005 a meta de inflação estava estacionada em 4,5%, com uma margem de tolerância, para mais ou para menos, de 2 pontos percentuais. O que significava que, caso a inflação oscilasse entre 2,5% e 6,5%, a missão do Banco Central estaria cumprida. O que tornava a decisão tão especial e ao mesmo tempo tão crucial para os rumos da economia nos anos seguintes era o fato de a inflação de 2006 ter sido de 3,14%, abaixo da meta de 4,5%. Quando o Conselho Monetário Nacional se reuniu, em junho, a expectativa de inflação para 2007, de acordo com a pesquisa Focus do Banco Central, era de 3,6% e, para 2008, de 3,99%.

Assim, manter a meta em 4,5%, como vinha sendo feito desde 2005, significava dizer que o Banco Central, a partir dali, poderia ajustar a taxa de juros não para reduzir ou estabilizar preços, mas para aumentá-los. Um contrassenso, se se levar em conta que, ao longo de gerações, o Brasil pagou caro por conviver com taxas de inflação elevadas e chegou à beira da hiperinflação. Não consolidar a variação dos preços em um nível civilizado seria jogar fora o que havia sido arduamente conquistado.

Numa entrevista cinco dias antes da reunião do Conselho Monetário, em 21 de junho de 2006, o presidente Lula já havia indicado o caminho que pretendia percorrer: "Quando o Conselho se reunir para discutir a meta de inflação de 2009, vai ter que analisar o sacrifício que fizemos no primeiro mandato para consolidar a inflação entre 4,5% [meta] e 3,5% [efetiva]. Vocês são testemunhas do sacrifício que fizemos em 2003. São testemunhas também do sacrifício que voltamos a fazer em 2005, porque a inflação dava sinais de retorno e aí fomos obrigados outra vez a arrochar. Agora estamos vivendo um momento de muita tranquilidade. Penso que não devemos fazer mais sacrifício, reduzindo a meta. Gostaria que pensássemos politicamente, que não temos mais o direito de fazer novo arrocho".

Indagado se essa decisão não estimularia a elevação da inflação, Lula respondeu: "Não. Se mantivermos 4,5% ou 4% por dez anos será uma bênção para este país. Mas, obviamente, você pode ter 4,5% ou 4% como meta e reduzir [a inflação] para 2%. O que importa na economia é a seriedade com que passamos para a sociedade os nossos atos. Não tem mágica".[2]

A reunião do Conselho Monetário para decidir a meta foi precedida de outra, no Palácio do Planalto, entre Lula e os três ministros que participam do Conselho: da Fazenda, do Planejamento e o presidente do Banco Central, que na época havia adquirido status de ministro. Um assessor da Fazenda que presenciou os momentos finais dessa discussão contou que, antes de sair para o Palácio do Planalto, Mantega ainda titubeou, considerando concordar com a redução da meta para 4,25%. No carro, entretanto, a caminho do palácio, retomou a ideia original de nada mudar.

Na aguardada entrevista para a imprensa, antes mesmo que se pronunciasse a primeira palavra, os sinais de para onde o pêndulo havia pendido já estavam evidentes nas feições dos três ministros: ao centro, Guido Mantega mostrava-se à vontade; à direita dele, Paulo Bernardo, ministro do Planejamento, parecia contrafeito; e, à esquerda de Mantega, Henrique Meirelles não exibia seu habitual sorriso para fotógrafos e cinegrafistas.

Mantega anunciou que a meta seria de 4,5%, com uma explicação que gerou dúvidas e incertezas sobre as intenções do governo. Disse que, com aquela medida, o governo estava sinalizando o compromisso com o controle da inflação e que o Banco Central, "sempre que possível", deveria reduzir a inflação para baixo da meta. E completou com uma frase que, de certa forma, negava a primeira: "Não será uma pequena oscilação para cima da inflação, em havendo um choque [de oferta], por exemplo, que vai interromper a política de crescimento do governo federal". A meta de 4,5%, disse Mantega, daria "folga" ao Banco Central na hora de calibrar a taxa de juros.

A explicação de Meirelles adicionou dúvidas ao que já estava muito confuso. O que os jornalistas questionavam, em uma sequência frenética de perguntas, era o seguinte: se a meta anunciada de 4,5% estava acima da expectativa de inflação de 3,6% para 2007 e das projeções para os anos seguintes, isso significava que o Banco Central iria reduzir a taxa de juros para que a inflação subisse para a meta de 4,5%?

"O ponto importante a ser mencionado é que não há orientação de fazer a inflação convergir para 4,5%", disse Meirelles. E acrescentou: "A média das expectativas de inflação do mercado para 2008 está abaixo de 4%. Para 2009 também é 4%. Julgamos adequada essa expectativa de mercado". Diante dessas explicações, a do ministro da Fazenda e a do presidente do Banco Central, os jornalistas chegaram a uma conclusão inquietante, exposta aos ministros na forma de mais uma pergunta: então haveria duas metas, a do governo, de 4,5%, e a do Banco Central, que ninguém sabia exatamente qual era, mas que seria, pela fala de Meirelles, abaixo de 4%?

A confusão se espalhou rapidamente pelo mercado financeiro. Se não havia clareza sobre a meta de inflação, o que esperar da política de juros do Banco Central, da estratégia de política monetária, do controle das expectativas? Na tentativa de esclarecer os mercados, dias depois Henrique Meirelles marcou um encontro com representantes do mercado financeiro, em São Paulo, que não constava de sua agenda oficial. O evento vazou para a imprensa e Meirelles cancelou a conversa.

Quem se apresentou em público para esclarecer o que significava a decisão do governo foi Guido Mantega. Em entrevista cinco dias depois do anúncio da meta, ele esbanjava otimismo, a despeito das críticas de economistas do setor privado e de analistas do mercado financeiro à decisão do Conselho Monetário. "Daqui a dois anos, ninguém vai falar de meta de inflação, nem de inflação, nem de juros, porque esses assuntos não serão suficientemente interessantes para serem tratados nos jornais. Ninguém vai ligar, porque a inflação vai estar baixa, a economia, crescendo, os juros baixos e, aí, quando for fixada a meta de inflação, ninguém vai querer saber. Essa questão será irrelevante. Serão mais relevantes questões do tipo o país vai crescer 5%, 6%, 7% ou se vamos alcançar a Índia no crescimento. Ou a valorização do câmbio."

O ministro da Fazenda prosseguiu: "Alguém achar que nós queremos que o Banco Central eleve a inflação do país, como alguns chegaram a cogitar, é uma estupidez". E concluiu: "A meta que nós estabelecemos garante juros menores. O Banco Central não precisa ficar com o dedo no gatilho". À pergunta sobre se o governo estaria, então, adotando uma política econômica desenvolvimentista em substituição ao tripé herdado do governo FHC, Mantega respondeu: "O governo já adotou essa linha desenvolvimentista. Só que ela não compactua com a inflação".[3]

Vencidas duas importantes batalhas travadas no governo, a fiscal e a monetária, consolidava-se a hegemonia desenvolvimentista.

As críticas de que estava mudando a política econômica, com menos controle do gasto público e mais condescendência com a inflação, Mantega rebatia confiante. Em entrevista às páginas amarelas da revista *Veja*,[4] o então ministro disse: "Hoje, independente das ideologias que norteiam os governos, o princípio da responsabilidade fiscal foi consolidado. Foi uma grande contribuição do governo anterior, dos tucanos". O ministro falava em crescimento exuberante para o país e alertava para o fato de que se um presidente irresponsável (com as contas públicas) fosse eleito ele seria "impichado". A previsão de crescimento se sustentou até 2010 e a profecia do impeachment se realizou em 2016.

Glauco Arbix, sociólogo que dirigiu o Ipea, órgão vinculado ao Ministério do Planejamento, contou que todas as terças-feiras, às sete da noite, entregava pessoalmente ao então presidente Lula um pequeno documento de três páginas com uma avaliação da situação econômica. Embora os temas variassem, o eixo central era a ênfase na defesa de uma política fiscal que mantivesse sob controle o déficit público. Como defensor do déficit zero proposto em 2005, Arbix disse que, sempre que abordava o tema com o presidente Lula, ouvia algo assim: "Como vamos fazer para realizar os investimentos sociais? Não podemos criar limitações para o crescimento".

As eleições presidenciais de 2010 eram a explicação para tanta preocupação com a meta para a inflação de 2009, pois havia o temor de que ela pudesse limitar o crescimento econômico, em clara expansão. Como Lula pretendia eleger Dilma Rousseff como sua sucessora na Presidência da República em 2010, o governo precisava de espaço na política monetária para assegurar crescimento econômico e aumento de consumo. E ele sabia que, para embalar uma campanha, nada melhor do que um país em forte crescimento, pleno emprego e sensação de bem-estar da população.

Assessores do Palácio do Planalto viram Lula balançar diante do argumento de Henrique Meirelles e do Banco Central de que segurar a inflação num nível ainda um pouco mais baixo do que ela já se encontrava não iria limitar o crescimento. Pelo contrário, não só iria favorecê-lo como também não iria exigir, necessariamente, alta de juros. A vitória dos desenvolvimentistas sobre os "neoliberais"

52

foi construída ao longo de meses na política monetária, e uma das armas utilizadas por eles foi envenenar o Palácio do Planalto com a versão de que o Banco Central trabalhava com uma meta oculta de inflação, abaixo da oficial fixada pelo Conselho Monetário e chancelada pelo presidente da República. Portanto, uma espécie de traição, cujo preço era manter elevada a taxa de juros. A prova desse crime de traição seria a própria inflação, que em 2006 havia caído para 3,14%, abaixo da meta de 4,5%.

A queda do IPCA foi obtida com um remédio amargo: a taxa Selic precisou chegar a 19,75% ao ano em meados de 2005; depois, no início de 2006, caiu para 17,25% e para 11,25% em setembro de 2007. Para os executores da política monetária, a inflação baixa de 2006, inferior à meta, era um êxito a ser comemorado. Para os desenvolvimentistas, um problema a ser resolvido. Com a decisão do Conselho Monetário de manter a meta para 2009 em 4,5%, o IPCA de 2007 terminou fechando em 4,46%, dentro da meta, mas acima dos 3,6% projetados pelo mercado em junho. Em 2008, em vez de 4%, foi a 5,9%. Em 2009, sob o impacto da crise financeira global deflagrada em setembro do ano anterior, a economia entrou em recessão, o que arrastou para baixo também a inflação, que ficou em 4,31%. Em 2010, o ano da campanha sucessória que dominava o pensamento político de Lula, a economia cresceu exuberantes 7,5%, mas levou a inflação de volta a 5,91%.

Na madrugada de 13 de dezembro de 2007, Lula sofreu uma derrota inesperada. O plenário do Senado derrubou a prorrogação da CPMF, prevista para até 2011. Ficou decidido que o imposto do cheque permaneceria somente até o fim de dezembro. Com o término da CPMF, o governo aumentou as alíquotas do Imposto sobre Operações Financeiras (IOF) e da Contribuição Social sobre o Lucro Líquido (CSLL), para recompor a receita fiscal e evitar aumento da demanda com a liberação, para o consumo, de aproximadamente três dezenas de bilhões da CPMF. As pressões inflacionárias decorrentes do aquecimento da economia já eram visíveis, fruto do descompasso entre o crescimento da demanda e da oferta de bens e serviços.

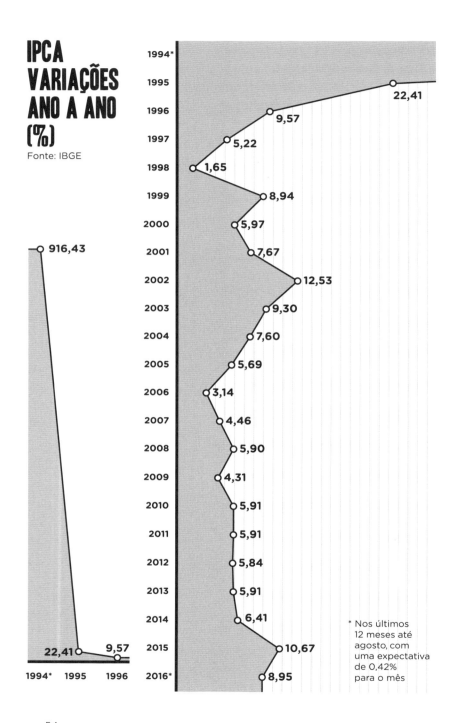

Em abril de 2008, o Copom determinou o primeiro aumento de juros em três anos, decisão que teve péssima recepção no governo. Em conversa com Meirelles, Lula deixou claro seu descontentamento. Mantega, sentindo que a tendência seria a de aperto monetário, declarou na reunião do Conselho de Desenvolvimento Econômico e Social, o "Conselhão", que reúne governo, empresários e sindicalistas: "Neoliberal tem medo de crescimento". O ambiente azedou. Meirelles comentou com assessores próximos que a situação estava ficando insustentável. "Vamos sair", disse. "Não dá mais."[5]

A crise do *subprime*[6] nos Estados Unidos fazia suas primeiras vítimas. Em março de 2008, o Bear Stearns quebrou, sendo absorvido pelo JP Morgan. No fim de abril, o Brasil recebeu o inédito e tão aguardado "grau de investimento" da agência de classificação de risco Standard & Poor's. O superaquecimento da economia brasileira gerava pressões inflacionárias, demandava um novo ciclo de aperto monetário e ameaçava o presidente do Banco Central.

Dois meses antes de o Brasil receber o selo de bom pagador, Lula havia chamado o economista Luiz Gonzaga Belluzzo, da Universidade Estadual de Campinas, para uma conversa. Não chegou a lhe fazer um convite formal, mas sondou o professor e guru dos economistas desenvolvimentistas para substituir Meirelles no Banco Central. Belluzzo era, então, o segundo principal conselheiro do presidente da República, ao lado de Delfim.

Para não precisar demitir Meirelles, Lula tentou uma operação mais sutil, para que o próprio Meirelles tomasse a iniciativa de sair. Em uma conversa reservada, Lula disse ao presidente do Banco Central que ele não deveria fechar as portas para a sua carreira política em Goiás, seu estado de origem. Dias depois estava nos jornais a informação, atribuída a fontes do Palácio do Planalto, de que Meirelles teria comunicado ao presidente da República que se candidataria ao governo de Goiás em 2010. Meirelles entendeu a jogada e, em um domingo de abril de 2008, foi ao Palácio da Alvorada entregar o cargo. Lula disse: "Esquece esse troço, Meirelles".

Dar corda e depois puxá-la era outra característica do presidente Lula. Por pelo menos três vezes Mantega sugeriu ao presidente a

55

troca de Meirelles por alguém menos conservador. Lula concordou e autorizou o ministro a procurar nomes. Mantega, então, passou a sondar possíveis substitutos e a voltar ao presidente com esses nomes. Em uma dessas ocasiões, Lula reagiu:

"Para substituir quem?"

"O Meirelles, presidente", dizia Mantega.

"E quem disse que eu vou tirar o Meirelles?"

"O senhor, presidente."

"Eu?", respondeu Lula, logo encerrando a conversa como se o assunto jamais tivesse existido, segundo relato de um ex-ministro do PT.

Foi também o que aconteceu quando José Dirceu, na montagem do governo para o primeiro mandato de Lula, fechou um acordo com Michel Temer, presidente do PMDB, para entregar dois ministérios ao partido. Quando Dirceu foi comunicar a Lula o convite a Temer, tal como haviam combinado, o presidente reagiu com várias perguntas: "Acordo com o PMDB? Para quê? Você tá sonhando, Zé? Você ganhou a eleição?", contou a mesma fonte.

Lula optou por fazer acordos com pequenos e médios partidos, distribuindo cargos e verbas, o que mais tarde seria entendido como uma das causas do mensalão.

CAPÍTULO 4

Fim da festa

"Lá [nos Estados Unidos] ela é um tsunami. Aqui, se ela chegar, vai chegar uma marolinha que não dá nem para esquiar [sic]", disse o presidente Lula em um sábado de outubro de 2008, às vésperas das eleições municipais, quando participava, em São Bernardo do Campo, da carreata do candidato a prefeito da cidade, o sindicalista Luiz Marinho. O mundo ainda estava atordoado pelo abalo de 15 de setembro, quando a quebra do banco de investimentos norte-americano Lehman Brothers paralisou o mercado financeiro internacional, dando início à mais grave crise desde a Grande Depressão de 1929.

A restrição de liquidez e a onda de desconfiança quanto à solvência do sistema bancário mundial bateram em cheio no Brasil através de vários canais. O colapso do crédito externo produziu uma rápida e forte contração da oferta de crédito no mercado interno, pois pelo menos 20% dele era abastecido por captações de recursos pelos bancos no mercado financeiro externo. A crise reduziu os preços das commodities e gerou rápida retração no volume de comércio internacional, prejudicando os exportadores brasileiros.

Houve grande saída de capital do país, o que, somado à redução das exportações, empurrou a taxa de câmbio para cima. A combinação de desvalorização cambial, restrição de liquidez e queda na demanda externa por produtos brasileiros minou os índices de confiança de empresários e consumidores, derrubando o consumo interno. A crise global trouxe recessão para o Brasil, com dois trimestres ininterruptos de queda do PIB. A depreciação do real em relação ao dólar produziu um impacto inesperado em sólidas companhias brasileiras, adicionando elementos novos e dramáticos à crise. Entre 1º de setembro e 31 de dezembro de 2008 o real depreciou-se 42%.

Desde 2007, muitas empresas vinham apostando na valorização do real diante do dólar em operações com derivativos cambiais conhecidas no mercado como *target forward*.[1] O país acumulava reservas cambiais de pouco mais de 200 bilhões de dólares e as operações pressupunham que o dólar não superaria 1,90 real. Se não ultrapassasse esse valor, as empresas ganhariam; se excedesse, perderiam mais do que proporcionalmente ao ganho. Os executivos dessas companhias só se esqueceram de que o mundo poderia ser abalado por uma crise que já mostrava seus sinais. E o pior aconteceu.

A Aracruz Celulose e a Sadia desapareceram do dia para a noite, devastadas por essas operações que produziram prejuízos em escala exponencial, corroendo patrimônios. Foi um desespero. O governo não tinha ideia do tamanho do problema, nem os executivos das empresas conheciam todos os detalhes nocivos da operação. Depois da quebra do Lehman e com a desvalorização cambial, diretores de empresas e operadores de bancos procuraram o diretor de Política Econômica do Banco Central, Mário Torós, suplicando que o banco vendesse dólares e estancasse a depreciação do real.[2] A todos esses interlocutores Torós repetiu que o regime de câmbio era flutuante e que ele não faria intervenções antes de saber o tamanho da crise. O presidente Lula havia determinado ao Banco Central que não queimasse reservas cambiais.

O problema com os derivativos cambiais não era pequeno. As empresas estavam com uma posição vendida em dólar,[3] para entrega futura, de 38 bilhões, equivalente a mais de 18% das reservas cambiais. As perdas das empresas e dos bancos foram de 10 bilhões de dólares. Para executivos de algumas delas, os danos na reputação foram incalculáveis.

* * *

Dois dias antes da quebra do Lehman Brothers, Isac Zagury, diretor financeiro da Aracruz, encerrava uma viagem de dez dias de reuniões com investidores na Europa e nos Estados Unidos.[4] Do aeroporto, em Londres, já ciente de que o mundo, naqueles dez dias, se transformaria na antessala do inferno, Zagury mandou um e-mail para seus gerentes de tesouraria, que se encerrava com um apelo de alguém realmente em pânico: "Vamos rezar e pedir muito pela ajuda divina". A crise do *subprime* nos Estados Unidos já havia afundado duas grandes empresas do mercado de hipotecas, a Fannie Mae e a Freddie Mac, mas o que vinha pela frente era inimaginável.

O executivo da Aracruz começava a viver seu pior pesadelo. Na madrugada daquele sábado no aeroporto londrino, Zagury convocou seus gerentes para uma reunião no dia seguinte. Precisavam decidir como comunicar a seus superiores e aos acionistas que um rombo se abrira na maior fabricante mundial de celulose. A área financeira da companhia nem sequer conseguia dimensionar o impacto que os contratos de derivativos poderiam produzir. Os riscos eram desproporcionais à rentabilidade. A perda da Aracruz com os derivativos foi de 2,13 bilhões de dólares, cerca de 4,6 bilhões de reais na época. A da Sadia, de 2,55 bilhões de reais.

Centenas de companhias, desde o grupo Votorantim até postos de gasolina, aderiram a essas operações, mas a Aracruz e a Sadia praticamente quebraram. A Sadia foi incorporada à Perdigão, dando origem à BRF-Brasil Foods, enquanto a Aracruz se juntou à Votorantim Celulose e Papel com a criação da Fibria. Na entrevista em que chamou a crise de "marolinha", Lula disse que a ganância é que levara à queda brusca das ações da Aracruz Celulose e da Sadia. Para ele, as empresas teriam especulado contra a moeda brasileira em operações de câmbio. Mas na verdade Sadia e Aracruz fizeram exatamente o contrário: apostaram que o governo Lula manteria o real forte diante do dólar. Como efeito da crise global, contudo, a moeda americana passou por uma pesada valorização.

Varrer do mapa duas empresas fortes e conhecidas não foi tudo.

Na semana de 10 de outubro houve uma corrida aos bancos e, em dezembro, um ensaio de ataque especulativo. A corrida por saques afetou em cheio bancos pequenos e médios, que em poucos dias perderam cerca de 40 bilhões de reais em depósitos para os grandes bancos. O Unibanco e o banco Votorantim foram vítimas de boatos e desses saques, alimentados por supostas dificuldades também oriundas de posições em derivativos cambiais.

A resistência de Lula em queimar reservas cambiais precisava ser rapidamente vencida. Uma indiscrição do ministro Guido Mantega, que em uma entrevista no dia 6 de outubro revelou que o presidente da República tinha proibido o Banco Central de vender reservas, adicionou mais lenha na fogueira. Dois dias depois a cotação do dólar chegou a 2,48, encerrando os negócios a 2,28 reais; estava a 2,05 cinco dias antes. Por força dos acontecimentos, diante da corrida bancária e dos ataques especulativos, Lula ouviu os argumentos de Meirelles em uma conversa que tiveram em 8 de outubro e concordou em vender dólares das reservas internacionais, o que não era feito, no mercado à vista e sem contrato de recompra, desde março de 2003. Em poucas horas, o Banco Central jogou no mercado 1,287 bilhão de dólares e passou a vender mais da moeda praticamente todos os dias.

O Unibanco foi para as mãos do Itaú no início de novembro[5] e, em janeiro de 2009, o Banco do Brasil comprou metade do banco Votorantim por 4,2 bilhões de reais, levando consigo a cobiçada carteira de financiamentos a veículos do banco privado. A aquisição do Votorantim foi precedida de uma medida provisória proposta pelo Ministério da Fazenda, que autorizava bancos públicos a comprarem bancos privados. Com autorização legal, a Caixa também foi às compras e, em 2009, adquiriu 35% do capital total do Banco Panamericano, do empresário e apresentador de tv Silvio Santos, por 740 milhões de reais.[6]

Ciente da possibilidade de uma crise bancária, o Banco Central passou a agir de maneira mais enérgica, liberando depósitos compulsórios para dar liquidez ao sistema, principalmente aos pequenos e médios bancos. A primeira parcela foi de 13 bilhões de reais, mas o total de compulsórios liberado chegou à casa dos 100 bilhões.

Jogar dinheiro no sistema financeiro não era suficiente, pois os recursos ficavam parados, empoçados, nos grandes bancos. Era preciso que a liquidez chegasse aos menores. O Banco Central complementou a redução do compulsório com medidas de incentivo para os bancos maiores comprarem carteiras de crédito dos pequenos e médios. Anunciou também que faria um programa gigantesco de *swaps* cambiais,[7] de até 50 bilhões de dólares, se necessário.

Esse quadro grave se completou no dia 5 de dezembro de 2008, uma sexta-feira, quando o Brasil sofreu um ataque especulativo do Moore Capital Management, *hedge fund* sediado em Nova York. O fundo pretendia levar o dólar a 3 reais, a taxa de câmbio disparou e bateu na máxima de 2,62 reais. O Banco Central fez leilões de 1,326 bilhão de dólares em *swaps* cambiais e colocou mais 1 bilhão de dólares no mercado à vista. A cotação do dólar caiu. O Moore tinha munição, mas ficou sozinho em sua estratégia e o ataque não foi adiante.

Enquanto travava essas batalhas, o Banco Central manteve a taxa de juros inalterada — ela havia subido para 13,75% às vésperas da quebra do Lehman Brothers. O Copom só começou a reduzir os juros em janeiro de 2009, e o Banco Central foi muito criticado pela demora tanto pelos economistas do Ministério da Fazenda quanto do setor privado. Tempos depois, Meirelles confidenciou a interlocutores que estava em meio a um ataque especulativo nessa época e que, portanto, a última coisa que poderia fazer era baixar os juros.

O crédito sumiu até para as exportações, o que levou o governo ao arranjo singular de fornecer aos bancos acesso às reservas cambiais. Em uma negociação liderada por Henrique Meirelles, o Fed, o Banco Central americano, abriu uma linha de crédito de 30 bilhões de dólares para o Banco Central do Brasil, com vencimento em 30 de abril de 2009. O dinheiro não chegou a ser usado, mas foi uma importante demonstração de confiança no país.

Impaciente com a demora do Banco Central em cortar a Selic, o Ministério da Fazenda disparou medidas fiscais para estimular as vendas em uma economia que acumulava estoques e pouco vendia. Começaram, então, os anúncios das desonerações tributárias para animar o consumo. O governo reduziu o IPI cobrado sobre automóveis no fim de 2008 e, em 2009, ampliou as desonerações para bens de consumo duráveis, bens de capital, material de construção, móveis, motocicletas e itens de alimentação. Ampliou o período de concessão e o valor do seguro-desemprego e criou o programa Minha Casa Minha Vida, subsídio à habitação popular que daria impulso à indústria da construção civil e realizaria o sonho da casa própria das camadas mais pobres da população.

Para caber tudo no orçamento federal, era preciso mudar a meta de superávit primário do setor público em 2009. De 2,85% do PIB para o governo federal,[8] caiu para 1,6% do PIB. Para o ano seguinte, 2010, a União se comprometeu a gerar um saldo de 2,35% do PIB. Os objetivos, porém, foram mudando no decorrer do tempo.

A fórmula que o governo brasileiro encontrou para mitigar os efeitos da hecatombe financeira global estava decidida. Em conversa com o jornalista João Borges, da GloboNews, um dos autores deste livro, em novembro de 2008, o ministro do Planejamento, Paulo Bernardo, explicitou a receita: "Vamos dar crédito às empresas no limite que for preciso. E, nos Estados Unidos, o presidente Obama vai ter que resolver o problema deles em três meses, senão seu mandato estará comprometido".

Ao contrário do clima ameno no gabinete de Bernardo, no Banco Central o ambiente era de grande preocupação. Além do drástico corte no crédito externo, os investidores que haviam apostado no bom momento da economia brasileira passaram a retirar dinheiro do país para cobrir perdas lá fora. O PIB, que vinha crescendo ao ritmo anualizado de 6,5% no terceiro trimestre de 2008, teve uma reversão abrupta e a economia encolheu 4% no quarto trimestre, derrubando o crescimento anualizado para 1%.

Depois da contração da atividade também no primeiro trimestre de 2009, a reação foi notável, e ainda naquele ano a economia voltou a crescer. Em editorial na edição de 17 de setembro de 2009, o jornal francês *Le Monde* atestava: "A rápida recuperação do Brasil demonstra a precisão da estratégia adotada pelo governo e concentrada no apoio do mercado interno".

O objetivo do governo estava cumprido: a recessão, profunda no início, fora debelada em poucos meses. Porém, a partir desse momento, quando a economia claramente voltou a crescer, surgiram as primeiras críticas à estratégia de Lula. Não pelo que havia sido feito, mas pelo que continuava e continuaria sendo feito. Se a excepcionalidade da crise havia justificado medidas excepcionais, era o caso de abandoná-las com a volta da economia à normalidade.

Não foi o que aconteceu. Mesmo com a retomada da atividade no segundo semestre de 2009, manteve-se a opção por mais medidas de estímulo à atividade econômica. A rapidez com que o Brasil saiu da recessão encorajou o governo a aprofundar o modelo desenvolvimentista da equipe liderada por Guido Mantega e respaldada no Palácio do Planalto pelo presidente Lula e pela ministra-chefe da Casa Civil, Dilma Rousseff.

Se na política monetária o sinal de mudança havia ficado claro em 2007 com a fixação da meta de inflação para 2009, na política de crédito a rota foi alterada pelo uso crescente dos bancos públicos, que passaram, sob a determinação do Palácio do Planalto, a expandir e a reduzir o custo do crédito para estimular o consumo e o investimento.

Desde o início eram fortes os sinais de intervenção, com ordens diretas da Presidência da República atropelando critérios de gestão. No Banco do Brasil, uma empresa aberta, com capital na Bolsa, o presidente Lima Neto resistia a cumprir as determinações do Palácio do Planalto e ultrapassar o que considerava limites prudenciais na concessão de empréstimos, para não comprometer a saúde do banco.

Lula passou a comandar reuniões no Palácio do Planalto com a direção dos bancos públicos. Outras aconteceram sob a coordenação de Dilma Rousseff. Em uma delas, em 22 de janeiro de 2009, Lula manifestou inconformismo com o desempenho do Banco do Brasil. No início de abril, Lima Neto foi demitido. Em entrevista, Lula dissimulou: "A informação que recebi do ministro [da Fazenda] ontem é que ele [Lima Neto] queria sair. Então, o Guido vai explicar para vocês, porque eu não tenho detalhes da saída". Diante de novas perguntas sobre os motivos da demissão, afirmou: "A redução do *spread* bancário neste momento é uma obsessão minha. Nós precisamos fazer o *spread* voltar à normalidade no país. Este é um dado. O Guido sabe disso; o Banco do Brasil sabe disso; a Caixa sabe disso; o Banco Central sabe disso". Na manhã da demissão de Lima Neto, em 8 de abril, as ações do Banco do Brasil caíram 8,52%.

No Congresso, Ideli Salvatti (SC), líder do PT no Senado, foi explícita: "Ficou claro que Lima Neto não tomou as providências determinadas pelo presidente Lula para baixar o *spread* e o país conter a crise financeira. Com isso, a situação dele ficou insustentável". No encontro que Dilma Rousseff teve com dirigentes sindicais, de acordo com relato de participantes ela explicou, sem rodeios, o motivo da queda do comando do Banco do Brasil: "Não aguentamos mais negociar *spreads* bancários. Os presidentes dos bancos públicos pensam que o banco é deles".

Na entrevista em que anunciou Aldemir Bendine para a presidência do Banco do Brasil, o ministro da Fazenda afirmou que a indicação do governo pretendia trazer mais crédito e baixar juros. Um repórter perguntou se não seria uma ingerência do governo na gestão de um banco que tem de prestar conta aos acionistas. "Não se pode falar em ingerência. Se o presidente do Banco do Brasil pede demissão, temos de substituí-lo. Falar em ingerência política ou partidária é bobagem", respondeu Mantega.

Entre janeiro e julho de 2009, o Banco Central reduziu os juros em cinco pontos percentuais, levando a Selic para inéditos 8,75% ao ano. No segundo semestre, o país voltou a receber recursos externos, os preços das commodities tiveram recuperação e a taxa de câmbio se apreciou, ajudando a controlar a inflação. A economia cresceu de novo, embora no ano o PIB tenha registrado uma retração de 0,2%.

Com a avalanche de estímulos fiscais e monetários, estava tudo pronto para a exibição do tão esperado "espetáculo do crescimento" em 2010, ano da sucessão de Lula. E assim foi. O país cresceu 7,5%, embora a inflação novamente mostrasse suas garras, em resposta ao descolamento entre oferta e demanda. Lula deixaria o governo em 2010 no auge da prosperidade do país.

CAPÍTULO 5

"Um momento mágico"

Em sua edição de 12 de novembro de 2009, a revista britânica *The Economist* rendeu-se à performance singular do Brasil numa reportagem de capa intitulada "Brazil Takes Off" [O Brasil decola], com a imagem do Cristo Redentor partindo do Corcovado em direção ao céu, como um foguete. Em catorze páginas, o texto traçava um quadro muito positivo do país, sobretudo quando confrontado com as economias desenvolvidas, epicentro da mais dramática crise econômica mundial desde 1929.

A economia, de fato, ia a pleno vapor, o consumo das famílias em alta, as vendas em expansão. Empresários e trabalhadores se encontravam em reuniões periódicas do "Conselhão". O evento ocorria no salão do segundo andar do Palácio do Planalto, espaço que foi se tornando exíguo para uma crescente plateia de empresários, ministros, presidentes de estatais, governadores e outros altos funcionários da administração federal. A solução foi transferir os encontros para o Salão Nobre, no terceiro andar do Palácio Itamaraty, capaz de acomodar mais gente.

Em 2009 o índice de preços havia fechado em 4,31%, abaixo da meta, e os indicadores sobre a atividade confirmavam uma retomada impressionante da economia. Comparada ao resto do mundo, a situação do Brasil era ainda mais espetacular: Estados Unidos, Europa e Japão enfrentavam recessão, dominados ainda por um clima de incerteza sobre como e quando sairiam da crise.

Em uma das reuniões do "Conselhão", o presidente do BNDES, Luciano Coutinho, referiu-se a Lula como "nosso grande timoneiro", o líder da estratégia que tinha livrado o país da crise que devastava empregos mundo afora. Com a economia forte e a popularidade em alta, Lula se encontrava em situação privilegiada em seu último ano de mandato para fazer vencedora sua candidata à sucessão, Dilma Rousseff.

Segundo relato de um ministro com gabinete no Palácio do Planalto na época, o presidente nutria outra ambição: ele queria que 2010 ficasse na memória dos brasileiros como um momento inesquecível da vida nacional. O desemprego caiu ao longo de todo o período, até chegar em dezembro a 6,7%, a menor taxa desde 2002. Em agosto, o IBGE divulgou o resultado da Pesquisa Nacional por Amostra de Domicílios (a Pnad Contínua) mostrando que nos últimos cincos anos a renda média do brasileiro havia crescido 20% sobre os cinco anos anteriores, e no Nordeste alcançado 29%.

O crescimento econômico alcançou níveis surpreendentes. Desempenho semelhante, de 7,5%, ocorrera só em 1986, ano do Plano Cruzado, que congelou preços e provocou uma onda de consumo que terminou em desabastecimento. Antes disso, tinha havido o período conhecido como Milagre Econômico, patrocinado pelo então ministro da Fazenda, Delfim Netto, quando a expansão média do PIB foi de 11% entre 1968 e 1973.

O crédito bancário passou de 42,62% do PIB em 2009 para 44,08% do PIB em 2010. Do saldo de 1,71 trilhão de reais apurado em dezembro, pelo menos 552,863 bilhões, cerca de um terço do total, foi crédito para o consumo. As vendas no varejo aumentaram 10,9% em relação a 2009, o melhor resultado da série histórica iniciada pelo IBGE em 2001. A indústria, depois da queda de 7,4% em 2009, recuperou-se com um crescimento de 10,5% em 2010. Com tanto vento a favor, Lula passaria a usar como marca em seus discursos e entrevistas a frase: "O Brasil vive um momento mágico". Ela já aparecera esporadicamente em alguns discursos do presidente. Mas foi a partir de 2010 que passaria a pontuar quase todas as falas de Lula.

Dois anos antes, em abril de 2008, ao discursar de improviso em uma reunião da Sudene,[1] em Maceió, Lula falou: "Eu dizia ao ex-presidente Collor: o Brasil vive um momento mágico. Nós acabamos de receber a notícia de que o Brasil passou a ser *investment grade*. Eu não sei nem falar direito a palavra. Mas, se a gente for traduzir isso para uma linguagem que os brasileiros entendam, o Brasil foi declarado um país sério, que tem políticas sérias, que cuida de suas finanças com seriedade e que por isso passamos a ser merecedores de uma confiança internacional que há muito tempo o Brasil necessitava".

Com a obtenção do grau de investimento, foi vencida uma etapa importante, havia muito ambicionada. Ao ser classificado como um país de baixo risco, o Brasil passaria a obter recursos externos a juros menores e a prazos melhores. Com o dinheiro fluindo mais e a custos mais baixos, o país poderia alavancar investimentos, aumentando o potencial de crescimento da economia.

Nesse discurso em Maceió, na presença de todos os governadores do Nordeste e de dois futuros candidatos à Presidência, Eduardo Campos, de Pernambuco, e Aécio Neves, de Minas Gerais, o louvor à seriedade foi seguido de um afago a um mau costume da tradicional política brasileira: o uso privado de bens públicos. O então governador do Ceará, Cid Gomes, achava-se sob intensas críticas na imprensa por causa de uma viagem de dez dias que ele tinha feito a seis cidades da Europa usando um jatinho fretado pelo governo do Estado. Além de Cid Gomes, embarcaram sua mulher, sogra e dois assessores, também com suas mulheres. "Meu companheiro Cid, minha solidariedade a você", disse o presidente Lula. "Eu sei das boas coisas que estão sendo feitas naquele estado, sei das coisas boas que estão sendo feitas na Bahia, em todos os estados, mas a gente não vê uma notícia boa na televisão. Certamente, se ao invés da sua sogra você tivesse levado um empresário no avião, não teria tido problema."

Quando, em 2009, a economia enfrentou períodos de recessão, a expressão "momento mágico" praticamente desapareceu dos discursos do presidente. No fim do ano, quando já eram fortes os sinais de retomada, ela reapareceu. Em discurso feito em 16 de setembro para uma plateia de economistas, na comemoração dos 45 anos de fundação do Ipea,[2] Lula expôs sua fórmula aos especialistas: "De repente eu estava vendo tanta gente falar e tanta matéria nos jornais dizendo que o povo não podia se endividar, que poderia perder o emprego, que eu me vi obrigado a ir para a televisão dizer que era verdade, ele poderia perder o emprego, mas mais verdade ainda era que ele iria perder o emprego se ele não comprasse, porque aí a crise iria se aprofundar muito mais!". E completou: "Bem, o dado concreto é que nós estamos vivendo, eu diria, quase um momento mágico na história deste país, quase um momento mágico. Há uma confluência de fatores, de coisas boas que estão acontecendo no Brasil, que o desafio para todos nós é não jogarmos fora esse momento, como jogamos no século XX".

Cinco dias depois, em 21 de setembro de 2009, o presidente Lula estava em Nova York, recebendo o prêmio Woodrow Wilson for Public Service, concedido a políticos, empresários e líderes cívicos que serviram com distinção na vida pública e em favor da democracia. Dois anos antes, dona Zilda Arns também havia sido reconhecida com o prêmio por seus trabalhos na Pastoral da Criança. No discurso durante o jantar, no salão de festa do lendário hotel Waldorf Astoria, Lula cumprimentou nominalmente apenas três pessoas: Luiz Dulci, da Secretaria-Geral da Presidência, Rex Tillerson e "o nosso companheiro Eike Batista". Tillerson era o presidente da Exxon Mobil, a maior empresa de petróleo do mundo, e Eike Batista, símbolo do capitalismo emergente da era Lula, fundador e presidente do grupo EBX, que em 2013 viria a protagonizar um dos maiores escândalos financeiros do país, com prejuízos bilionários para sócios e investidores.

Lula aproveitou a oportunidade para dizer àquela seleta plateia de empresários que a crise não chegaria ao Brasil como chegara aos Estados Unidos e à Alemanha. Acrescentou que o Brasil não havia esperado a crise chegar e, antes que ela viesse, tinha lançado o PAC, em 2007, que assegurou 1 trilhão de reais em investimentos, entre recursos públicos e privados. "Essas coisas permitiram que nós chegássemos a este momento, que eu diria, quase que mágico, na história do país".

O segundo semestre de 2010 foi tomado pelo processo eleitoral. As aparições públicas do presidente e seus discursos combinavam prestação de contas com campanha para a candidata que ele escolhera, Dilma Rousseff, ex-militante do trabalhismo de Leonel Brizola que jamais havia disputado um cargo eletivo. Dilma entrou para o PT em 2000, dois anos antes da primeira eleição de Lula. No clima de euforia que dominava o país e com a popularidade em alta, Lula usou a formulação simples e eficaz do "momento mágico" em discursos escritos, improvisados e em entrevistas.

O sentimento difundido de que o Brasil se livrara das amarras que o impediam de avançar em alta velocidade encorajou o governo a uma iniciativa arrojada: a construção de um trem-bala que ligasse Rio de Janeiro, São Paulo e Campinas. As cifras iniciais do projeto eram de menos de 20 bilhões de reais, mas fecharam em mais de 50 bilhões. Mas o salto nos custos não inibiu o presidente Lula, sua candidata à Presidência, Dilma Rousseff, nem ministros e assessores. O edital para a construção da ferrovia foi lançado em 13 de julho de 2010 no Centro Cultural do Banco do Brasil, em Brasília, que na ocasião abrigava a sede do governo. O Palácio do Planalto passava por uma ampla reforma bancada por banqueiros e empresários do setor produtivo.

Na cerimônia de lançamento do edital, Lula encerrou a extensa lista de convidados que cumprimentava com o nome de Erenice Guerra, que substituíra Dilma Rousseff na Casa Civil e que dois meses depois seria afastada do cargo, envolvida em denúncias de tráfico de influência no governo. "Quero cumprimentar a nossa querida companheira Erenice, que eu não sei por que é que não colocaram na mesma ordem de todos os ministros. [E] também os companheiros assessores dos ministérios que contribuíram para que pudéssemos chegar a este momento que nós estamos vivendo."

Lula contou aos presentes que aproveitara reuniões do G8, grupo das sete nações mais ricas do mundo, mais a Rússia, para falar às lideranças mundiais sobre o projeto do trem-bala: "Eu, pessoalmente, tive a oportunidade de ir às reuniões do G8 conversar com o embaixador do Japão... com o primeiro-ministro do Japão, com o primeiro-ministro da China, com o presidente da Coreia, de conversar com o meu amigo Zapatero [José Luis Zapatero, presidente do governo da Espanha], de conversar com o meu amigo Sarkozy [Nicolas Sarkozy, presidente da França], de conversar com um monte de gente, para tentar convencê-los de que o projeto do Trem de Alta Velocidade, aqui no Brasil, era uma coisa séria e era uma coisa irreversível, porque nós queríamos fazer". Lula, porém, não havia participado da última reunião anual do G8, realizada dezoito dias antes em Huntsville, no Canadá.

O presidente lembrou ainda a sequência de eventos esportivos que o Brasil sediaria nos anos seguintes: as Olimpíadas Militares de 2011, a Copa das Confederações de 2013, a Copa do Mundo de 2014 e as Olimpíadas de 2016. E finalizou: "O dado concreto é que o Brasil vive esse momento que, eu diria, é um momento mágico".

Depois de vários adiamentos do leilão, em 2013 o governo anunciou que o projeto seria retomado em 2014. A inauguração do trem-bala, que pelo cronograma inicial iria ocorrer nas Olimpíadas de 2016, foi adiada para 2020. E depois nunca mais se falou no assunto. O sonho saiu dos trilhos, mas o projeto custou ao contribuinte pelo menos 1 bilhão de reais, conforme estimativa de Bernardo Figueiredo, presidente da Empresa de Planejamento e Logística, estatal criada para tocar o projeto. Mesmo tendo perdido sua razão de existir, a empresa continuou ativa, com funcionários e boas instalações em Brasília, consumindo a cada ano um pouco do orçamento público.

Em comício realizado no dia 14 de outubro de 2010 em Belém, antes das eleições marcadas para o dia 31, Dilma Rousseff foi anunciada como futura presidente por Lula. À plateia que vibrava a cada frase sua, ele recorreu mais uma vez ao seu "momento mágico": "Vocês sabem que nós estamos vivendo um momento mágico neste país. Chimbinha [líder do grupo musical Calypso], talvez o seu show nunca teve tanta gente pobre como tem hoje, porque podem pagar, porque podem tomar uma cervejinha, porque podem tomar um refrigerante, porque podem levar a namorada... A vida neste país está melhorando".

Para Bernard Appy, ex-secretário de Política Econômica na gestão de Antonio Palocci na Fazenda, a virada para a irresponsabilidade fiscal ocorreu no último ano do segundo mandato de Lula. "Em 2010, o governo pirou", disse, referindo-se à expansão dos gastos e do crédito público, quando a economia não precisava mais de estímulos, pois já havia superado a crise mundial deflagrada no segundo semestre de 2008.

Lula encerrou seus oito anos de governo com a inflação em alta, a economia superaquecida, os juros em baixa e uma piora nos resultados fiscais em relação ao período pré-crise global.

CAPÍTULO 6

A era Tombini

Dilma Rousseff venceu as eleições de outubro de 2010 no segundo turno, com 55,7 milhões de votos. Mas o ano ainda não havia acabado, e dois episódios de bastidores iriam fazer um contraponto àqueles dias de euforia. Na Granja do Torto, casa de campo oficial do presidente da República, usada para lazer ou reuniões de trabalho, Dilma, já eleita, despachava com o ministro da Fazenda, Guido Mantega, que seguiria no cargo. Na mesa do governo de transição, a pauta era a necessidade de um corte drástico no orçamento aprovado pelo Congresso. Na visão do ministro, o ajuste nos números do primeiro ano do mandato da presidente Dilma deveria ser anunciado ainda em 2010, para que o mundo financeiro percebesse desde logo a intenção de corrigir os excessos de gastos do último ano do governo de Lula.

No meio da conversa, o telefone tocou. Era Lula, que estava fora de Brasília, mas que por meio de assessores e do noticiário em tempo real havia tomado conhecimento da reunião de Dilma com Mantega e do que ali os dois iriam tratar. Foi franco e direto: "Durante o meu mandato não haverá corte de gastos, corte de orçamento". Não que o presidente discordasse da necessidade de ajustar a economia. O que ele pretendia era não danificar com uma tesoura a tela perfeita do ano de 2010, que encerraria seus oito anos de mandato.

A discussão entre Dilma e Mantega prosseguiria outras vezes. Em uma dessas novas reuniões, a presidente eleita teve uma reação já familiar para quem convivera com ela em seus tempos de ministra de Minas e Energia, chefe da Casa Civil, candidata à Presidência e, por fim, candidata eleita. Exaltada, questionou as razões para as gordas cifras de cortes de despesas propostas por Mantega.

"Porque gastamos muito em 2010", respondeu o ministro.

"E por que gastaram tanto?"

"Para te eleger, presidente", justificou Mantega.

Dessas conversas, cujo tema Mantega já vinha discutindo com sua equipe no Ministério da Fazenda durante a campanha eleitoral, resultou um corte de 50 bilhões de reais no orçamento, mas o anúncio acabou sendo feito apenas em 9 de fevereiro de 2011. Na primeira reunião ministerial comandada por Dilma Rousseff no Palácio do Planalto, em 14 de janeiro, a presidente, como afirmou a então ministra do Planejamento, Miriam Belchior, teria determinado a seus 37 ministros que o lema do governo seria "Fazer mais com menos", e todos "aderiram com entusiasmo". Os ministros teriam até 4 de fevereiro para entregar relatórios propondo seus ajustes para o aperto de gastos.

Coube a Mantega, mantido na Fazenda a pedido de Lula, a tarefa de apresentar o cenário da economia nos quatro anos do mandato que se iniciava. A equipe econômica de Dilma completava-se com Miriam Belchior no Planejamento e Alexandre Tombini no Banco Central. Nas 28 páginas de sua apresentação, Mantega disse que o governo Lula havia colocado o Brasil na rota do desenvolvimento sustentável. E acrescentou: "Dilma vai consolidar o desenvolvimento e colocá-lo em patamares mais elevados".

O documento falava em mudança na "geopolítica do quadro econômico mundial", caracterizada por crescimento mais elevado dos países emergentes como o Brasil e em baixo crescimento de economias desenvolvidas, como Estados Unidos, Japão e Europa. No Brasil haveria mais emprego, aumento de renda, controle fiscal e aumento dos investimentos. E resumia a projeção para os quatro anos que viriam, comparando-os com os governos de Lula e de Fernando Henrique.

No gráfico apresentado por Mantega, ele mostrou média de crescimento de 1,7% no governo Fernando Henrique, extraída dos últimos cincos anos de mandato. Num quadro menor, mostrou a média dos oito anos de FHC, de 2,6%. A média dos oito anos de Lula foi 4%. Para os quatro anos do primeiro mandato de Dilma, o ministro projetou média de 5,9%, com crescimento de 5% em 2011 e 5,5% em 2012. Em 2013 o crescimento chegaria 6,5%. Resultado que se repetiria em 2014, mas que terminou em apenas 0,1%.

Naquele início de 2011, o crescimento acelerado da economia pressionava a inflação. Em abril de 2010, o Copom tinha começado a elevar os juros, que estavam em 8,75% ao ano. Foi um ciclo breve de aumento, encerrado em julho, antes das eleições presidenciais, com a taxa em 10,75% ao ano. Durante a transição de Lula para Dilma, em dezembro, o Banco Central editou um conjunto de medidas prudenciais para conter a explosão do consumo financiada pela expansão do crédito. Essas medidas envolveram o aumento do recolhimento de depósitos compulsórios dos bancos no Banco Central e o aumento do requerimento de capital dos bancos, para esfriar a demanda por algumas operações de crédito (aquisição de carros e motos). Com menos dinheiro disponível, os bancos poriam um freio na oferta de crédito.

Na primeira reunião do Copom no governo Dilma, em 19 de janeiro de 2011, o Banco Central retomou o aperto nos juros. A taxa Selic aumentou 0,5 ponto percentual, com juros de 11,25% ao ano. Em meados de fevereiro, escapou do Palácio do Planalto a notícia de que Dilma não reagiria mal se o Banco Central fosse mais duro no combate à inflação.[1] O ministro-chefe da Casa Civil, Antonio Palocci, estava preocupado com o risco de o IPCA atingir o teto da meta, de 6,5% naquele ano, distanciando-se ainda mais da meta de 4,5% que o governo pretendia atingir no ano seguinte.

Em conversas internas, Palocci admitiu a possibilidade de o Copom elevar a taxa Selic em mais 0,75 ponto percentual na reunião de março, para dar um "choque de credibilidade" ao Banco Central. Na linguagem do mercado financeiro, o Copom seria "falcão" (*hawkish*) em contraposição a "pombo" (*dovish*). Ou seja, não aliviaria o combate às pressões inflacionárias, "jogaria pesado". Naquela ocasião, essa era a sugestão feita em declarações públicas pelo ex-presidente do Banco Central, Armínio Fraga, com quem Palocci tinha bom relacionamento.

Em março, porém, o Copom, elevou os juros em 50 pontos básicos. A taxa Selic passou de 11,25% para 11,75% ao ano, em vez de 12% ao ano, conforme Palocci havia pensado. Alexandre Tombini, presidente do Banco Central, não acatara a sugestão. Com o tempo, foi ficando clara a preferência daquela diretoria do Banco Central pelo gradualismo na alta e na baixa dos juros. O ciclo de alta se encerrou em julho com a Selic em 12,5% ao ano.

O tempo de Palocci no governo Dilma foi curto. Em junho de 2011, ele deixou a Casa Civil sob suspeita de enriquecimento ilícito. Quase um mês antes de sua exoneração, a *Folha de S.Paulo* havia publicado matéria segundo a qual o ministro da Casa Civil teria aumentado seu patrimônio em vinte vezes entre 2006 e 2010.[2] A senadora Gleisi Hoffmann (PT-PR) substituiu Palocci no cargo. Tombini, que vinha contando com o apoio de Palocci para barrar aventuras imprevistas do governo Dilma, ficou só. Anos depois, já no fim de 2015, Tombini diria a um amigo que durante toda a sua gestão à frente do Banco Central só tivera o suporte do Ministério da Fazenda no rápido período em que Joaquim Levy foi ministro.

A combinação de mais juros com medidas macroprudenciais e corte do orçamento público desacelerou substancialmente a atividade produtiva e assustou a área econômica do governo Dilma. Em agosto, uma reviravolta surpreendeu a todos. Na reunião do dia 31, o Copom aplicou um inesperado "cavalo de pau" na política monetária: cortou os juros em 0,5 ponto percentual, para 12% ao ano. É fato que o agravamento da crise na zona do euro abria uma janela para que os juros começassem a cair no Brasil. A recessão que se instalava na Europa derrubaria o crescimento mundial e formaria uma onda desinflacionária que atingiria as economias do resto do planeta.

Dias antes desse anúncio, Tombini havia participado da reunião anual do Fed em Jackson Hole, nos Estados Unidos, com presidentes dos bancos centrais do mundo desenvolvido, e trazia informações frescas e preocupantes sobre o repique da crise na Europa. O caminho para cortar os juros se abria, mas era preciso um reforço fiscal. Mantega, então, providenciou, no dia 29 de agosto, 10 bilhões de reais para encorpar a meta de superávit primário e no dia 31 o Copom baixou a Selic. "Faltou sutileza", avaliou um ex-ministro do governo Dilma ao criticar essa ação combinada e apressada entre Fazenda e Banco Central, que acabou manchando a credibilidade do Copom.

Quem conhecia Dilma sabia que os meses iniciais de ortodoxia na política monetária e fiscal teriam vida breve. Ela nunca acreditou nesse receituário, e seu objetivo era levar a taxa de juros reais no país para 2% ao ano, como disse em várias ocasiões durante a campanha eleitoral. A ajuda da política fiscal para a redução da taxa de juros se restringiu aos 10 bilhões anunciados por Mantega. O próprio projeto de lei orçamentária para 2012, que chegava ao Congresso no fim de agosto, era expansionista ao propor aumento do gasto público.

O governo considerou que havia aplicado uma overdose de medidas contracionistas na economia, derrubado a atividade econômica mais do que o esperado. Aflito, partiu em ritmo frenético para o caminho oposto. Os juros entraram em uma trajetória descendente que só terminaria em outubro de 2012 com a Selic em 7,25% ao ano, a mais baixa da série histórica. Para levar os juros a esse patamar, o governo teve que mudar a legislação da caderneta de poupança. Com regras fixas de correção definidas em lei, de 0,5% ao mês (6,17% ao ano) mais a TR, calculada diariamente pelo Banco Central, a caderneta estabelecia um piso para os juros. Os gastos públicos aumentavam. Entre 2007 e 2014 as despesas do governo federal cresceram cerca de 50% acima da inflação. As receitas, a partir de 2011, minguaram. Dilma praticava políticas fiscal e monetária frouxas.

Em 2012, sucederam-se pacotes de medidas e ações governamentais despejados em uma economia que não queria crescer. A inflação, por sua vez, resistia. Foi de 6,5% em 2011, tal como Palocci temia, e de 5,84% em 2012, acima, portanto, da meta de 4,5% ao ano. Juros de 7,25% ao ano, além de não servirem como razão suficiente para despertar nos empresários o apetite pela expansão dos investimentos, cutucaram a inflação.

Poucas vezes na história recente da política monetária brasileira o Banco Central foi tão criticado por economistas do setor privado e analistas do mercado financeiro como na gestão de Alexandre Tombini. Condenou-se a forma de comunicação da diretoria com os mercados, considerada hermética, confusa, ambígua, além do conteúdo das decisões. Com a adoção, em 1999, do regime de metas para a inflação, o principal instrumento para conter o IPCA, usado como medida oficial, passou a ser a taxa básica de juros, a Selic. A comunicação do Banco Central, sinalizando de forma transparente em que direção vai agir, antecipa os efeitos de suas decisões e é vista como um instrumento da política monetária.

A partir de 2011 os juros entraram em uma trajetória de queda até chegar a 7,25% em outubro do ano seguinte. Novamente a diretoria do Banco Central foi alvo de críticas. Economistas e operadores do mercado não entenderam por que o Copom tinha baixado tanto os juros. Por várias vezes o presidente do Banco Central se defendeu dessas críticas, argumentando que havia parado nos 7,25%, quando naqueles dias economistas renomados do sistema financeiro defendiam a redução da Selic em ainda mais 1 ponto percentual — para 6,25% ao ano. O economista-chefe do banco Itaú, Ilan Goldfajn, era um deles. Já como presidente do Banco Central, em 2016, Ilan explicou que não defendia mas apenas "previa" mais um corte.

O Banco Central foi censurado não só por reduzir demais a taxa de juros como também por deixá-la baixa por tempo prolongado, principalmente quando o compromisso com uma meta de superávit primário de 3% do PIB havia ficado no passado e o governo já operava as contas públicas com a chamada "contabilidade criativa". As políticas fiscal e monetária mantinham-se expansionistas diante de uma inflação já recrudescente.

De outubro de 2012 a abril de 2013, os juros estacionaram em 7,25% ao ano, quando a alta da taxa Selic foi de apenas 0,25 ponto percentual. A essa altura, o mercado financeiro já estava convencido de que a diretoria do Banco Central não tinha mais autonomia. Tombini, porém, nunca admitiu isso.

Em agosto de 2013, o diretor de política econômica do Banco Central, Carlos Hamilton, estava em Belém, no Pará, para a apresentação do boletim regional da instituição. A entrevista de Hamilton coincidiu com a divulgação do IPCA de julho, de apenas 0,03%. Enquanto a Presidência da República e o Ministério da Fazenda comemoravam em Brasília, no Pará o diretor do Banco Central jogava água fria no entusiasmo do governo.

E começou pondo logo o dedo na ferida: "Temos política fiscal expansionista e o crédito cresce em ritmo maior do que a renda das famílias". Acrescentou que o resultado de julho era "um ponto fora da curva" e que a inflação mensal voltaria a subir nos meses seguintes. Enquanto isso, na Fazenda, Mantega e o secretário do Tesouro, Arno Augustin, sustentavam que a política fiscal seria neutra para o controle da inflação, com o cumprimento da meta de superávit primário de 2,3% do PIB naquele ano.

Ao mesmo tempo que a equipe de Mantega providenciava medidas de estímulo ao crescimento, Tombini e Carlos Hamilton reiteravam que o desaquecimento do nível de atividade decorria "da significativa perda da confiança" dos empresários nos rumos do governo. A dissonância crescia. O Banco Central ligava o ar-condicionado, enquanto o Ministério da Fazenda punha o aquecedor em funcionamento.

No Palácio do Planalto, assessores muito próximos da presidente diziam que a cabeça de Carlos Hamilton ia rolar. Dilma ficou furiosa com as declarações do diretor do Banco Central. Não houve demissão, mas o mal-estar traduziu-se em uma mudança na ata do Copom — documento divulgado uma semana depois da reunião do comitê e que explica a decisão tomada. A ata de agosto trazia um parágrafo dedicado à política fiscal que dizia: "Para o Comitê, criam-se condições para que, no horizonte relevante para a política monetária, o balanço do setor público se desloque para a zona de neutralidade".[3] O Banco Central explicou, na época, que essa foi a forma de dizer que os gastos do governo continuavam expansionistas e comprometiam o combate à inflação, mas que havia condições de reverter a expansão das despesas públicas[4] fosse porque elas já haviam crescido demais ou porque o PIB cresceria de menos.

Economistas e analistas do mercado reprovaram a ata e alegaram que o Copom via "miragens" e se autoenganava ao dizer "criam-se condições [...] para a zona de neutralidade", enquanto o governo só aumentava a despesa. Em outubro de 2014, diante da gastança do governo para reeleger Dilma Rousseff, a frase-chave da ata do Copom sofreu uma alteração: "Não obstante identificar evidências de estímulos fiscais na composição da demanda agregada este ano, na visão do Comitê, no horizonte relevante para a política monetária, o balanço do setor público tende a se deslocar para a zona de neutralidade".

Nessa época, Tombini já havia se distanciado da presidente. No início do governo de Dilma Rousseff, o presidente do Banco Central ia com certa frequência ao Palácio do Planalto fora da agenda oficial da presidente, e sempre entrava pela garagem para não ser visto. Quando o primeiro mandato de Dilma se aproximava do fim, as visitas foram rareando. Tombini foi convidado a continuar no cargo no segundo mandato, no qual permaneceria até o afastamento da presidente, em maio de 2016. Apelidado por operadores do mercado financeiro de "Pombini", em alusão à sua postura de "pombo" em contraposição à de "falcão", Tombini foi responsável pelo mais longo ciclo de alta da taxa de juros. De abril de 2013 a julho de 2015, a Selic saltou de 7,25% para 14,25% e permaneceria nesse patamar mesmo depois da troca de comado do Banco Central, já no governo de Michel Temer. Apesar da profunda recessão em 2016, a inflação continuava resistente e as projeções indicavam um IPCA de mais de 7% para o ano.

Dilma tentou preservar a política de queda da taxa de juros de várias formas. Um ex-ministro do governo do PT resumiu da seguinte forma o que considerou a "sequência de erros" cometidos na época: "Não deu certo, seguro o preço da gasolina; não deu certo, corto o preço da energia; não deu certo, reduzo os impostos com as desonerações; não deu certo, aumento o gasto público". A presidente passou dois anos testando alternativas para fazer a economia crescer e a inflação cair, até ceder às evidências. Só em abril de 2013 os juros começaram a subir.

Em setembro de 2013 a revista *The Economist* circulou com nova matéria de capa sobre o Brasil, intitulada "Has Brazil blown up?" [O Brasil estragou tudo?]. O Cristo Redentor, que na edição de 2009 decolava rumo ao céu, agora despencava em direção ao solo. Nesse período, os índices de confiança dos empresários no governo foram os mais baixos da história. Os investimentos não cresceram, apesar da abundância de recursos para o BNDES financiar as empresas. Ao contrário, caíram. Até o primeiro trimestre de 2016, os dados do IBGE acumulavam dez trimestres consecutivos de queda da taxa de investimento, além de ter havido queda continuada da produtividade.

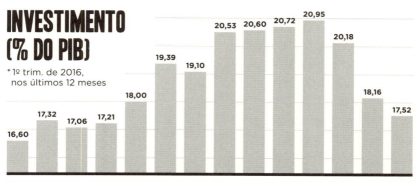

CAPÍTULO 7

O nascimento da nova matriz econômica

A expressão "nova matriz macroeconômica" apareceu pela primeira vez em um papel oficial do governo no início de dezembro de 2012. No texto "Economia brasileira em perspectiva",[1] um documento que a Fazenda divulgava mensalmente, o então secretário de Política Econômica, Márcio Holland, escreveu: "O Brasil apresenta uma nova matriz macroeconômica, ímpar na história do país, muito promissora para o investimento, a produção e o emprego, com taxas de juros baixas, custos financeiros reduzidos para empresas e famílias, taxa de câmbio mais competitiva e sólidos resultados fiscais. Por tudo isso, o país está preparado para experimentar mais um ciclo de longo prazo de crescimento sustentável".

Pouco tempo depois, Holland usou a mesma expressão — que ficaria identificada com o período de Guido Mantega no governo — numa entrevista.[2] Por diversas vezes se havia discutido no gabinete de Mantega a criação de um selo para marcar a passagem daquele que viria a ser o mais longevo ministro da Fazenda da história. Um assessor sugeriu "nacional desenvolvimentismo", outro defendeu "social desenvolvimentismo". Em uma dessas discussões, o secretário executivo Nelson Barbosa, em tom crítico, comentou: "Cuidado, o nacional-socialismo [de Hitler na Alemanha] não terminou bem".

Barbosa não discordava da mudança na política econômica que abandonava o tripé herdado de Fernando Henrique Cardoso e buscava um caminho próprio mediante a redução dos juros, câmbio mais competitivo e desonerações tributárias. Ao contrário, foi um de seus principais mentores. Mas quando viu aquele documento de 137 páginas citando a "nova matriz" disse a Holland e a Marcelo Fiche, chefe de gabinete do Ministério da Fazenda e coautor do texto: "Vocês são doidos. Tudo que todos querem para nos bater é um rótulo!". Ele estava certo: o rótulo tornou-se sinônimo de tudo de ruim e de malfeito na política econômica do governo Dilma.

"2012 foi o ano do populismo", constatou um ex-ministro do PT ao revisitar aqueles dias. "Foi o ano em que o governo deixou de ser petista e passou a ser brizolista." (Antes de migrar para o PT, Dilma Rousseff estava no PDT de Leonel Brizola.) Assustada com a desaceleração da economia iniciada em 2011 e que prosseguia em 2012, a presidente da República passou a promover uma série de reuniões com um grupo de trinta empresários para ouvir sugestões que dessem novo impulso ao PIB.

O primeiro desses encontros ocorreu no dia 22 de março de 2012, uma quinta-feira.[3] Os empresários disseram que o custo da energia elétrica para a indústria no Brasil estava entre os maiores do mundo, que os juros e *spreads* bancários eram os mais elevados do planeta, que o câmbio valorizado encarecia e inviabilizava as exportações do país e que a carga tributária era insuportável. Dilma começou a agir em cada um desses pontos para destravar os investimentos, seguindo a pauta que recebeu dos interlocutores do setor privado.

Os estímulos ao crescimento pelo aumento do consumo — que fez a alegria de todos no governo Lula — haviam se esgotado, e só a expansão dos investimentos, portanto da oferta, seria capaz de revigorar a atividade econômica e sustentar o emprego. O primeiro ataque foi ao *spread* bancário, que representa a diferença entre o que o banco paga na captação de recursos e o que cobra ao emprestar para o tomador final. Lula também tinha tentado cortar essa taxa. Ao mesmo tempo, a presidente decidiu que reduziria a conta da energia elétrica, e os técnicos começaram a preparar estudos com esse fim.

O Banco Central perseguiu uma taxa de câmbio mais competitiva e a Fazenda começou a desonerar de impostos as empresas.

Desde a campanha eleitoral de 2010, Dilma estava determinada a reduzir os juros reais no país e levá-los para a casa dos 2% ao ano, próximo aos padrões internacionais, derrubando com isso a dívida líquida do setor público para a faixa de 30% do PIB. Mas não bastava reduzir a Selic se os *spreads* elevadíssimos continuassem penalizando o tomador de crédito.

Essa era uma preocupação antiga do Banco Central, que na gestão de Armínio Fraga, em 1999, passou a acompanhar mensalmente a evolução dos juros e a decomposição dos *spreads* bancários, e a avaliar as razões para taxas tão altas. O *spread* era, e continua sendo, o resultado da inadimplência, da carga de impostos diretos e indiretos, dos custos administrativos e da margem de lucro dos bancos.

Em 2012, a presidente promoveu a briga contra os *spreads* a uma política "de governo". Determinou que Mantega tomasse a dianteira nessa batalha e colocou os bancos federais, Caixa e Banco do Brasil, para liderar o corte da taxa. Em fevereiro o *spread* médio na faixa dos recursos livres do sistema bancário era de 28,06 pontos percentuais. Para o crédito direcionado (agricultura e habitação), de 4,23 pontos percentuais.

Em meados de abril, o presidente da Febraban, Murilo Portugal, levou ao Ministério da Fazenda vinte propostas de medidas a serem tomadas para permitir que os bancos cortassem seus *spreads*. Na reunião que teve com a equipe, o assunto foi discutido e o governo ficou de analisar as sugestões, que, entre outras ideias, contemplavam a redução de tributos. Ao se despedir de Portugal, Nelson Barbosa disse que a bola agora estava com o governo. Na entrevista coletiva que deu aos jornalistas que cobrem o Ministério da Fazenda, Portugal repetiu a frase de Barbosa e quase perdeu o cargo.

Dilma não gostou do que leu nos jornais do dia seguinte e mandou Mantega reagir à altura. O ministro, em tom bem mais belicoso do que havia adotado logo após a reunião com Portugal, rebateu para os jornalistas: "Querem jogar a conta nas costas do governo. O Murilo Portugal esteve aqui outro dia e, em vez de trazer soluções anunciando aumento de crédito, ele veio aqui para fazer cobranças. Se os bancos estão tão lucrativos, eles têm margem, sim, para reduzir as taxas e aumentar o volume de crédito". E disse ainda: "O governo trabalha permanentemente numa agenda positiva para melhorar as condições e aumentar a segurança do crédito. Mas, independentemente disso, os bancos toda hora cobram mais segurança e medidas. Mas eles têm margem para aumentar o crédito neste momento e é necessário que isso seja feito sem mexer em nada, completou o ministro".

O bate-boca não terminou aí. Em maio, um documento assinado pelo economista-chefe da Febraban, Rubens Sardenberg, pôs em dúvida se a queda das taxas de juros resultaria em ampliação da oferta de crédito. No texto ele argumentou que havia limites para a ampliação do crédito, como o alto nível de inadimplência, e disse: "Você pode levar um cavalo até a beira do rio, mas não conseguirá obrigá-lo a beber água".

Dilma viu nessa análise mais uma provocação dos bancos e mobilizou o Ministério da Fazenda para exigir uma retratação. Ela interpretou o documento como uma segunda investida da Febraban contra seu governo. No mesmo dia a Febraban soltou uma nota afirmando que o texto de Sardenberg não podia ser considerado "como posicionamento oficial da entidade ou de seus associados".

Na comemoração do Primeiro de Maio, Dilma aproveitou seu pronunciamento em rede de TV para repreender os banqueiros: "É inadmissível que o Brasil, que tem um dos sistemas financeiros mais sólidos e lucrativos, continue com um dos juros mais altos do mundo", disse. "Os bancos não podem continuar cobrando os mesmos juros para empresas e para o consumidor, enquanto a taxa básica Selic cai, a economia se mantém estável e a maioria esmagadora dos brasileiros honra com presteza e honestidade os seus compromissos." E concluiu: "O setor financeiro, portanto, não tem como explicar essa lógica perversa aos brasileiros".

Para tentar encerrar de vez a contenda, os dois maiores banqueiros privados do país — Roberto Setúbal, do Itaú, e Luiz Carlos Trabuco Cappi, do Bradesco —, em entrevista ao jornal *O Estado de S. Paulo*, se declararam a favor da queda da taxa de juros e acrescentaram: "A Febraban não fala por nós". Dilma sossegou.

Por algum tempo os *spreads* e a taxa de juros caíram, puxados pelos bancos públicos, que aumentaram sua participação no mercado enquanto a das instituições privadas diminuía. O assunto acabou morrendo. Em maio de 2016, quem fosse ao banco contratar um empréstimo pagaria em torno de 58 pontos percentuais ao ano só a título de *spread*, além da taxa de juros de 14,25% ao ano.

Em agosto de 2012, o governo divulgou o Programa de Investimento em Logística (PIL), um pacote de concessões de rodovias e ferrovias com previsão de 133 bilhões de reais em investimentos em um prazo de 25 anos, sendo 79,5 bilhões nos primeiros cinco anos. No fim do ano, o governo informou que também faria leilões de portos e aeroportos. Sob a influência do secretário do Tesouro Nacional, Arno Augustin, a Taxa Interna de Retorno (TIR) desses empreendimentos foi fixada em 5,5%, considerada muito baixa pelas empresas. Com baixo retorno previsto para o capital investido, não haveria competição entre as companhias nos leilões. Começou, assim, uma longa negociação do setor privado com o ministro da Fazenda, para que os projetos fossem mais atrativos.

O governo chegou a marcar para 30 de janeiro de 2013 dois leilões de rodovias (trechos da BR-040 e da BR-116), mas cinco dias antes da data anunciou o adiamento, para reformular o edital. Só em maio novas condições foram acertadas. A TIR foi ajustada para 7,2%. "Não é a taxa de retorno que o setor pretendia, que era de 8%, mas é minimamente satisfatória", disse Rodolfo Tourinho Neto, então presidente do Sindicato Nacional da Indústria da Construção Pesada, na saída do encontro com o ministro da Fazenda.

Essa não foi a primeira nem a última mudança nas condições dos leilões em relação aos termos iniciais de agosto de 2012. Entre idas e vindas, o governo já havia aumentado os prazos da concessão das rodovias de 25 para trinta anos, e dos financiamentos de vinte para 25 anos, assim como alterou as regras nos anos seguintes. O fato é que o governo Dilma não conseguiu executar o programa de concessões que aumentaria os investimentos, geraria emprego e melhoraria as condições de infraestrutura e logística no país. Durante o seu governo, foram privatizados seis aeroportos: os de Natal, Brasília, Guarulhos, Campinas, o Tom Jobim (Galeão), no Rio de Janeiro, e o de Confins, região metropolitana de Belo Horizonte. As demais privatizações, como as de portos e ferrovias, não avançaram.

Em setembro de 2012, foi divulgado o pacote do setor elétrico que tinha como objetivo reduzir as tarifas de energia e renovar as concessões por trinta anos com tarifas mais baixas. Os preços da energia para empresas e consumidores residenciais cairiam 20% em fevereiro do ano seguinte. A forma com que foi concebida a renovação das concessões foi interpretada pelo mercado como "quebra de contrato", e as ações das companhias elétricas despencaram, o que irritou Dilma. A conta do conserto desse desastrado pacote de mais de 100 bilhões de reais acabou sendo paga pelos consumidores em 2015, com um brutal reajuste de tarifas, de cerca de 50%.

Por um curto período, enquanto a Selic estava em 7,25% ao ano, os juros reais desceram para a casa dos 2%, realizando momentaneamente o sonho da presidente. Porém as pressões inflacionárias não deram sossego ao Banco Central. Além de ser bastante criticado por ter forçado a mão na queda da Selic, em 2013 o Banco Central teve que recomeçar uma trajetória de alta da taxa básica, que só se encerraria em 14,25% ao ano em julho de 2015, estabilizando-se nesse patamar por mais de um ano.

Diante da acentuada desaceleração da atividade econômica, a presidente não parou de anunciar medidas anticíclicas — expansão do gasto público, desonerações de impostos e aumento de capital dos bancos públicos para que eles abastecessem o crédito. O Banco do Brasil e a Caixa foram instados a ofertar mais empréstimos a custos mais baixos, para fazer frente à retração dos bancos privados. No BNDES foram mais de 500 bilhões de reais, porém a maior parte ainda no governo Lula.

Entre 2008, início da crise financeira global, e 2016, a participação dos bancos públicos no total do crédito no país teve uma expansão notável. Tinha sido de 33% em janeiro de 2008 e chegou a 56,7% em maio de 2016. Em junho teve uma queda marginal, indo para 56,6%.

O governo criou, ainda, um pacote de compras governamentais e de investimentos públicos. O estímulo extra ao investimento ocorreu mediante os juros fortemente subsidiados para o Programa de Sustentação do Investimento (PSI), do BNDES, que passou a cobrar taxas negativas, abaixo da inflação, para a compra de máquinas e equipamentos.

Em 2012, o que se viu foi a aceleração das expectativas inflacionárias associada a uma pífia performance do PIB. Eram sinais da perda de dinamismo da economia brasileira. É preciso reconhecer que houve também a influência dos efeitos da menor demanda global. A crise de 2008/2009 teve novo repique na Europa em 2011, levando a zona do euro à recessão; a China começou um processo de desaceleração, e o fraco crescimento mundial não ajudou. A grande herança da crise global foi estabelecer um baixo padrão de crescimento para a economia mundial. Foi-se embora a fartura produzida durante o ciclo de alta das commodities. Mas os maiores impactos sobre a desaceleração brasileira vieram das políticas macro e microeconômicas do governo Dilma e da perda de confiança de empresários, que não investiram, e dos consumidores, que se retraíram.

Em junho de 2012, os economistas do banco Credit Suisse divulgaram relatório com previsão de crescimento do país de apenas 1,5% para o ano. O banco citava que o investimento que em 2011 havia crescido 4,7% no ano seguinte cresceria apenas 0,3%. O consumo das famílias, endividadas pela facilidade da obtenção de crédito, antes inacessível, também esfriava.

"É uma piada", reagiu Mantega, quando abordado por jornalistas na saída de um hotel no Rio de Janeiro, onde participava da Conferência das Nações Unidas sobre Desenvolvimento Sustentável (Rio + 20). "Vai ser muito mais do que isso", assegurou ao rebater os prognósticos do Credit Suisse. Poucos dias antes, Mantega havia reestimado de 4,5% para 4% o crescimento do país em 2012, em debate no Senado.

A economia estava indo para o ralo, mas o ministro da Fazenda sustentava que a taxa de crescimento seria de 4%, e o secretário de Política Econômica não o alertou para mudar a previsão. "Holland", conta um assessor do ministro, "alegou que, se falasse isso, Mantega reagiria mal." Ambos, Mantega e Holland, já eram conhecidos no governo como "os animadores de PIB".

Preocupados com a desinformação demonstrada pelo ministro da Fazenda, o secretário executivo Nelson Barbosa e o assessor de imprensa do ministério, Fábio Graner, foram ao gabinete de Mantega dizer a ele que estava na hora de baixar a previsão de crescimento. Mantega insistiu em 3% e Barbosa rebateu que o PIB cresceria menos de 1% em 2012. Foi de 1,03%. Um economista conhecedor dos meandros do Ministério da Fazenda comentou certa vez: "O secretário de Política Econômica é como um canário na mina. É ele que dá o primeiro aviso quando falta oxigênio... E é ele o primeiro a morrer". Holland ficou quieto.

Mantega providenciou mais medidas de estímulo ao investimento e logo anunciou o corte dos juros de 5,5% para 2,5% ao ano para o PSI. A conta dos subsídios não parava de crescer. No fim do primeiro semestre de 2012, as expectativas do mercado chegaram a apontar uma inflação de 4,93% naquele ano. A aceleração dos preços, porém, decorreu não só da seca nos Estados Unidos, que elevou os preços, sobretudo, da soja e do milho, como ainda do repasse da desvalorização cambial de mais de 20% entre fim de fevereiro e junho de 2012. Ainda assim o Banco Central, sob críticas do mercado e de economistas de fora do governo, manteve inalterados os juros de 7,25% ao ano até abril do ano seguinte.

O superávit primário consolidado do setor público caiu de 2,94% em 2011 para 2,18% do PIB em 2012. Mesmo esse resultado só foi obtido às custas de alquimias como a "contabilidade criativa" e as "pedaladas" do Tesouro Nacional. Começava ali a forte deterioração que viria a ocorrer nas finanças públicas nos anos seguintes, sobretudo em 2014, o ano da reeleição.

O ativismo do governo em favor do crescimento não produziu os resultados esperados. Uma enxurrada de crédito, subsídios e desonerações teve início em 2011 com o Plano Brasil Maior, de incentivo à indústria, e prosseguiu no ano seguinte com a redução dos juros do PSI, a definição de novas renúncias fiscais, a prorrogação do corte do IPI dos automóveis, a redução de impostos para móveis e produtos da linha branca, materiais de construção e bens de capital, entre outras medidas.

Na entrevista de dezembro de 2012 ao jornal *Valor*,[4] Márcio Holland encontrou uma explicação para o baixo crescimento da economia. Segundo ele, a causa foi a transição do país para a "nova matriz macroeconômica", que o secretário definiu como a combinação de juro baixo, taxa de câmbio competitiva e uma consolidação fiscal "amigável ao investimento".

Holland alegou que "num primeiro momento, a transição para a nova matriz traz custos para empresas e investidores, acostumados a operar sob a lógica curto-prazista". Àquela altura, porém, esse momento já havia passado e, em 2013, dizia ele, com a nova política econômica e a montanha de estímulos oferecidos pelo governo ao setor privado, os investimentos cresceriam 8%, o dobro da projeção para o PIB. "Investidores, bancos, economistas, analistas em geral estão revendo seus modelos de negócio", garantiu.

Disse ainda que o governo estava usando "os espaços fiscais criados para promover intensa desoneração do investimento e da produção. Programamos 45 bilhões de reais em desonerações em 2012". Só na conta de desoneração da folha de pagamento das empresas estavam previstos 15 bilhões de reais no ano seguinte, 2013. Holland informou também que a desoneração da folha, originalmente pensada como temporária, se tornaria permanente e atingiria 41 setores a partir de 2013, beneficiando mais de 50 mil empresas, que representavam cerca de 50% das exportações de manufaturas.

O otimismo do secretário não se confirmou. O pacote do setor elétrico, por sua forma e conteúdo intervencionistas, quebrou a confiança do setor privado, e os investimentos, tão necessários para a retomada do crescimento, não reagiriam como o governo havia imaginado. As desonerações consumiram recursos públicos sem que se tivesse notado benefício nenhum para a economia. Entre 2012 e 2015, vazaram dos cofres da União 63,2 bilhões de reais em desonerações da folha de salário das empresas. Em 2016 seriam quase 20 bilhões.

Em conversa com a jornalista e coautora deste livro Claudia Safatle, do jornal *Valor Econômico*, em meados de 2013, a ministra-chefe da Casa Civil, Gleisi Hoffmann, não escondeu sua perplexidade: "Os empresários pediram câmbio, redução da tarifa de energia, corte dos juros. Tudo que eles pediram o governo deu, mas eles não fizeram nada, não investiram!".

CAPÍTULO 8

A "operação quadrangular"

A intenção do governo, em 2012, era obter um forte crescimento da economia. O orçamento daquele ano tinha sido elaborado com uma estimativa de expansão do PIB de 4,5%. Em um café da manhã com jornalistas, no dia 16 de dezembro de 2011, a presidente Dilma Rousseff esbanjava otimismo. "A minha meta [de crescimento para o ano seguinte] é cinco [por cento], a meta do Guido [Mantega] é cinco. De toda a área econômica é cinco, é isso que eu quero dizer: a minha e a da área econômica", anunciou.[1]

O governo sabia, no entanto, que não seria fácil alcançar esse objetivo. O agravamento da crise na Europa ameaçava deprimir o crescimento mundial, a economia dos Estados Unidos patinhava e havia sinais de desaceleração da China. Internamente, empresários e consumidores se retraíam.

Para amenizar os efeitos da crise internacional, o governo vinha adotando, desde meados de 2011, medidas de estímulo ao setor privado, movimento que coincidiu com o início do processo de redução da taxa Selic pelo Banco Central. Em agosto daquele ano, foi editada a MP 540, que criou o Plano Brasil Maior e adotou sete medidas de redução de tributos, entre elas a desoneração da folha de salários de quatro setores industriais. A contribuição de 20% que as empresas pagam ao INSS foi substituída por uma contribuição sobre o faturamento. No restante do ano, outras 21 medidas de diminuição de impostos ainda seriam adotadas.

Essa estratégia foi intensificada em 2012, quando novas desonerações foram anunciadas para estimular os investimentos e o consumo, enquanto o governo continuava aumentando as despesas da União. A Receita Federal estimou em 46,4 bilhões de reais o impacto das desonerações sobre a arrecadação dos tributos federais naquele ano.[2]

O ministro Guido Mantega dizia que aquele seria o ano dos investimentos privado e público. Para isso, o governo adotava como estratégia uma política fiscal anticíclica. Mas ela seria feita, garantia Mantega, com a consolidação fiscal e o controle dos gastos de custeio. Não foi o que aconteceu.

A meta de superávit primário para 2012 foi fixada em 139,8 bilhões de reais para o setor público consolidado (ou seja, para União, estados, municípios e empresas estatais), o equivalente a 3,1% do PIB — essa era a economia que o governo se propunha a fazer naquele ano para pagar uma parcela dos juros da dívida. Para demonstrar o compromisso com a austeridade, Mantega anunciou, em fevereiro, um contingenciamento de 55 bilhões de reais nas dotações orçamentárias, o maior realizado na história até então.

A receita obtida com impostos e contribuições, no entanto, começou a cair. Em parte por causa das desonerações tributárias que vinham sendo realizadas de forma intensa desde 2011 e também por causa da desaceleração da economia. O comportamento da receita provocou uma discussão dentro da equipe econômica.

O então secretário executivo do Ministério da Fazenda, Nelson Barbosa, passou a defender uma redução do superávit primário, que vinha sendo mantido sistematicamente em 3,1% do PIB, e lançou, pela primeira vez, a ideia de criação de uma banda para a meta fiscal. A proposta previa um intervalo para o resultado primário, semelhante ao utilizado para a inflação, o que acomodaria eventuais frustrações de receita. A meta para a inflação é de 4,5%, mas existe uma margem de tolerância variável. A partir de 2017 ela será de 1,5 ponto percentual para cima ou para baixo, para acomodar choques inesperados de preços. O que significa que, se o índice de preços ficar entre 3% e 6% no ano, o objetivo terá sido cumprido.

Barbosa queria abrir espaço no orçamento para a realização de investimentos em infraestrutura e achava que a melhor estratégia era assumir publicamente a redução da meta. Mantega e o então secretário do Tesouro Nacional, Arno Augustin, foram contra a proposta e defenderam a manutenção da meta em 3,1% do PIB, com a possibilidade de dedução dos investimentos realizados pelo PAC.

O problema é que o desconto do superávit primário iria aumentar ao longo dos anos seguintes, gerando incertezas e insegurança no mercado. Na prática, a fórmula defendida por Mantega e Arno representava uma banda implícita para o superávit primário, com a diferença de que se mantinha a ilusão de que o governo perseguiria todo ano a chamada "meta cheia", ou seja, sem o desconto do PAC. No embate dentro da equipe econômica, Dilma ficou ao lado do seu ministro da Fazenda e do secretário do Tesouro.

As divergências no Ministério da Fazenda sobre a condução da política fiscal chegaram a tal ponto que Mantega excluiu Nelson Barbosa das reuniões da Junta de Execução Orçamentária, onde eram acompanhadas as questões relacionadas ao orçamento do ano. A presidente Dilma participava desses encontros, e também os ministros da Fazenda, Planejamento, Casa Civil e secretários do Tesouro e do Orçamento Federal.

Barbosa continuou perguntando internamente aos demais integrantes do governo se eles sabiam como a meta fiscal seria fechada naquele ano. Em determinado momento, as ministras da Casa Civil, Gleisi Hoffmann, e do Planejamento, Miriam Belchior, pediram a ele que fosse à reunião da Junta apresentar suas preocupações.

"Não vou, o meu ministro não me chamou", disse Barbosa.

"Mas a gente quer que você vá", rebateram as duas.

"Eu não posso ir a uma reunião convidado por outro ministro", respondeu o secretário executivo do Ministério da Fazenda.

Em outubro de 2012, a luz amarela acendeu nos principais gabinetes da área econômica. Estava claro que seria impossível atingir a meta fiscal definida para aquele ano. Os analistas do mercado já projetavam um resultado 30 bilhões de reais abaixo da meta. Em novembro, o governo admitiu que a chamada meta cheia de superávit primário não seria alcançada. Ela seria reduzida em 25,6 bilhões de reais com os gastos do PAC. Assim, o superávit do governo central (que compreende Tesouro, Previdência Social e Banco Central) passaria de 96,97 bilhões de reais para 71,37 bilhões de reais.

Era a primeira vez que o governo anunciava um desconto da meta desde 2009, ano em que houve uma queda expressiva da receita da União por causa da recessão provocada pela crise global. Em 2012, a redução do superávit primário do governo federal era consequência, em grande parte, de uma política deliberada de desoneração tributária (que diminuiu a arrecadação) e do aumento continuado das despesas, cujo objetivo foi sustentar o consumo e estimular o investimento.

Quando dezembro chegou, no entanto, os técnicos do Tesouro constataram que seria impossível atingir até mesmo a meta reduzida. Foi nesse momento que a caixa de ferramentas da "contabilidade criativa" foi aberta pelo secretário Arno Augustin. Havia um problema adicional que precisava ser enfrentado. Já estava claro que estados e municípios não iriam cumprir metas de superávit primário, principalmente depois que a presidente Dilma os tinha autorizado a contratar mais empréstimos, dentro da estratégia do governo de estimular os investimentos.

Como dispunha a Lei de Diretrizes Orçamentárias, se estados e municípios não cumprissem a meta, o governo federal teria que aumentar seu resultado para compensar essa falta, de forma que o superávit primário previsto para todo o setor público fosse alcançado. Diante dessa realidade, os integrantes da equipe econômica voltaram a discutir uma proposta de alteração da LDO para reduzir a meta fiscal de 2012. O problema é que o tempo era exíguo, pois o Congresso entraria em recesso dali a três semanas. Avaliou-se, então, a possibilidade de alteração da LDO por meio de medida provisória. Mas essa alternativa foi descartada pelo próprio Arno Augustin em entrevista ao jornal *O Estado de S. Paulo*: "Eu tenho dúvidas se poderia ser feito [a mudança na LDO] por medida provisória. [...] Não optamos por isso porque entendemos que fazer o cumprimento do que estava previsto era o melhor fiscalmente".[3] Não foi.

Os técnicos do Tesouro sabiam que a margem de desconto da meta fiscal, representada pelos investimentos do PAC, poderia ajudar a salvar a situação. A LDO permitia que o governo reduzisse em até 40,6 bilhões de reais o seu superávit primário de 96,97 bilhões, ou seja, o governo federal poderia registrar um superávit de apenas 56,37 bilhões de reais em 2012.

O "excesso" verificado acima desse piso poderia ser usado para completar a meta de estados e municípios. Mas havia um problema: o pagamento dos investimentos do PAC até o fim de novembro tinha ficado em apenas 28,5 bilhões de reais, bem longe do valor do desconto da meta autorizado pela LDO. Era necessário, portanto, aumentar o pagamento do PAC. Mas o ano estava acabando e não havia dinheiro em caixa para fazer mais pagamentos. Diante dessa situação, os técnicos do governo utilizaram um mecanismo até então inédito. A LDO dizia que poderiam ser deduzidas da meta fiscal as programações do PAC, que foram carimbadas com o indicador RP 3.

Os técnicos escolheram outras despesas e disseram que elas passavam a fazer parte do PAC. Para isso, bastou colocar nas despesas escolhidas o indicador RP 3. Ou seja, os gastos foram "reclassificados", e isso foi feito a posteriori, depois que eles já tinham sido executados. Com esse malabarismo, o governo aumentou o valor do pagamento dos investimentos do PAC em 7,2 bilhões de reais em 2012, segundo estimativa feita pela Consultoria de Orçamento e Fiscalização Financeira da Câmara dos Deputados.[4] Assim, o total de pagamentos do PAC que poderia ser descontado da meta atingiu 39,3 bilhões de reais — quase o teto dos 40,6 bilhões previsto na LDO. Sem a "reclassificação" das despesas, o valor teria ficado em 32,1 bilhões de reais, insuficiente para compensar a frustração da meta de estados e municípios.

Não bastava, porém, aumentar o pagamento do PAC para resolver o problema. A área técnica do Tesouro constatou que ainda faltava muito dinheiro para atingir um superávit primário do governo federal que permitisse alcançar a meta para todo o setor público. A equipe do secretário Arno Augustin disparou então uma série de iniciativas que, mais tarde, ficou conhecida como "operação quadrangular". Essa expressão foi cunhada pelo economista e ex-ministro da Fazenda Delfim Netto, porque a operação envolveu quatro organizações estatais: Tesouro, BNDES, Fundo Soberano do Brasil e Caixa Econômica Federal. Ao todo, a presidente Dilma Rousseff se viu obrigada, mesmo contra a sua vontade, a editar uma medida provisória e três decretos — um deles não numerado — para autorizar o conjunto dessas transações.

A operação inventada pela equipe de Arno teve início com o BNDES recebendo um empréstimo do Tesouro. Em seguida, o banco estatal comprou ações da Petrobras que estavam com o Fundo Soberano do

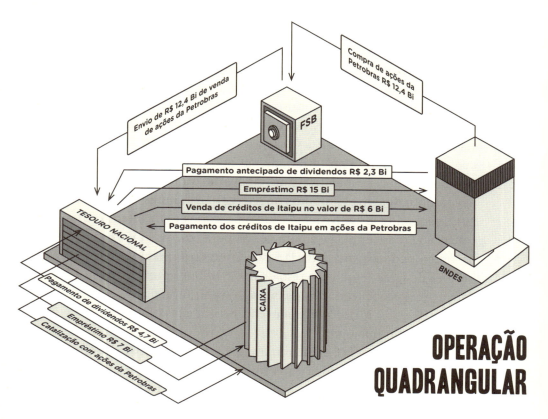

Brasil (FSB). O dinheiro da venda das ações foi, assim, para o Tesouro, que é o único acionista do FSB. O BNDES usou, então, parte dessas ações para comprar créditos que o Tesouro tinha a receber de Itaipu. Por esses créditos, o Tesouro recebeu do BNDES as ações da Petrobras, utilizadas, em seguida, para capitalizar a Caixa Econômica Federal. Ao mesmo tempo, a Caixa foi agraciada com um empréstimo do Tesouro.[5] Os empréstimos permitiram que os bancos públicos aumentassem os dividendos pagos ao Tesouro.

A operação quadrangular rendeu 25,4 bilhões de reais aos cofres do Tesouro, sendo 12,4 bilhões das ações da Petrobras vendidas pelo Fundo Soberano ao BNDES, 6 bilhões de créditos de Itaipu comprados pelo BNDES e 7 bilhões em dividendos dos dois bancos estatais. Foi desse modo que o governo cumpriu a meta fiscal de 2012. Depois de assinar as minutas dos decretos da operação quadrangular, o ministro Guido Mantega entrou em férias e foi para São Paulo. Nelson Barbosa foi o encarregado de explicar a operação para Dilma. "A presidente ficou perplexa quando ouviu que o dinheiro saía do Tesouro, ia para o BNDES, depois voltava para o Tesouro e em seguida ia para não sei onde", lembra um funcionário do governo que acompanhou todo o processo.

"Eu não vou assinar isso, não", esbravejou ela, segundo relato do mesmo assessor.

Mantega e Barbosa terminaram convencendo Dilma a assinar, pois a alternativa era não cumprir a meta fiscal prevista em lei, o que resultaria em crime de responsabilidade. Todos os atos legais da operação quadrangular foram baixados no dia 28 de dezembro de 2012, três dias antes do encerramento do ano. O decreto 7881 autorizou o Fundo Soberano do Brasil a vender ações da Petrobras ao BNDES no valor de 12,4 bilhões de reais. A MP 600 autorizou o BNDES a adquirir créditos da União contra Itaipu Binacional no valor de 6 bilhões de reais.

O BNDES utilizou parte das ações da Petrobras que comprou do Fundo Soberano para adquirir os créditos da União contra Itaipu. Em seguida, o Tesouro liberou ao banco estatal a última parcela de 15 bilhões de reais de um empréstimo adicional de 45 bilhões, que havia sido autorizado pela MP 564/2012. A liberação dos recursos ocorreu em 28 de dezembro de 2012.[6] O BNDES, em contrapartida, antecipou 2,3 bilhões de reais em dividendos ao Tesouro, o que foi autorizado por decreto não numerado.

O decreto 7880 autorizou a União a promover novo aumento de capital da Caixa Econômica Federal, no valor de até 5,4 bilhões de reais. Essa capitalização foi feita com as ações da Petrobras que a União recebeu do BNDES pelos créditos de Itaipu. A mesma MP 600 autorizou o Tesouro a conceder um crédito à Caixa no montante de 7 bilhões de reais, sob a forma de instrumento híbrido de capital e dívida. Depois dessas duas transações, a Caixa recolheu dividendos ao Tesouro no valor de 4,7 bilhões de reais. O parecer do TCU sobre as contas da presidente Dilma Rousseff no exercício de 2012 descreve com detalhes todas essas transações.[7]

Depois de tudo assinado, a presidente passou a discutir com sua equipe a forma de divulgar a operação. Nelson Barbosa propôs que Arno Augustin convocasse uma entrevista coletiva e explicasse detalhadamente tudo o que tinha sido feito. Mantega não concordou, achava que não tinha que explicar nada. "Ninguém vai entender isso", afirmou, segundo relato de um assessor. O argumento do ministro da Fazenda foi que a explicação poderia criar uma confusão ainda maior.

A reação de economistas e analistas do mercado à operação quadrangular foi péssima. O governo começou a receber críticas de todos os lados, com uma condenação unânime dos artifícios utilizados para alcançar o superávit primário de 2012. A crítica de maior impacto veio do ex-ministro Delfim Netto, justamente por ser ele, até então, um privilegiado interlocutor de Dilma — e sobretudo do ex-presidente Lula — na área econômica. Durante todo o primeiro mandato de Dilma, Delfim manteve vários encontros com ela e se reunia com frequência com o ex-presidente na sede do Instituto Lula.

Em dois artigos, um na *Folha de S.Paulo* e outro no jornal *Valor Econômico*, Delfim considerou "uma deplorável operação de alquimia" a fórmula utilizada pelo ministro Guido Mantega para alcançar a meta de superávit primário de 2012. Ele disse que havia "uma angústia provocada pela repetição de 'truques' contábeis que, às vezes, chegam à transmutação de dívida pública (chumbo) em receita pública (ouro) graças à obra e à arte de alquimistas na busca da pedra 'filosofal' capaz de produzir o 'ilusionismo geral'". E acrescentou: "Eles ameaçam reconstruir relações incestuosas entre o Tesouro Nacional, o BNDES, o Banco do Brasil e a Caixa Econômica Federal".[8]

Dilma ficou preocupada com as reações negativas e mandou Mantega explicar o que tinha acontecido e as razões que tinham levado o governo a realizar as transações. O ministro da Fazenda interrompeu as férias e retornou a Brasília. "Tudo o que foi feito [para atingir a meta fiscal] é legítimo e está dentro das normas legais", disse Mantega ao jornal *Valor Econômico*.[9]

O secretário do Tesouro foi pelo mesmo caminho. "O que se fez foi um conjunto de operações dentro da metodologia existente. Se não agrada esse ou aquele ator, eu não tenho culpa", disse Augustin ao jornal *O Estado de S. Paulo*. Segundo ele, a antecipação de dividendos dos bancos públicos para fechar as contas de 2012 foi "uma operação absolutamente normal, previsível, usual".[10]

Com a operação quadrangular, a equipe econômica perdeu credibilidade, pois ficou evidente que o superávit primário estava sendo fabricado nos gabinetes do Ministério da Fazenda por meio de truques e arranjos retirados do arsenal da "contabilidade criativa". A lição que todos aprenderam foi que o governo podia produzir receitas atípicas por um passe de mágica e, com isso, cumprir a meta fiscal. Uma das práticas amplamente utilizadas foi a transformação de empréstimos do Tesouro aos bancos públicos — ou seja, operações financeiras — em receitas primárias, que ingressavam nos cofres públicos sob a forma de dividendos.

Só muito tempo depois é que a sociedade brasileira viria a saber que o superávit primário de 2012 também havia sido melhorado com o uso das chamadas "pedaladas fiscais". Naquele ano, o Tesouro acumulou um passivo de 5,8 bilhões de reais, de acordo com dados do Banco Central, por não ter pago no tempo devido subvenções e subsídios nas operações realizadas pelo BNDES e pelo Banco do Brasil, entre outros atrasos.[11]

CAPÍTULO 9

Em Brasília, 17 horas e 10 minutos

No fim de 2013 e início de 2014, servidores do Tesouro Nacional responsáveis pela emissão de ordens bancárias para o pagamento de despesas da União precisavam cumprir um ritual. No último dia útil de cada mês, eles ficavam de olho no relógio. Por determinação de seus superiores, eram obrigados a aguardar determinado horário para, só então, emitir os cheques de pagamento. A emissão das Ordens Bancárias, ou simplesmente OB, como são conhecidas, só podia ocorrer depois das 17 horas e 10 minutos.

A OB é uma espécie de cheque enviado ao Banco do Brasil para pagamento das despesas da União. O Banco do Brasil é o agente financeiro do Tesouro Nacional e opera a Conta Única que o Tesouro mantém no Banco Central. Há um sistema eletrônico de administração financeira que registra todas essas operações, conhecido como Siafi. O manual do Siafi determina que só sejam debitadas no mesmo dia, no caixa do Tesouro, ordens bancárias emitidas até as 17 horas e 10 minutos de cada dia. Depois disso, só no dia útil seguinte.

Em 30 de abril de 2014, por exemplo, as Ordens Bancárias de repasse aos estados e municípios dos royalties do petróleo e da compensação pelo uso de recursos hídricos, no montante de 616,4 milhões de reais, foram emitidas às 17h13 e 17h33.[1] Com esse expediente, governadores e prefeitos só receberam os recursos no dia seguinte, ou seja, já em maio. Como o dinheiro não saiu do caixa do Tesouro em abril, a meta fiscal do governo federal naquele mês não foi reduzida com o pagamento das despesas citadas. O superávit de abril de 2014, portanto, foi inflado artificialmente.

O secretário do Tesouro, Arno Augustin, recorria a uma típica "pedalada fiscal" para maquiar as estatísticas oficiais. Tal expediente também foi adotado no repasse da parcela do salário-educação devida a estados e municípios. Ao mesmo tempo que as pedaladas fiscais engordavam o caixa do Tesouro, reduziam as disponibilidades de caixa de estados e municípios, piorando seus resultados primários.

No início de janeiro de 2014, um dos autores deste livro, Ribamar Oliveira, repórter e colunista do *Valor Econômico*, recebeu informações do site Contas Abertas de que o governo havia aumentado substancialmente o montante de restos a pagar que tinha deixado para 2014, de forma a melhorar o resultado primário de 2013. O economista Gil Castello Branco, do Contas Abertas, chamou a atenção também para a grande concentração de ordens bancárias para pagar investimentos emitidas pelo Tesouro no período de 28 a 31 de dezembro. Com esse expediente, argumentava Castello Branco, o dinheiro só havia saído do caixa do Tesouro no primeiro dia útil de 2014, o que inflara o superávit primário do ano anterior.

Com base em dados preliminares do Contas Abertas, e depois de confirmar as informações com uma fonte oficial indicada pelo próprio Ministério da Fazenda, o jornal *Valor Econômico* publicou uma matéria mostrando que os restos a pagar tinham aumentado muito de 2013 para 2014. No dia seguinte, para surpresa de Ribamar Oliveira e de Gil Castello Branco, o secretário Arno Augustin desmentiu a reportagem, alegando que o crescimento dos restos a pagar tinha sido bem menor do que o divulgado pelo jornal. O *Valor* publicou o desmentido de Arno.

O repórter decidiu, então, ir atrás de novas provas de que o governo tinha adiado o pagamento de despesas com o objetivo de melhorar o resultado primário de 2013. O problema é que o jornal *Valor*

Econômico não tinha acesso ao Siafi. Mas Ribamar se lembrou de um curso sobre o sistema eletrônico que ele havia feito no começo dos anos 2000 com o professor e contador Paulo Henrique Feijó.

Ribamar telefonou a seu ex-professor e perguntou se, além do Siafi, havia outra maneira de verificar se o pagamento de determinada despesa do governo tinha ou não sido adiado de um ano para o outro.

"Sim", foi a resposta que ouviu do outro lado da linha. "Vá ao Portal da Transparência do governo federal na internet", disse Feijó.

Os dois acessaram o Portal ao mesmo tempo.

"Mas qual é a despesa que você quer saber se foi adiada?", perguntou Feijó.

"Um secretário estadual me disse que o Tesouro atrasou o repasse de uma parcela do salário-educação", respondeu o jornalista.

Há um ditado que diz que o melhor lugar para esconder uma árvore é na floresta. Para comprovar isso, basta tentar acessar os sistemas de dados que os governos colocam à disposição do cidadão na internet. As informações desejadas estão todas lá, só que os caminhos para chegar até elas são intransponíveis para a maioria dos mortais. Feijó guiou o repórter Ribamar Oliveira pelos meandros do Portal da Transparência, como se estivesse dando uma aula particular ao aluno de longa data. E a resposta estava lá. O governo tinha efetivamente adiado o repasse.

No dia 13 de janeiro de 2014, o *Valor Econômico* publicou uma reportagem comprovando que o Tesouro tinha adiado o repasse da parcela do salário-educação referente a dezembro de 2013 devida a estados e municípios no valor de cerca de 700 milhões de reais. A transferência dessa parcela tinha sido realizada em 30 de dezembro, fazendo com que governadores e prefeitos só recebessem o dinheiro no primeiro dia útil do ano seguinte. A matéria mostrou que, com esse atraso e outros expedientes, o governo tinha melhorado seu resultado fiscal de 2013, em detrimento dos outros entes da federação.

Como a auditoria do TCU encarregada de investigar as pedaladas fiscais[2] constataria posteriormente, o valor desse repasse adiado foi, na verdade, de 819 milhões de reais.

No dia 17 de janeiro, Gil Castello Branco enviou ofício ao procurador do Ministério Público junto ao TCU, Marinus Marsico, denunciando as práticas utilizadas pelo Tesouro para melhorar o resultado fiscal de 2013. Entre elas, a emissão de ordens bancárias para pagar investimentos nos quatro últimos dias de dezembro, a postergação do repasse do salário-educação para estados e municípios e o aumento substancial dos restos a pagar.[3]

Teria sido o repasse do salário-educação a única despesa da União que teve o pagamento adiado em 2013? O jornalista Ribamar Oliveira fez novo contato com Paulo Feijó.

"Para responder a essa pergunta é preciso saber o que foi lançado no mês 13", disse Feijó.

"Que mês 13?", perguntou o repórter.

O professor então explicou que o calendário do Siafi tem um mês 13, usado para registrar as rotinas de encerramento de cada exercício. Para os controles de caixa, representa o conjunto de pagamentos feitos nos últimos dias do ano, que são agrupados no movimento do dia 31 de dezembro.

Como o sistema bancário fica fechado ao público no último dia do ano para balanço e só reabre no primeiro dia útil do ano seguinte, as ordens bancárias emitidas em 30 e 31 de dezembro por órgãos públicos, para pagamento de despesas, só serão sacadas da Conta Única do Tesouro no ano seguinte, normalmente no dia 2 de janeiro. "Emitir uma ordem bancária nos últimos dias do ano pode significar uma decisão de pedalar o gasto", explicou Feijó.

O jornalista nunca tinha ouvido o termo "pedalar" nesse contexto.

"Como assim?", quis saber.

"Na área técnica, a gente chama de 'pedalada' a postergação de um pagamento de um mês para o outro ou de um ano para o outro", explicou Feijó. "E claro que isso afeta o resultado fiscal do mês ou do ano."

O termo remete à ideia de que, quando para de pedalar uma bicicleta, o ciclista cai. Assim, se o governo para de adiar o pagamento de uma despesa, precisa quitá-la, mas para isso é necessário que possua espaço fiscal, ou seja, tenha um valor, em sua programação financeira, que lhe permita o pagamento.

A pedalada de um ano para o outro tem a vantagem de o pagamento adiado não engrossar o montante dos Restos a Pagar, que são as despesas não quitadas no ano em que foram autorizadas. Na verdade, a "pedalada" fica no limbo, ou seja, não aparece na estatística fiscal usada para calcular o resultado primário. A ordem bancária foi emitida em dezembro, entrou na contabilidade daquele mês e, para fins do orçamento, já é considerada paga, pois o Tesouro autorizou a entrega dos recursos ao agente financeiro, embora o desembolso efetivo dos recursos só ocorra no dia útil seguinte. Algo semelhante ocorre quando o consumidor vai a uma loja comprar um produto e paga com cheque. Para a contabilidade da loja, o pagamento foi realizado, embora o cheque só vá ser pago ou compensado pelo banco no dia útil seguinte.

Para saber o que o governo tinha lançado no mês 13 de 2013, por orientação de Feijó o repórter buscou alguém com acesso ao Siafi, um "siafeiro", como é chamado um especialista na utilização do Siafi. E encontrou um entre os consultores do Congresso Nacional. Em um trabalho meticuloso, o consultor descobriu que o governo tinha pedalado — ou seja, lançado no mês 13 — despesas com o programa Bolsa Família e com o seguro-desemprego.

Em sua edição de 23 de janeiro de 2014, o jornal *Valor Econômico* publicou um artigo assinado por Ribamar Oliveira intitulado "O ano com 13 meses", no qual aparecia, pela primeira vez na imprensa brasileira, a palavra "pedalada", que mais tarde ganharia notoriedade por estar na origem do impeachment da presidente Dilma Rousseff. O artigo informava, também pela primeira vez, que o pagamento da despesa com o Bolsa Família e com o seguro-desemprego tinha sido pedalado de 2013 para 2014.

Em junho de 2014, o jornalista leu uma notícia no site da Confederação Nacional de Municípios (CNM) sobre o atraso do repasse dos recursos dos royalties do petróleo e foi ao Portal da Transparência verificar se ele realmente tinha ocorrido. Ao mesmo tempo, questionou a Secretaria do Tesouro Nacional (STN) sobre o assunto. "O Tesouro não considera que houve postergação nos repasses. As ordens de pagamento foram emitidas no mês em que a receita foi classificada", informou a STN por meio da assessoria de imprensa do Ministério da Fazenda.

No Portal da Transparência, o jornalista verificou que, historicamente, as ordens bancárias relativas ao repasse dos royalties do petróleo eram emitidas entre o dia 11 e 27 de cada mês e os créditos aos beneficiários ocorriam dentro do próprio mês. Em abril de 2014, as ordens bancárias autorizando o repasse dos royalties e da compensação pelo uso de recursos hídricos tinham sido emitidas no dia 30. Ainda, portanto, "no mês em que a receita foi classificada". Aparentemente, estava tudo certo e não tinha havido atraso.

Ribamar Oliveira telefonou mais uma vez para Paulo Henrique Feijó e explicou a situação. "A que horas o pagamento foi realizado?", quis saber o professor. Os dois acessaram novamente o Portal da Transparência, cada um de um lado da linha. Mais uma vez o repórter comprovou que a informação estava disponível a qualquer cidadão, embora os caminhos para chegar a ela fossem quase impossíveis de ser percorridos sem a ajuda de um especialista. O Portal registrava que as ordens bancárias tinham sido emitidas às 17h13 e às 17h33 do último dia do mês de abril.

"O manual do Siafi diz que só são debitadas no mesmo dia as ordens bancárias emitidas até as 17h10", explicou Feijó. O manual do Siafi, que está disponível na internet, trata das principais rotinas operacionais e das normas de execução orçamentária e financeira, auxiliando os gestores públicos que operam o sistema.

No dia 9 de junho, o *Valor Econômico* publicou matéria informando que o Tesouro tinha atrasado o repasse dos royalties para estados e municípios e da compensação pelo uso de recursos hídricos, com o objetivo de melhorar artificialmente o resultado primário de abril e, dessa forma, cumprir a meta fiscal do primeiro quadrimestre do ano. A matéria informou ainda que a postergação do repasse dos royalties do petróleo estava ocorrendo desde fevereiro e, no caso da compensação pelo uso de recursos hídricos, desde dezembro de 2013.

Em agosto de 2014, os jornais *O Estado de S. Paulo* e *Folha de S.Paulo* noticiaram que a Caixa Econômica Federal travava uma disputa com o Tesouro Nacional porque ela estava pagando os benefícios do Bolsa Família e do seguro-desemprego sem receber, no prazo, os repasses de recursos do governo. O dinheiro só era liberado pelo Tesouro com meses de atraso. A Caixa pediu que a Câmara de Conciliação e Arbitragem da Administração Federal, da AGU, resolvesse a pendenga.

No mês seguinte, os jornais noticiaram que o Tesouro não estava pagando os subsídios que o Banco do Brasil concedia nos financiamentos realizados no âmbito do Plano Safra. O banco empresta aos agricultores com taxa de juros inferior ao seu custo de captação. A diferença é o subsídio, que, por lei, deve ser pago pelo Tesouro ao banco. O Banco do Brasil tinha registrado em seu balanço do primeiro semestre de 2014 um valor de 7,9 bilhões de reais de créditos a receber do Tesouro por conta dessa nova modalidade de pedalada.

Os pagamentos feitos pelo Tesouro depois das 17h10 do último dia útil de cada mês também chamaram a atenção do auditor Antônio Carlos Costa d'Ávila Carvalho Júnior, do TCU. Ele fez uma representação, sugerindo investigação, ao ministro José Múcio, do TCU, responsável na época pelas áreas do Ministério da Fazenda, Banco Central e Secretaria do Tesouro. A representação de D'Ávila coincidiu com outra, redigida pelo procurador do Ministério Público junto ao TCU, Júlio Marcelo de Oliveira.

Em depoimento no plenário do Senado, como testemunha de acusação no processo de impeachment da presidente Dilma Rousseff, D'Ávila informou aos senadores que tinha ajudado a redigir a representação feita por Júlio Marcelo. O procurador se baseou nas denúncias de jornais e revistas sobre o atraso dos repasses do Tesouro aos bancos públicos, particularmente à Caixa Econômica Federal, para pagar os benefícios do Bolsa Família, do abono salarial, do seguro-desemprego e dos subsídios do crédito agrícola. José Múcio juntou as duas representações e determinou que a Secretaria de Controle Externo investigasse as denúncias. As investigações ficaram a cargo de apenas dois auditores: Antônio d'Ávila e Charles Santana de Castro.

Em 1983, com catorze anos, cabia a D'Ávila preparar o café dos funcionários da agência do Banco do Brasil de Cambé, pequena cidade a apenas treze quilômetros de Londrina, no Paraná, onde ele havia nascido. D'Ávila havia passado a infância em Niterói, no Rio de Janeiro, e retornado à sua cidade natal com doze anos. Tornou-se escriturário do Banco do Brasil com dezoito anos, depois de prestar concurso interno. Ficou inconformado por ter sido preterido em uma das vagas da superintendência do banco em Curitiba, mesmo tendo passado em segundo lugar na seleção interna. Nesse momento ele constatou que outros critérios, além do merecimento, norteavam o preenchimento de cargos e decidiu deixar o Banco do Brasil.

D'Ávila foi trabalhar na iniciativa privada como corretor de seguros. Em 1998, passou em um concurso público do Banco Central e se mudou para Brasília com a mulher. No Banco Central, trabalhou durante anos no Departamento Econômico, na divisão que apura o resultado fiscal do setor público. Lá, adquiriu familiaridade com a metodologia utilizada pela instituição para o cálculo do resultado primário e nominal, o que lhe seria muito útil na investigação que realizou bem mais tarde sobre as pedaladas fiscais. Em 2004, D'Ávila passou em um concurso do TCU e foi trabalhar na Secretaria de Macroavaliação Governamental, que assessora o ministro relator na análise anual das contas do presidente da República.

A família de Charles Santana de Castro, o outro auditor responsável pela investigação das pedaladas, chegou a Brasília vinda da cidade de Imperatriz, no Maranhão, quando ele tinha apenas dois anos. O pai conseguiu emprego como vigia noturno na Fundação Educacional do Distrito Federal e a mãe como cabeleireira. A família foi morar em Ceilândia, na época uma das cidades-satélites mais carentes de Brasília. Charles e os quatro irmãos estudaram em escolas públicas.

O futuro auditor do TCU começou a trabalhar com quinze anos, como office boy do Hospital Santa Lúcia, um dos maiores da cidade. Foi depois garçom, balconista e motorista de táxi. O que ele ganhava como taxista mal dava para pagar o aluguel e a gasolina do carro. Charles resolveu, então, ingressar na carreira militar como fuzileiro naval. Também não se adaptou. Deu baixa, se tornou policial militar e, em seguida, foi para a Polícia Rodoviária Federal, onde permaneceu por oito anos.

Com 32 anos, decidiu fazer um curso superior e ingressou em uma universidade particular, a Unieuro, no curso de ciências contábeis. Estudava à noite e trabalhava durante o dia. Ao concluir os estudos, em 2009, passou em primeiro lugar no concurso para analista de controle interno do Ministério Público da União. Ingressar no TCU, também por concurso, seria o passo seguinte de Charles.

Antônio d'Ávila e Charles Santana começaram a trabalhar na investigação das pedaladas fiscais no início de setembro de 2014. Entrevistaram representantes de todos os órgãos envolvidos nas denúncias, tiveram acesso a ofícios, notas técnicas, e-mails trocados entre autoridades, solicitaram centenas de informações. A investigação, no entanto, foi diferente das demais realizadas pelo TCU, pois os auditores já tinham conhecimento de vários fatos que sustentaram as representações endereçadas ao ministro José Múcio. "Foi uma auditoria que a gente já sabia como ia terminar", confidenciou D'Avila a amigos meses depois, ao explicar por que a investigação tinha transcorrido de forma tão rápida. "Eu sabia quais os dados que precisava obter e onde ir buscá-los", disse, lembrando sua experiência no Banco Central.

A profusão de dados que os dois auditores foram levantando não desviou a atenção deles. No momento em que começaram a perceber que tinha ocorrido atraso na transferência de recursos do Tesouro para os bancos públicos, de imediato fizeram a correlação com operações de crédito indevidas, vedadas pela Lei de Responsabilidade Fiscal (LRF). Antes mesmo de 26 de outubro de 2014, quando foi realizado o segundo turno da eleição presidencial, D'Ávila e Charles já sabiam que o governo de Dilma Rousseff tinha cometido crime fiscal. Mas os dois procuraram manter as investigações dentro do maior sigilo, pois não queriam que as irregularidades apuradas provocassem qualquer interferência no pleito de 2014.

Ao ser ouvido como testemunha pela Comissão do Impeachment do Senado em 8 de junho de 2016, Antônio D'Ávila relatou o que sentiu à medida que foi constatando que o governo realmente tinha praticado pedaladas fiscais e cometido outras irregularidades. "Ao longo da auditoria, eu não acreditava nos achados que eu estava encontrando. Eu não acreditava que estava diante daquela situação, de tal sorte que, ao receber o contraditório, os argumentos da outra parte, me dava um frio na barriga tão grande porque eu falava: 'Não é possível, eu devo estar errado. Eu devo ter cometido alguma falha no processo'."[4]

O relatório dos dois auditores sobre a investigação foi concluído no dia 12 de dezembro de 2014. Nele, os servidores do TCU afirmaram que o governo realizou operações irregulares de crédito, proibidas pela LRF, ao atrasar o repasse de recursos aos bancos públicos. Para eles, as pedaladas fiscais não foram apenas uma postergação de pagamentos para melhorar o resultado fiscal do governo. Os bancos públicos foram forçados a pagar, com recursos próprios, programas sociais e subsídios, que são atribuições do Tesouro. O parecer do ministro José Múcio manteve as conclusões do relatório.

Havia, no entanto, outro ator na cena que ainda não tinha sido revelado. A auditoria realizada pelo TCU constatou que a fraude das pedaladas fiscais só foi possível porque o Banco Central não registrou, nas estatísticas fiscais que elabora, as dívidas do Tesouro com o BNDES, com o Banco do Brasil, com a Caixa Econômica Federal e com o Fundo de Garantia do Tempo de Serviço. Isso acontecia ao mesmo tempo que bancos públicos registravam em seus balanços os débitos do Tesouro. No relatório que produziram, os auditores disseram que o Banco Central contrariou sua própria metodologia de apuração do resultado fiscal, que o obriga a registrar todos os passivos da União, até mesmo com fornecedores que não são instituições financeiras, como empreiteiras, e até com pessoas físicas.

O procurador do Ministério Público de Contas, Júlio Marcelo de Oliveira, disse aos membros da Comissão do Impeachment do Senado que, por causa do manual do próprio Banco Central, não havia a menor possibilidade de que mais de 40 bilhões de reais em passivos do Tesouro com bancos federais pudessem passar despercebidos durante a elaboração das estatísticas fiscais.

"A omissão [do Banco Central] foi essencial para que o plano de fraude fiscal desse certo. Essa é aquela situação em que o dolo grita, porque, sem essa omissão, o espaço para manobra não existiria. A própria metodologia do Banco Central não foi observada", afirmou Júlio Marcelo em seu depoimento.

"Pedaladas geraram um superávit fictício, ou um déficit menor do que o real? Sim. E foi justamente essa fraude fiscal que permitiu que o governo gastasse mais do que seria possível se ele não estivesse utilizando estes dois artifícios: um, de usar o dinheiro que ele deveria transferir para o banco federal para suas despesas; e o outro, a omissão dessa despesa na estatística fiscal do Banco Central", disse Júlio Marcelo.[5]

Os ministros do TCU, por unanimidade, aprovaram o parecer de Múcio e determinaram que os passivos acumulados durante o primeiro governo Dilma Rousseff fossem quitados, o que foi feito em dezembro de 2015, num total de 55,6 bilhões de reais. As irregularidades apuradas na investigação das pedaladas fiscais também levaram o TCU a rejeitar as contas da presidente Dilma relativas a 2014. O acórdão do plenário do TCU citou, inicialmente, dezessete autoridades como responsáveis pelas pedaladas fiscais.[6] A repetição das pedaladas em 2015 e de decretos de créditos suplementares ao orçamento, em desacordo com a meta fiscal estabelecida em lei, esteve na base do pedido de impeachment da presidente.

CAPÍTULO 10

A conta do BNDES

Os bancos comerciais federais tinham comprado bancos privados para aumentar sua presença no mercado, mas o salto espetacular na concessão de crédito público para alavancar a economia ocorreu no BNDES. O governo passou a injetar somas bilionárias, em volumes crescentes, no banco de desenvolvimento, para que ele financiasse a expansão dos investimentos.

Linhas de crédito foram ampliadas para pequenas empresas, para a compra de caminhões, ônibus e máquinas agrícolas. Pessoas físicas também passaram a ter acesso aos recursos do BNDES. O Tesouro Nacional emitia títulos da dívida pública que eram repassados diretamente para o BNDES na forma de empréstimos. Assim, o Tesouro se endividava para o banco emprestar dinheiro barato ao setor privado, a empresas estatais e aos governos estaduais. E o BNDES irrigava o caixa da União com pagamento de dividendos. De 2007 para 2008, ano da eclosão da crise financeira internacional, os empréstimos do Tesouro ao BNDES passaram de 6,6 bilhões para 35,4 bilhões de reais.

Um passo mais ousado foi dado em janeiro de 2009, quando o governo editou medida provisória que autorizou o Tesouro Nacional a emitir 100 bilhões de reais em dívida para engordar o *funding* do

BNDES. Esse dinheiro, somado a outras fontes, dava ao banco capacidade para emprestar 166 bilhões de reais naquele ano. "É uma grande notícia, porque garante aos investidores que não faltarão recursos", disse Mantega na entrevista em que anunciou o empréstimo bilionário.

Os recursos seriam direcionados prioritariamente à Petrobras, a outras empresas da área de petróleo, ao setor elétrico e para obras de infraestrutura, como rodovias e ferrovias. A dívida de 100 bilhões de reais vinha enfeitada com uma cereja: Mantega afirmou aos jornalistas que o dinheiro só seria repassado para empresas que assumissem o compromisso de criar novos empregos. Não disse o que aconteceria com quem não respeitasse a cláusula. Confiante no efeito que esse apoio financeiro a juros baixos teria sobre a economia, afirmou: "Não dá para fazer investimento sem contratações [...] Quem não entregar [contratações] vai ser expulso do paraíso e vai para o inferno".

O aumento do endividamento público não preocupava o ministro, que explicava: ao mesmo tempo que fazia essa dívida, o Tesouro passava a ter um crédito no mesmo valor com o BNDES, e a conta fechava. Simples assim. Isso, porém, não era tudo. Nada poderia garantir que o BNDES receberia tudo o que emprestasse. Há sempre o risco de calote, de quebra do credor.

Outro problema que o ministro não citou tornava aquela conta muito mais cara: o Tesouro estava pagando naquele momento 12,75% ao ano para captar o dinheiro que emprestava ao BNDES. O banco pagava o Tesouro em TJLP, a taxa de juros de longo prazo, que era de 6% ao ano. O custo da diferença era uma despesa do Tesouro, ou seja, uma conta a ser paga pelo contribuinte. Esse o subsídio implícito do Tesouro. Mas havia outro tipo de subsídio, o explícito, quando o BNDES emprestava o dinheiro a uma taxa menor do que custava para o próprio banco. Nesse caso, o Tesouro bancava a diferença para a instituição.

O Banco Central não concordava com o empréstimo de 100 bilhões de reais. Ao contrário, tinha uma visão crítica desse tipo de medida que, ao aumentar a parcela do crédito subsidiado, impunha menor eficácia da política monetária que afeta as taxas de juros do mercado. Além do mais, teria impacto direto na dívida bruta do setor público e reeditava a velha política do presidente general Ernesto Geisel nos anos 1970, de definir os setores da economia que seriam privilegiados com dinheiro barato. O governo escolhia os vencedores. "Era preferível reduzir a Selic em dois pontos percentuais", comentou um dirigente do Banco Central quando tomou conhecimento daquele empréstimo. "Pelo menos seria uma medida horizontal, que beneficiaria a todos", completou.

Em 29 de junho de 2009, o governo lançou o PSI, que autorizava o BNDES a emprestar até 44 bilhões de reais a juros abaixo da TJLP. Como os empréstimos eram concedidos a juros fixos e subsidiados, para que o BNDES não tivesse prejuízo o Tesouro bancava a diferença. A crise financeira mundial encorajou os governos a fazer uso de instrumentos heterodoxos para irrigar a economia e evitar o agravamento da recessão, que gerava desemprego e espalhava incertezas. Os bancos centrais injetaram dinheiro nas economias e reduziram a taxa de juros a níveis historicamente baixos e, em alguns casos, negativos, para estimular o consumo, o investimento e conter o avanço do desemprego. No Brasil, como se viu, não seria diferente, só que esse papel coube ao BNDES.

Em dezembro de 2009, as expectativas do mercado apontavam para um crescimento de mais de 5% em 2010, indicando que não seriam mais necessárias medidas de estímulo. No dia 15 daquele mês, por meio da MP 472, o presidente Lula autorizou o Tesouro a aumentar de 100 bilhões para 180 bilhões de reais o volume de empréstimos ao BNDES. Esse novo empréstimo mostrava claramente que a política de estímulo com crédito barato bancada pelo Tesouro entrava em uma segunda fase. A preocupação já não era com a recessão, que havia ficado para trás, mas pisar no acelerador da economia. Ao expor os motivos de outra medida provisória, Mantega argumentou que, como a economia tinha reagido muito rapidamente, a demanda por crédito havia superado "todas as expectativas iniciais e fez com que o limite estabelecido fosse insuficiente". Como o sistema financeiro privado não fornecia crédito para projetos de longo prazo, caberia ao banco de desenvolvimento fazer isso.

Começava um segundo ciclo de expansão do crédito via bancos públicos, com dinheiro subsidiado pelo Tesouro. Era o início também de uma fase de rápido e intenso endividamento das empresas, dos consumidores e, como ficará claro mais adiante, do governo. O anúncio de recursos adicionais para o BNDES havia sido antecipado no dia 10 de dezembro, na reunião do Conselhão. A cifra parecia insuficiente, na avaliação de Lula. "Chamei o Guido de mão de vaca porque discutimos muito ontem e eu esperava o anúncio de 100 bilhões e ele só anunciou 80 bilhões. Em um piscar de olho, enquanto fui dormir, ele pegou 20 bilhões para guardar para outra oportunidade. Espero que esteja certo", disse Lula sob aplausos.

Os 80 bilhões eram parte de um pacote maior de incentivos. Várias outras medidas foram anunciadas naquele dia, totalizando 139 bilhões de reais. Aumentava, ao mesmo tempo, o coro de críticas à continuidade dos estímulos mediante empréstimos do Tesouro aos bancos públicos. A palestra do ministro Guido Mantega, no anúncio das medidas, explicitava que a expansão dos empréstimos ao BNDES e o prolongamento dos subsídios bancados para o Tesouro não tinham mais a ver com a crise de 2008/2009. Seu título era: "O futuro da economia brasileira no pós-crise".

Empresários como Jorge Gerdau, do grupo Gerdau, Paulo Godoy, da Associação Brasileira da Infraestrutura e Indústrias de Base, Humberto Barbato, da Associação Brasileira da Indústria Elétrica e Eletrônica, aplaudiam a liberação de mais crédito barato. Mantega procurava se antecipar às críticas dos que temiam a alta da inflação: "Não haverá falta de produtos na economia. Não há razão para aumentos de preços e, portanto, não vejo nenhuma interferência dessas medidas no comportamento dos juros", disse ele na reunião do Conselhão. Lula dirigiu algumas palavras aos que criticavam aquela política: "Não podemos descuidar, em hipótese alguma, da nossa política fiscal. Não é porque tem eleição no ano que vem que vai se gastar dinheiro. Não vamos fazer loucura".

O choque de visões — de um lado Mantega e sua equipe e, de outro, a diretoria do Banco Central — chegou ao ápice na divulgação do relatório trimestral de inflação, no fim de setembro de 2009. Pela

134

primeira vez o relatório apontou o custo da política de aumento do gasto público sobre a inflação. O "impulso fiscal" e o afrouxamento monetário ocorridos naquele período aumentaram de 3,9% para 4,4% a expectativa de inflação para 2010.

Mais do que o texto frio do relatório, Mantega se irritou com o conteúdo crítico das matérias publicadas na imprensa que, no seu entender, tiveram a influência dos diretores do Banco Central. Da Turquia, onde estava, o ministro autorizou o secretário de Política Econômica, Nelson Barbosa, a responder. Barbosa qualificou aquele prognóstico de "terrorismo fiscal", sem mencionar, na entrevista, o Banco Central nem o diretor responsável pelo relatório de inflação, Mário Mesquita.

As contendas que se desenrolavam nos bastidores tiveram resposta no fim de abril de 2010, quando, reagindo a pressões inflacionárias, o Copom elevou a taxa de juros de 8,75% para 9,5% ao ano. A reação do Copom só ocorreu depois de ficar claro que Meirelles não seria o vice de Dilma Rousseff na chapa que disputaria as eleições naquele ano. Cinco dias antes da reunião do comitê, Lula assinou mais uma medida provisória, ampliando de 44 bilhões para 124 bilhões de reais o limite de empréstimos do BNDES a juros subvencionados pelo Tesouro.

De um lado, água na fervura. De outro, lenha na fogueira. Assim prosseguiria a dissonância entre Fazenda — que pretendia aquecer ainda mais a economia com crédito subsidiado aos empresários e gastos do governo — e Banco Central — que aumentava o juro, com crescentes custos para o Tesouro, a fim de esfriar a demanda e conter a inflação, o que, aliás, é sua missão. A taxa Selic subiria até 12,5% ao ano em julho de 2011, depois de ter ficado estabilizada em 10,75% entre julho, período que antecedeu a eleição presidencial, e dezembro de 2010.

Na equipe econômica liderada por Mantega, apostava-se cada vez mais no efeito multiplicador dos subsídios ao crédito: o Tesouro empresta para o BNDES, que empresta para as empresas, que investem, gerando lucro e empregos. Mais lucro e mais emprego representariam mais tributos como receita para o governo, que, assim, teria mais dinheiro para investir. O lucro do BNDES também aumentaria. E como o banco é 100% público, repassaria mais dividendos para o Tesouro.

Em setembro, mais uma medida provisória ampliou em 10 bilhões de reais o aporte ao BNDES e prorrogou a vigência do PSI de 31 de dezembro de 2010 para 31 de março do ano seguinte. O total de empréstimos subvencionados poderia chegar, então, a 134 bilhões de reais. Na época, Claudio Bernardo de Moraes, superintendente da área de operações do BNDES, dizia que a demanda por crédito havia superado as expectativas. "Com a velocidade das solicitações de crédito ainda aumentando, o orçamento do PSI não daria até o fim do ano. O caráter pulverizado das operações do PSI tem impulsionado o aumento de capacidade em vários segmentos e recuperou a indústria de bens de capital a ponto de o setor também já planejar investimentos. O governo não quis deixar essa engrenagem parar", declarou Claudio Bernardo.[1]

Mas setembro ainda não havia terminado, nem o estoque de medidas provisórias. A de número 505 repassava mais 30 bilhões de reais ao BNDES. Nesse caso, o dinheiro seria usado para que o banco comprasse ações da Petrobras numa operação de capitalização para que a empresa realizasse investimentos no pré-sal. Ou seja, o governo fez dívida pública para emprestar a um banco público para que esse banco comprasse ações de uma empresa pública.

O endividamento da Petrobras com os bancos federais era crescente. Levantamento realizado pelo economista Mansueto Almeida mostrava que, em 2006, a Petrobras era credora de 2,56 bilhões de reais na relação com o BNDES, Banco do Brasil e Caixa. Em 2010, a empresa devia 50 bilhões de reais aos três bancos, dos quais 36,38 bilhões só para o BNDES. Em 2016, Mansueto assumiria a Secretaria de Acompanhamento Econômico do Ministério da Fazenda a convite do ministro Henrique Meirelles.

As preocupações do mercado aumentavam. Foram inúmeros os alertas sobre os impactos que tais empréstimos teriam para o Tesouro ao longo do tempo, com despesas fiscais durante o prazo de vigência dos contratos e expansão danosa da dívida pública bruta.

Mais questionável era usar tais recursos para acelerar o crescimento da economia, quando ela já estava em franca recuperação, gerando pressões inflacionárias que precisariam ser combatidas com a alta dos juros. Juros que também são pagos pelo Tesouro nos títulos lançados no mercado para financiar a dívida pública.

A defesa dessa estratégia não ficava restrita ao Ministério da Fazenda e ao Palácio do Planalto. No dia 19 de agosto de 2010, na página oficial do BNDES na internet, o banco publicou um estudo intitulado "Benefícios dos empréstimos do Tesouro ao BNDES". Àquela altura o BNDES tinha recebido 180 bilhões de reais do Tesouro. O documento do banco dizia que, desse total, 145 bilhões seriam para investimentos. No pressuposto de que alavancariam outros investimentos privados no valor 153 bilhões de reais, o estudo sustentava que, tudo somado, a operação geraria um PIB adicional de 229 bilhões de reais por ano. Supondo uma carga tributária federal de 20% sobre o PIB, o governo arrecadaria 46 bilhões de reais por ano. O lucro do BNDES, sustentava o documento, chegaria a 37 bilhões de reais. E como o banco é 100% público, o benefício total chegava a 79 bilhões de reais. Era difícil manter posição contrária a projeções tão promissoras. O desempenho da economia nos anos seguintes, no entanto, se encarregaria de impor a realidade.

O BNDES também foi responsável por executar outra polêmica estratégia de financiamento ao setor privado: emprestar dinheiro a grandes grupos privados, no que ficou conhecido como a política dos "Campeões Nacionais". A ideia era que estes, com o tempo, se tornassem as multinacionais brasileiras. O presidente do BNDES, Luciano Coutinho, defendia o apoio financeiro aos grandes grupos privados. "Eu diria que o Brasil precisa ter campeãs mundiais. Pelo seu peso, a economia brasileira tem condições inigualáveis de competitividade em algumas cadeias. O país já desenvolveu empresas muito competentes. Mas o Brasil dispõe, relativamente ao seu tamanho e potencial, de poucas empresas de classe mundial. É absolutamente natural que, na expansão dessas empresas, o BNDES, em condições de mercado, possa apoiar essas oportunidades." E acrescentava: "Não há nada de artificial nesse processo, uma vez que ele corresponde ao desenvolvimento de competências inegáveis. Não há aqui um processo artificial de fabricação de empresas".[2]

Um dos alvos principais dessa política foi o setor de carnes. A partir de 2009, o BNDES passou a conceder empréstimos a empresas do setor, em um processo de aquisição responsável por forte concentração de mercado. Em 2009, entre os dez maiores empréstimos do BNDES, quatro foram para frigoríficos: JBS, Marfrig, Independência e Bertin. Os dois últimos desapareceriam de cena anos depois, deixando o setor sem concorrência. O JBS, que em 2002 não aparecia entre as quatrocentas maiores empresas do Brasil, em 2009, com faturamento de 29 bilhões de dólares, já figurava entre as primeiras. Com empréstimos de 7,5 bilhões de reais do BNDES, o JBS comprou frigoríficos no Brasil, nos Estados Unidos, na Argentina e na Austrália.

As duas primeiras etapas da política de uso dos bancos públicos — enfrentamento da crise e posterior aceleração do crescimento — foram determinantes para a construção de 2010 como o ano mais vistoso da gestão Lula. Mas as distorções e desequilíbrios já eram evidentes. Os preços subiam. O investimento aumentou, mas longe de ser o suficiente para suportar uma demanda crescente sem pressionar perigosamente a inflação. Esse era o cenário quando Lula passou a faixa presidencial para Dilma Rousseff. A situação exigia uma reavaliação e recalibragem da política econômica. A resposta do novo governo inaugurou uma estratégia errática de gestão da economia, que já vivia uma situação completamente diferente da crise 2008/2009.

Em janeiro de 2011, o Banco Central, que vinha segurando os juros desde julho do ano anterior, finalmente reagiu à inflação ascendente e aumentou a taxa Selic para 11,25%. Em fevereiro, Mantega anunciou corte no orçamento. As duas decisões buscavam conter a inflação e equilibrar os gastos públicos. Um mês depois, em março, a MP 526 despejou mais 55 bilhões de reais de empréstimos do Tesouro Nacional ao BNDES e ampliou para 209 bilhões de reais o total de recursos que poderiam ser emprestados com juros subsidiados pelo Tesouro. Os ministros Guido Mantega e Fernando Pimentel, que assinaram a exposição de motivos encaminhada à presidente Dilma, argumentaram que o novo empréstimo e os benefícios adicionais dariam à economia brasileira capacidade de cumprir seus projetos de investimento.

"Estamos numa transição. Não podemos suprimir [o apoio financeiro] de uma vez, porque desestimularia investimento, que alivia a inflação. O setor privado, gradativamente, vai substituir o BNDES", disse o ministro da Fazenda em entrevista coletiva à imprensa. O total de empréstimos do Tesouro somava 265 bilhões de reais. O anúncio dos 55 bilhões coincidia com a divulgação, pelo IBGE, do PIB de 2010: crescimento de 7,5%. No Palácio do Planalto, depois de se despedir do primeiro-ministro do Timor Leste, Xanana Gusmão, Dilma criou a oportunidade para comentar a notícia. Aproximou-se dos jornalistas e disse que 7,5% era "bastante razoável". Disse ainda: "Quanto mais aumentar a taxa de investimento, mais teremos capacidade de crescer. 7,5% a gente deve saudar, mas teremos nos próximos anos taxas entre 4,5% a 5% que sejam sustentáveis e permanentes. A gente espera também que o mundo não tenha mais marolas".

Mantega, em conversa com jornalistas, ratificou o otimismo da presidente: "[É um] crescimento equilibrado, com mais oferta de produtos e afastando problemas de abastecimento e de inflação". No final de junho, quando já estava claro o desaquecimento da economia, o governo se assustou. Foi nessa ocasião que Mantega definiu o relatório do banco Credit Suisse, que previa um crescimento brasileiro de apenas 1,5% para aquele ano, como uma "piada". Enquanto o ministro insistia em seu prognóstico de crescimento de 4%, o relatório trimestral do Banco Central de 28 de junho indicava um PIB de 2,5%, e na pesquisa Focus, do Banco Central, a média das projeções dos analistas do mercado financeiro já estava em 2,1%.

Foi nesse contexto que o ministro da Fazenda, de acordo com um integrante da equipe econômica na época, decidiu aprofundar a política de expansão do crédito dos bancos públicos. O Brasil, porém, estava entrando em outro de tipo de crise, a do baixo crescimento, baixo investimento e alta inflação. Enquanto a política de estímulos e subsídios avançava, as previsões para o desempenho da economia eram as piores.

Em agosto de 2012, o ministro da Fazenda reduziu para 2,5% os juros fixos das linhas de financiamento do PSI. Na entrevista em que fez esse anúncio ele disse: "Levando em consideração uma inflação de 4,5% [a meta], temos juro real negativo. Estamos estimulando a compra de máquinas e equipamentos". Uma pessoa que acompanhou o despacho de Mantega com a presidente Dilma em que ele explicou a decisão, registrou o seguinte diálogo:

"Presidente, reduzimos o juro de 5,5% para 2,5% ao ano. Isso vai dar um gás na economia", disse o ministro.

"Muito bom! Forte", comentou a presidente.

O secretário executivo-adjunto do Ministério da Fazenda, Dyogo Oliveira, que viria a ser ministro do Planejamento no segundo mandato da presidente Dilma, depois do afastamento do titular da pasta, senador Romero Jucá (PMDB-RR), por suspeita de envolvimento no caso do Petrolão, e que permaneceria no cargo também no governo Temer, telefonou para Nelson Barbosa, então secretário executivo da Fazenda, que estava fora de Brasília.

"Você sabe a última do ministro?", perguntou Dyogo.

"Não", respondeu Barbosa.

"Ele acabou de reduzir a taxa de juros do PSI para 2,5%."

Nelson Barbosa ficou em silêncio. Sabia que Mantega não compartilhava as questões relativas ao BNDES.

No final de setembro, um mês depois de o ministro anunciar a redução dos juros do PSI para 2,5% ao ano, o Banco Central, no relatório trimestral de inflação, reduziu a previsão para o crescimento em 2012 para 1,6%. Três meses depois, no relatório de dezembro, a previsão caía para apenas 1%.

Pressionado pelas evidências de que a economia perdia dinamismo, o governo dobrou a aposta na expansão do crédito público a juros subsidiados. Em setembro, colocou mais 13 bilhões de reais na Caixa Econômica Federal e 8 bilhões no Banco do Brasil. Com o dinheiro, a Caixa poderia financiar a compra de material de construção por pessoas físicas e o Banco do Brasil aumentaria o financiamento da safra agrícola.

No dia 20 de dezembro de 2012, a presidente Dilma Roussef lançou mais um programa de investimentos. Dessa vez seriam 7,3 bilhões de reais para construção e ampliação de aeroportos regionais. No discurso durante a cerimônia no Palácio do Planalto ela ainda prometeu "dobrar o PIB per capita no mais breve tempo possível". Não disse quando, mas garantiu "avanço e crescimento sustentável" para 2013. Naquela altura, as projeções para o desempenho da economia só pioravam. Na véspera, o Banco Central, no Relatório Trimestral de Inflação, havia reduzido a previsão para 2012 de 1,6% para apenas 1%. Assim, a presidente Dilma e o ministro Guido Mantega restaram como vozes isoladas do otimismo. Ao final da solenidade de lançamento do plano para a aviação regional, que nunca saiu do papel, Dilma não deu entrevista. Mas cercada pelos jornalistas, reagiu a uma única pergunta, quando um repórter indagou sobre que presente ela gostaria de receber de Natal: "Quero um pibão grandão".

Em setembro de 2012, o governo já havia decidido prorrogar o PSI para dezembro de 2013 — na previsão original o programa terminaria em junho de 2010. Com isso, o BNDES teria 85 bilhões de reais adicionais para emprestar a juros de até 3% ao ano. Outros 15 bilhões seriam repassados a bancos privados. A TJLP caiu de 5,5% para 5% ao ano. "A liberação será mais rápida, haverá menos burocracia", prometeu o ministro da Fazenda. Com a economia embicando numa recessão em 2014, o governo ainda baixaria duas medidas provisórias para injetar mais dinheiro no BNDES, uma em junho e outra em dezembro daquele ano. Em ambas o Tesouro emprestava mais 30 bilhões de reais ao banco e aumentava o endividamento público. O dispendioso PSI só seria encerrado em 2015, pelo então ministro da Fazenda, Joaquim Levy.

Resultado: O BNDES devia ao Tesouro Nacional 523 bilhões de reais em dezembro de 2014, fim do primeiro mandato de Dilma. Em fevereiro de 2016, segundo dados oficiais, o custo dos subsídios com que a sociedade arcou por conta dessa política era de 323 bilhões de reais, sendo 123 bilhões até 2015 e 200 bilhões até 2060, ano em que encerram os contratos de empréstimos mais longos. À fragilidade da economia se adicionou uma agravante que passaria a dominar a cena política, a Operação Lava Jato, iniciada em março de 2014. As investigações em curso já produziam uma devastação nas grandes empreiteiras do país, no PT e em várias dezenas de políticos de partidos aliados a ele. A economia também sentiu os efeitos das incertezas decorrentes das investigações de corrupção na Petrobras.

O Tesouro Nacional sempre foi uma fonte secundária de recursos para o BNDES, que recebe anualmente uma parcela do Fundo de Amparo ao Trabalhador. A partir de 2008 ele passou a ser a principal. De acordo com dados do Banco Central, em 2001 o saldo de empréstimos do governo federal ao BNDES equivalia a 0,32% do PIB. No fim de 2015, representava 8,68% do PIB. Incluindo os demais bancos públicos, como a Caixa e o Banco do Brasil, no fim de 2015 o total de empréstimos do Tesouro feitos com endividamento era de 567,4 bilhões de reais, ou 9,57% do PIB.

Toda a justificativa foi de que tais empréstimos eram para aumentar o investimento na economia. Não foi o que aconteceu. Dados do IBGE mostram que a taxa de investimento como proporção do PIB caiu. Confrontado com a queda do investimento depois de tanto dinheiro gasto, Mantega disse a uma jornalista que a retração poderia ter sido bem maior não fosse a ação do BNDES. Impossível saber.

O que move o empresário a investir é a confiança nas regras do jogo e a expectativa de crescimento econômico. Se o governo não inspira confiança e o futuro é incerto, a cautela se impõe e o investimento não avança. O ex-ministro do Planejamento Paulo Bernardo disse que alertou o colega Guido Mantega de que ouvira de um empresário do Paraná, seu estado, que estava se alastrando a prática de pegar dinheiro no BNDES para aplicar no mercado financeiro. Seria o caso de alguém que, já tendo recursos para investir, se aproveita do empréstimo a juro subsidiado e aplica a sobra de caixa, geralmente em títulos do próprio governo. "Não é verdade, isso deve ser só um ou outro filho da puta", teria reagido Mantega, segundo contou Paulo Bernardo.

* * *

A expansão do crédito nos governos do PT, mesmo excluindo o BNDES, foi notável, e a criação, em 2004, do crédito consignado — com desconto em folha de salários, que praticamente elimina o risco de inadimplência e podia custar mais barato — representou um substancial incentivo para financiar o consumo. Em janeiro de 2004, o crédito total na economia correspondia a apenas 23,6% do PIB. Em 2010 já representava 44,8% do PIB. Em 2014 era de 53% do PIB. Destaca-se, nesse aumento, o crédito para pessoas físicas destinado à compra de automóveis e bens duráveis, até então praticamente inacessíveis para o consumidor, além do financiamento imobiliário.

Durante todo esse tempo, as instituições financeiras de controle estatal exerceram o papel de liderança. Os bancos públicos comerciais, em especial, foram mais arrojados durante o primeiro governo Lula, quando os dados consolidados davam a impressão de que o processo era puxado pelas instituições de controle privado. Foi a partir do segundo mandato de Lula, no entanto, que a expansão do crédito via BNDES passou a ter impacto relevante no endividamento público. O principal indicador de solvência, a dívida pública bruta, que era de 51,77% do PIB em 2010, saltou para 66,52% do PIB em 2015, no primeiro ano do segundo mandato de Dilma.

Foram três momentos distintos da política de crédito na era PT. Entre 2003 e 2006, as operações de crédito tiveram aumento nominal de 90,58%. O avanço foi mais forte nos bancos privados, à primeira vista. Entretanto, tomando apenas os bancos públicos comerciais (excluído o BNDES), fica clara a expansão mais vigorosa das instituições estatais. O saldo das operações dos bancos comerciais federais cresceu 155,67%, ritmo mais acelerado que o de 110% exibido pelos privados nacionais, segundo dados do Banco Central. Já a carteira de crédito do BNDES aumentou apenas 48,76% de 2003 a 2006.

É importante salientar que créditos de banco público não são necessariamente feitos com recursos públicos. Instituições comerciais como Caixa, Banco do Brasil, Banco do Nordeste e Banco da Amazônia captam recursos e mantêm aplicações e contas de depósitos à vista, a prazo e em poupança de pessoas físicas e empresas em geral, operando, portanto, principalmente com recursos privados. Assim, a expansão do crédito no primeiro governo Lula foi puxada pela aplicação dos bancos públicos comerciais com recursos privados de livre alocação.[3]

O segundo momento da política de crédito ocorreu entre 2007 e 2010. O saldo das operações do sistema financeiro no país ampliou-se 133,79% em valores nominais no período. Os bancos privados tiveram crescimento de 115,25% e os públicos de 165,81%, com forte protagonismo do BNDES. Após ampliação moderada no primeiro governo petista, bem menor que a do restante dos bancos, a carteira do BNDES aumentou mais 164,7% no segundo mandato de Lula.

O terceiro momento ocorreu no governo Dilma, quando os bancos privados tiveram forte desaceleração e o governo buscou compensar a escassez injetando mais dinheiro público nos bancos federais. Após o crescimento exuberante, mas insustentável, da economia em 2010, que embalou a eleição de Dilma Rousseff, era preciso pôr um freio de arrumação para conter a inflação e a inadimplência decorrente do acelerado processo de endividamento das famílias. Foi quando o Banco Central entrou em cena, ainda no fim de 2010, para colocar limites ao crédito para o consumo com medidas "macroprudenciais". Entre essas medidas estavam maior exigência de capital dos bancos para fazer frente ao risco de crédito de operações com pessoas físicas e um desestímulo mais geral, também, com a elevação de recolhimentos compulsórios sobre depósitos dos bancos no Banco Central. Reduziram-se, assim, as fontes de recursos para empréstimos e financiamentos e, em janeiro de 2011, teve início um ciclo de aperto nos juros.

A taxa de expansão da carteira de crédito dos bancos privados foi a que mais despencou, passando de 115,25% para 39,61% na comparação dos dois períodos de governo, o segundo de Lula e o primeiro de Dilma. A do sistema financeiro, que recuou de 133,79% para 76,18% na mesma comparação, só não caiu mais por causa dos bancos estatais. Bancos privados de grande porte tiveram que dar início a um processo de desalavancagem, afetados pelo aumento da inadimplência; e as famílias, endividadas, começaram a fazer o mesmo. Estava esgotado o modelo de crescimento do país pela expansão do consumo no mercado interno, abastecido pelo aumento da importação. A expansão do investimento, que deveria substituir o consumo como motor da economia, não vingou.

O BNDES ainda continuou como fonte importante de financiamento no governo Dilma, mas a liderança na concessão de crédito voltou a ser dos bancos públicos comerciais, cuja carteira registrou elevação de 174,85% — fruto da determinação do Palácio do Planalto para que Caixa e Banco do Brasil ousassem na concessão de crédito e na redução dos *spreads*. No BNDES, o aumento da carteira de crédito foi de 79,48%, menor do que a do Banco do Brasil e a da Caixa, mas bem superior aos 39,61% dos bancos privados durante o primeiro mandato.

O governo convocou seus bancos comerciais a fazerem jorrar crédito na economia e, assim, pressionarem os bancos privados a fazer o mesmo ou perderem fatia do mercado. Em junho de 2013, pela primeira vez em treze anos, os bancos públicos ultrapassaram seus concorrentes privados no saldo de empréstimos e financiamentos. Desde então, a distância só aumentou. No fim de 2014, os ativos de crédito do sistema financeiro público somavam 1,623 trilhão de reais, quase 230 bilhões a mais que os ativos de mesma natureza dos bancos privados, então de 1,394 trilhão de reais.

O país voltou à situação anterior às privatizações bancárias feitas, principalmente, durante o segundo governo de Fernando Henrique Cardoso (de 1999 a 2002). Antes das privatizações, o sistema financeiro estatal superava as instituições privadas em ativos de crédito. A situação se inverteu e o sistema privado manteve-se na liderança. Com os governos do PT, os bancos públicos retomaram a posição então perdida ao custo da expansão do endividamento público.

Dilma Rousseff deu continuidade ao que Lula fez em seu segundo mandato, aportando recursos oriundos de endividamento do Tesouro nas instituições federais, para dotá-las de maior capacidade de conceder empréstimos e financiamentos a empresas e famílias.

Faltaram, porém, interessados em tomar crédito. A demanda era fraca, empresas e famílias estavam superendividadas. Para o consumidor, a situação no primeiro semestre de 2016 era periclitante. Ao excessivo endividamento, somou-se o aumento substancial do desemprego. Dados da rede de lojistas do Brasil indicavam que mais de 60 milhões de brasileiros estavam sem acesso ao crédito e com o nome sujo na praça. Metade da população entre dezoito e 34 anos fazia bicos para melhorar a renda, e quatro em cada dez trabalhadores tinham um desempregado em casa.

O modelo de crescimento econômico baseado na expansão do consumo financiado por crédito bancário estava esgotado. A tentativa de substituí-lo pelo aumento do investimento, com a oferta de dinheiro barato do BNDES, não teve sucesso. E deixou uma conta bilionária de subsídios para ser quitada nas próximas décadas.

CAPÍTULO 11

Luz na primavera

"Arno, não dá pra arredondar, não?" Em tom imperativo, dirigida ao então secretário do Tesouro Nacional, Arno Augustin, a pergunta da presidente da República tinha o peso de uma ordem. Além de Arno, entre os poucos participantes daquela reunião do final de janeiro de 2013, no Palácio do Planalto, estava também João Santana, o marqueteiro do PT e consultor informal da presidente Dilma Rousseff, a quem ela recorria para redigir seus discursos. Não estavam presentes os ministros da Fazenda, Guido Mantega, nem o de Minas e Energia, Edison Lobão. Arno rabiscou alguns números no papel em cima da mesa e respondeu: "Dá".

Foi assim que a redução na conta de luz, antes anunciada em 16,2% para os consumidores residenciais e 28% para indústrias, foi "arredondada" para 18% e 32%, respectivamente. Os percentuais mais robustos foram aprovados por Dilma sob aplausos de João Santana, a quem caberia, a partir de então, a redação final do discurso que a presidente Dilma faria em cadeia nacional de rádio e televisão em 23 de janeiro de 2013.

O anúncio da presidente não encerraria a polêmica em torno do tema, estabelecida desde o ano anterior, quando o governo tornou pública a fórmula que permitiria baixar o preço da energia elétrica.

Pelo contrário, as implicações e os desdobramentos da decisão adicionariam ainda mais calor ao debate. Além de aspectos técnicos e econômicos, que envolviam especialistas em energia e economistas, questões político-partidárias davam o tom do embate entre governo e oposição.

Esses elementos estavam presentes no discurso da presidente: "Queridas brasileiras e queridos brasileiros, acabo de assinar o ato que coloca em vigor, a partir de amanhã, uma forte redução na conta de luz de todos os brasileiros. Além de estarmos antecipando a entrada em vigor das novas tarifas, estamos dando um índice de redução maior do que o previsto e já anunciado". Dilma afirmou que era a primeira vez que isso ocorria no Brasil.

Do ponto de vista do abastecimento de energia elétrica, a decisão da presidente enfrentava críticas fortes dos especialistas. A redução tarifária acontecia num contexto de queda no nível dos reservatórios das usinas hidrelétricas, uso intensivo das usinas térmicas que geram energia a um custo muito mais alto e, por fim, aumento do consumo de energia. Combinados, esses três fatores sinalizavam a perspectiva de risco de racionamento. A situação recomendava, portanto, moderação de consumo, e não estímulo por meio de tarifa subsidiada. Além disso, especialistas do setor e economistas avaliavam que a redução forçada das tarifas enfraqueceria financeiramente as empresas de geração e distribuição, reduzindo a capacidade de investimento que se faria necessária para o atendimento da demanda futura.

A presidente Dilma estava no campo oposto dessas preocupações. "No caso da energia elétrica, as perspectivas são as melhores possíveis. Com essa redução de tarifa, o Brasil, que já é uma potência energética, passa a viver uma situação ainda mais especial no setor elétrico. Somos agora um dos poucos países que está, ao mesmo tempo, baixando o custo da energia e aumentando sua produção elétrica."

Sobre a utilização das usinas térmicas, a presidente afirmou que isso acontecia todos os anos. "Isso é usual, normal, seguro e correto. Não há maiores riscos ou inquietações." E acrescentou que o Brasil teria uma energia cada vez melhor e mais barata. Inquietações havia, mesmo dentro do governo. Semanas antes, o secretário executivo de Minas e Energia, Márcio Zimmermann, havia afirmado que seria impossível reduzir a tarifa no nível anunciado anteriormente, de 16,2%.

O embate político passaria, então, a prevalecer no discurso da presidente Dilma. "Neste novo Brasil, aqueles que são sempre do contra estão ficando para trás, pois nosso país avança sem retrocessos, em meio a um mundo cheio de dificuldades. [...] Estamos vendo como erraram os que diziam, meses atrás, que não iríamos conseguir baixar os juros nem o custo da energia, e que tentavam amedrontar nosso povo, entre outras coisas, com a queda do emprego e a perda do poder de compra do salário. [...] O Brasil está cada vez maior e imune a ser atingido por previsões alarmistas. Nos últimos anos o time vencedor tem sido o dos que têm fé e apostam no Brasil. Por termos vencido o pessimismo e os pessimistas, estamos vivendo um dos melhores momentos da nossa história."

A redução da tarifa de energia elétrica vinha sendo discutida desde o final do governo Lula, com base em um estudo da CNI que procurava demonstrar que no Brasil o custo da energia para o setor era um dos mais altos do mundo, superando até mesmo o de países com elevadíssimos padrões tecnológicos como Alemanha. Era uma desvantagem que enfraquecia ainda mais o poder de fogo da competitividade da indústria nacional no mercado mundial. Não se propunha uma redução generalizada de tarifas — nem mesmo para o setor industrial —, mas apenas para beneficiar empresas para as quais o custo da energia poderia ser fator decisivo em sua capacidade competitiva.

Iniciada no governo Lula, a discussão foi retomada com determinação por Dilma a partir de 2012. Já de início, porém, ela deixou claro que a redução tarifária não teria caráter restrito, que não atenderia apenas a alguns segmentos industriais, como vinha sendo proposto, mas beneficiaria a todos os consumidores. Uma decisão política que viria a complicar a equação técnico-econômica para viabilizar o corte no valor da tarifa. "Não tenho como assinar uma medida provisória reduzindo tarifas somente para as indústrias. É preciso reduzir também para as residências", afirmou a presidente quando alertada para o custo de uma redução generalizada, de acordo com um dos ministros que acompanharam as discussões.

Como reduzir o preço final da energia para todos os consumidores se o custo de geração era crescente? A formação do custo de produção da energia envolve múltiplos fatores, pois cada usina hidrelétrica, cada térmica a óleo ou a gás tem seu próprio custo, e o mesmo ocorre com a geração eólica, queima do bagaço de cana em unidades térmicas. O preço final da energia reflete uma média do custo de geração e distribuição.

Por força da regulamentação, cada projeto é explorado por regime de concessão. Encerrado o período de concessão, o custo de geração das antigas usinas poderia cair, uma vez que o investimento já estaria pago. Assim, na renovação da concessão, as empresas poderiam vender a energia a um preço mais baixo. Essa era a proposta do governo para abrir espaço para a redução da tarifa também ao consumidor.

O problema é que as concessões de várias hidrelétricas importantes venceriam em 2015, um ano depois do fim do primeiro mandato da presidente. Para fazer a redução já em 2013, como Dilma queria, o governo propôs às empresas o vencimento antecipado das concessões, com a fixação de um preço menor para a energia a partir de então. Como compensação, as concessões seriam renovadas por mais trinta anos. Na avaliação das empresas e de especialistas independentes, esse atrativo, no entanto, não anulava a perda de receita com a redução da tarifa.

A discussão técnica, de extrema complexidade, transbordou para o campo político quando a Cesp, Companhia Energética de São Paulo, a Cemig, Companhia Energética de Minas Gerais, e a Copel, Companhia Paranaense de Energia, não aceitaram antecipar o fim da concessão de suas usinas. Os três estados eram governados pelo PSDB, principal partido de oposição e que viria a disputar com Dilma Rousseff o segundo turno da eleição presidencial de 2014.

Essas empresas continuariam a vender a energia pelos antigos preços previstos em contrato, não aceitando a redução proposta.

Para o governo essa decisão não passava de boicote ao programa de redução das tarifas para os consumidores, e em seu discurso de 23 de janeiro a presidente alfinetou: "Aproveito para esclarecer que os cidadãos atendidos pelas concessionárias que não aderiram ao nosso esforço terão, ainda assim, sua conta de luz reduzida, como todos os brasileiros. Espero que, em breve, até mesmo aqueles que foram contrários à redução da tarifa venham a concordar com o que eu estou dizendo".

A principal estatal do setor, a Eletrobras, controlada pelo governo federal, aderiu ao programa, embora estudos internos demostrassem que a empresa sofreria prejuízos — o que viria a se confirmar nos anos seguintes. Quando o tema ainda estava em discussão, o presidente da Eletrobras, José da Costa Carvalho Neto, desabafou com um interlocutor, em Brasília, demonstrando que a fórmula do governo iria causar prejuízos e afetar seriamente a capacidade de investimento da estatal. Aconselhado, então, a alertar a presidente Dilma sobre tais consequências, ele disse, resignado: "Eu já falei com o ministro [Edison] Lobão". Um comportamento recorrente em Brasília naqueles anos era que ninguém se contrapunha aos desejos da presidente, quando ela se mostrava decidida a conduzir o governo para certa direção.

Sua determinação em forçar a redução da conta de luz para além dos limites econômicos já havia sido explicitada bem antes de seu discurso de janeiro de 2013, quando anunciou a entrada em vigor da medida. Quase seis meses antes, em 6 de setembro de 2012, a presidente convocou cadeia nacional de rádio e televisão: "Queridas brasileiras e queridos brasileiros, com especial alegria, escolhi esta véspera de 7 de setembro para dar uma excelente notícia a todos vocês [...] o Brasil, depois de conseguir retirar 40 milhões de brasileiros da pobreza e se transformar na sexta maior economia do mundo, prepara-se para dar um novo salto — e para crescer mais e melhor". E acrescentou: "Todos os consumidores terão suas tarifas de energia elétrica reduzidas, ou seja, sua conta de luz vai ficar mais barata. Os consumidores residenciais terão redução média de 16,2%. A redução para o setor produtivo vai chegar a 28%".

O mundo ainda enfrentava os efeitos mais drásticos da crise mundial deflagrada em setembro de 2008. Recessão, desemprego, turbulências financeiras dominavam o cenário das economias mais desenvolvidas do planeta. Antes de entrar no tema principal de seu discurso de onze minutos, Dilma fez um contraponto calculado para elevar a autoestima dos brasileiros: "Não se surpreendam que esta nova arrancada se dê no mesmo momento em que o mundo se debate em um mar de incertezas. Isso não ocorre por acaso. Ao contrário de outros países, o Brasil criou, nos últimos anos, um modelo de desenvolvimento inédito, baseado no crescimento com estabilidade, no equilíbrio fiscal e na distribuição de renda. Esse modelo produziu efeitos tão poderosos na economia — e na vida das pessoas — que nem mesmo a maior crise financeira da história conseguiu nos abalar fortemente".

E em seguida, sobre a data ela disse: "Uma coincidência me deixa feliz: ser justamente em setembro, mês da primavera e da Independência, o momento em que estamos a plantar as novas bases desse ciclo de desenvolvimento. Porque ele vai alargar bastante o caminho de afirmação e independência que nosso país vem construindo, com muita garra, nos últimos dez anos".

Estavam ali os elementos do que viria a ser conhecido como a nova matriz econômica. "De forma simultânea, criamos, e estamos a ampliar, as condições para baixar juros, diminuir impostos e equilibrar o câmbio. Este novo ciclo que agora se inicia não é fruto de nenhuma mágica. É a evolução dos bons resultados que conseguimos até aqui e uma necessidade imperiosa para podermos continuar crescendo e distribuindo renda."

Além da redução da conta de luz, a presidente anunciou investimentos de 133 bilhões de reais em ferrovias e rodovias e a criação de mais uma empresa estatal, a Empresa de Planejamento e Logística. "Uma verdadeira revolução no setor de transportes no nosso país", afirmou.

Foi preciso haver uma complexa mudança nas regras com que o setor elétrico operava para implantar a redução das tarifas de energia. Primeiro a quase forçada antecipação de 2015 para 2013 da renovação dos contratos de concessão de várias usinas e linhas de transmissão, que passariam a cobrar menos pela energia gerada e distribuída, de forma a reduzir o custo médio de todo o sistema. E também a redução ou eliminação de vários encargos que incidiam sobre a conta de luz.

Mesmo assim, a conta não fechava. A diminuição do custo de geração e transmissão de energia não era suficiente para oferecer ao consumidor o corte da tarifa prometido por Dilma. Em um clima ainda dominado pelo embate político, a presidente anunciou a solução em discurso feito no Palácio do Planalto em dezembro de 2012: o Tesouro Nacional entraria com dinheiro para cobrir a diferença. Ou seja, o contribuinte pagaria pelo desconto dado ao consumidor. Uma fórmula de valor simbólico, mas desprovida de sentido econômico, pois contribuintes e consumidores são o mesmo ente.

Pessoas que participaram do debate interno no governo afirmam que a decisão não tinha a concordância das áreas técnicas do governo. A presidente, porém, contava com o apoio irrestrito do secretário do Tesouro, Arno Augustin. "Ele permanecia calado durante quase todo o tempo. Mas no final de cada reunião, quando todos já estavam cansados, apresentava uma ideia que desmontava tudo o que parecia acertado", relata um participante desses encontros, dos quais, muitas vezes, a presidente participava.

"O que ele dizia parecia fazer sentido nos primeiros cinco segundos. Mas, se você refletisse sobre aquilo mais cinco segundos, percebia que era um absurdo." Um exemplo: em uma dessas reuniões, quando se discutia a rentabilidade das empresas do setor elétrico, que Arno argumentava que poderia ser rebaixada, ele se dirigiu à presidente e disse: "As empresas incluem o chamado risco Brasil nos seus cálculos; qual é o risco de um país com 300 bilhões de dólares de reservas cambiais?".

Mario Veiga, engenheiro eletricista e consultor privado que colaborou com o governo de Fernando Henrique Cardoso e o de Luiz Inácio Lula da Silva quando Dilma era ministra de Minas e Energia e, depois, com ela já presidente, disse que a proposta de reduzir a tarifa de energia veio no momento errado. O consultor lembra que quando

Dilma anunciou a decisão de reduzir a conta de luz, no discurso de 6 de setembro de 2012, dias depois todas as usinas térmicas do país estavam ligadas, gerando energia a custos elevadíssimos. Era a saída encontrada para evitar a todo custo o racionamento de energia, pois o nível dos reservatórios das hidrelétricas baixava a patamares perigosos. As condições técnicas e econômicas para a redução da tarifa, portanto, pioravam claramente. Mas a decisão se transformou em ponto de honra para a presidente, como se constatava toda vez que falava do assunto.

O que se seguiu à entrada em vigor da redução da tarifa no fim de janeiro de 2013 foi uma avalanche de complicações: a conta inicial para o Tesouro foi de 9,9 bilhões de reais, outros 19,7 bilhões vieram de um fundo — a Conta de Desenvolvimento Energético —, o risco de racionamento aumentava, o custo da energia subia a níveis jamais alcançados e a conta do governo também.

As empresas distribuidoras de energia ficaram a descoberto e tiveram de comprar energia no chamado mercado livre, cujo preço não estava assegurado em contrato. Se estavam obrigadas pelo governo a vender energia mais barato e precisavam comprar a mesma energia a preços cada vez mais altos, a consequência era óbvia: as empresas passaram a registrar rombos cada vez maiores. Para que o sistema não entrasse em colapso, o governo aumentou o socorro do Tesouro, porém, como isso não foi suficiente, articulou financiamentos bancários de valores bilionários para as empresas, a serem pagos no futuro com o aumento da tarifa.

A situação se agravava à medida que o processo eleitoral de 2014 avançava. Em outubro, mês da eleição, o nível dos reservatórios nas regiões Sudeste e Centro-Oeste caiu para 18,68% e para 16,01% em novembro. O nível de alguns dos principais reservatórios baixou para cerca de 10%, limite a partir do qual se restringe a operação das turbinas.

O risco de racionamento crescia. O ONS, encarregado de gerenciar o sistema de geração de energia, limitava o uso da água para outros fins, como irrigação, com o objetivo de priorizar a geração de energia.

Diante de uma escassez de energia, o recomendável, para evitar uma situação de crise mais aguda é, além do racionamento, aumentar a tarifa, pois o preço mais alto induz o consumidor a poupar energia. O governo só começou a autorizar reajustes a partir de setembro de 2014 e, de forma mais intensa, no final de outubro, depois das eleições. No dia 29 de outubro, três dias depois do segundo turno que reelegeu Dilma Rousseff, a Agência Nacional de Energia Elétrica autorizou um aumento médio de 18,62%. Para algumas distribuidoras o reajuste chegou a 54%.

O efeito da redução da tarifa de energia elétrica para o consumidor durou pouco e terminou custando muito caro. Em 2013, quando foi anunciada, a redução foi de 16%, de acordo com o que apurou o IBGE no cálculo do IPCA, o índice oficial de inflação. Em 2014, com os aumentos de tarifa concentrados no final do ano, observou-se uma alta de 17%, anulando a redução do ano anterior. Em 2015, o aumento chegou a 51%, e em março de 2016 a alta acumulada em doze meses era de 60,42%.

Em agosto de 2015, em discurso no Palácio do Planalto, a presidente voltou a público para explicar o fenômeno da redução da conta de luz que se transformou em aumento e para anunciar mais um arrojado plano de investimento de 186 bilhões de reais na geração e transmissão de energia. A fala de Dilma Rousseff já não tinha a eloquência e a simbologia patriótica do discurso de setembro de 2012: "É verdade, sem sombra de dúvida, que as contas de luz aumentaram, e por isso nós lastimamos". Em seguida improvisou uma tortuosa explicação: "Elas aumentaram justamente porque diante da falta de luz, aliás, da falta de energia, para sustentar a existência de luz, nós tivemos de usar as termelétricas e por isso pagar bem mais do que pagamos se houvéssemos [sic] apenas energia hidrelétrica no nosso sistema".

Ao final do discurso, numa rápida conversa com os jornalistas, completou a explicação: "Entre faltar energia e ter energia, é melhor pagar um pouco mais para ter energia, porque o peso da falta de energia é imenso".

O custo total da MP 759, que reduziu as tarifas, nunca foi explicitado pelo governo. Especialistas que se debruçaram sobre o assunto calcularam que a conta ficou em cerca de 105 bilhões de reais, o equivalente a um ano de faturamento das empresas de distribuição de energia. Desse total, 60% seriam cobertos pelos próprios consumidores, com o aumento das tarifas, e 40% por subsídio direto do governo, ou seja, pelos contribuintes.

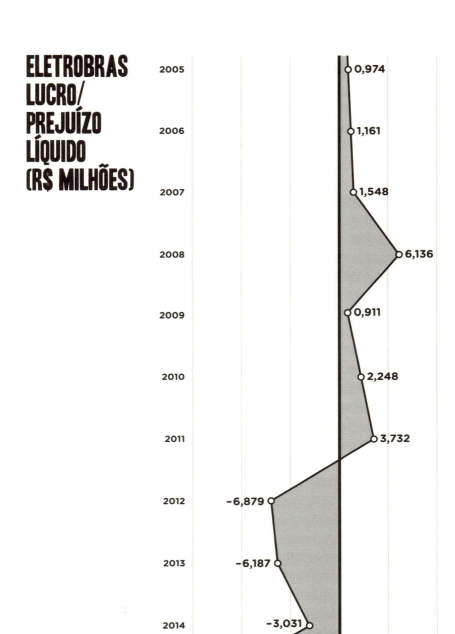

CAPÍTULO 12

A Petrobras definha

Sobre a camisa branca e a gravata listrada em tons avermelhados, o presidente Lula vestia, em lugar do paletó, o casaco laranja de uso rotineiro dos trabalhadores da Petrobras. "Quando eu pus essa camisa aqui era para que não fosse apenas o presidente, para fazer de conta que aqui está um trabalhador da Petrobras." Apenas Lula destoava do tom sóbrio da plateia de banqueiros, ministros, embaixadores, empresários e a alta cúpula da companhia. Na primeira fila, o diretor de Abastecimento da Petrobras, Paulo Roberto Costa, que Lula chamava de Paulinho e que quatro anos depois seria preso pela Polícia Federal na Operação Lava Jato, aplaudia com entusiasmo, como todos ali.

O anfitrião era Edemir Pinto, presidente da B&MF Bovespa. O evento, a venda de ações da Petrobras no megaprocesso de capitalização da empresa, que precisava de caixa para explorar as reservas de petróleo do pré-sal, descobertas três anos antes. Os investimentos projetados ultrapassavam 200 bilhões de dólares a cada quatro anos. A maior parcela seria para extrair o petróleo do pré-sal.

Em seu discurso escrito, Lula afirmou: "O que se materializa aqui é a decisão soberana de uma sociedade de capitalizar o seu futuro". No parágrafo seguinte, desviou o foco para um evento que ocorreria dali a dez dias: "No próximo dia 3 de outubro [de 2010] a festa democrática das urnas coincidirá com a festa histórica dos 57 anos de existência da nossa Petrobras". Em seguida, disse que a capitalização era "uma das salvaguardas criadas pelo governo para evitar que essa riqueza se perca num labirinto de desperdícios e interesses equivocados. Seu destino é sagrado".

A organização de eventos da estatal em sintonia com o calendário eleitoral não era novidade. Como recorda um ex-diretor da empresa, pelo menos desde 2006 isso já vinha ocorrendo em escala crescente. No dia 21 de abril de 2006, a seis meses da eleição em que Lula concorreria ao segundo mandato, o presidente visitou a plataforma marítima P-50, fundeada na bacia de Campos, que entraria oficialmente em operação naquele dia com 180 mil barris diários de produção. A escolha do dia 21 de abril não foi por acaso. Como registra o noticiário da época, a data foi escolhida pelo Palácio do Planalto por lembrar o martírio de Tiradentes e a inauguração de Brasília. "Percebemos que o Gabrielli [José Gabrielli, então presidente da Petrobras] organizava os eventos para projetar o nome de Lula, que havia sofrido o desgaste do mensalão", lembra um funcionário que anos depois viria a ocupar importante cargo de direção na empresa.

Naquele 21 de abril, Lula se associou ainda a outro personagem da história: Getúlio Vargas, que em 1952 também havia sujado as mãos de óleo para comemorar a descoberta de uma jazida e que um ano depois criaria a Petrobras com a campanha "O Petróleo é Nosso". Na página da Radiobrás, agência de informação estatal, a reportagem era ilustrada com duas fotos: uma de Lula e outra de Getúlio Vargas, uma ao lado da outra.

O presidente anunciou a autossuficiência em petróleo com a entrada em operação da plataforma P-50, na bacia de Campos. Em tese, a partir daquela data, o Brasil não dependia mais da importação de petróleo. "Num dia 21 de abril como hoje, há 214 anos, na então Vila Rica, um laço de corda sufocara um anseio de soberania que já pulsava em nossa terra. Foi inútil a opressão colonial diante do anseio de liberdade de nosso povo. Cento e sessenta e um anos depois de Tiradentes, nossos anseios e nossas aspirações germinariam com extremo vigor na campanha do 'Petróleo é Nosso', em 1953."

A autossuficiência não se consolidou. Com o aumento do consumo e a frustração das metas de produção de petróleo, o Brasil voltaria a depender de importação. Em 2012, os gastos líquidos (diferença entre exportação e importação de petróleo e derivados) foram de 5,3 bilhões de dólares. No ano seguinte, o déficit da balança do petróleo subiu para 20,2 bilhões de dólares. Como Lula lembrou aos presentes no ato da Bolsa, a eleição aconteceria poucos dias depois e consagraria mais uma espetacular vitória do presidente, que havia escolhido para suceder-lhe a ministra Dilma Rousseff. Certo da vitória, o ato da capitalização da estatal continha também um tom de despedida dos dois mandatos de Lula na Presidência da República, que se completariam em três meses.

"Excelentíssimo Senhor Presidente, a história há de lhe dar crédito ao que conquistamos nessa data" foram as primeiras palavras do discurso do presidente da B&MF, Edemir Pinto. E acrescentou que, naquela data, a B&MF Bovespa passava a ser a segunda maior Bolsa do mundo em valor de mercado, 25% superior à soma das bolsas de Nova York, Londres e Nasdaq. Palavras que levaram Lula, em seguida, a abandonar o discurso escrito por um depoimento emocionado: "Quem diria que eu viria à Bolsa de Valores ouvir o que eu ouvi hoje. Isso só pode ser dádiva de Deus. Porque há dez anos atrás eu passava aqui na porta da Bolsa, as pessoas tremiam de medo: onde é que vai esse comedor de capitalismo? E exatamente esse comedor de capitalismo deixa a Presidência da República depois de oito anos como o presidente que participou de forma honrosa [...] do momento mais auspicioso do capitalismo mundial".

O lançamento das ações da Petrobras na Bolsa coroava um polêmico modelo de exploração das reservas do pré-sal. Tema complexo, que envolvia avaliações estratégicas de risco de médio e longo prazo em um mercado sempre sujeito a bruscas oscilações de preços. As reservas do pré-sal colocavam o Brasil em um novo patamar no mapa mundial do petróleo. De importador histórico, passaria a ter potencial para, em poucos anos, se tornar um grande exportador.

Sob a ótica dos países importadores, o Brasil representava mais uma opção de oferta, com a vantagem de estar fora das áreas de instabilidade político-religiosas que caracterizam a maioria dos grandes fornecedores mundiais.

A dimensão das reservas potenciais do pré-sal deflagrou um debate sobre qual seria o melhor modelo para exploração, o papel da Petrobras nesse novo cenário, o impacto na indústria nacional de equipamentos e sobre o uso dos recursos públicos que seriam multiplicados pelo aumento da produção mediante pagamento de royalties ao governo federal, estados e municípios.

O modelo vigente até ali era o de concessão. A União, por meio da Agência Nacional do Petróleo, licitava áreas para exploração. Vencia quem pagasse mais. Caso se descobrisse petróleo, a empresa pagaria royalties e mais uma parcela chamada de participação especial quando se tratasse de reservas de grande volume.

Para a exploração da área do pré-sal, o governo optou pelo modelo de partilha, pelo qual a União recebe sua parte em petróleo. Criou, também, uma empresa estatal, a PPSA, para gerenciar e comercializar esse petróleo. O novo modelo e a proposta de regulamentação para exploração do pré-sal foram lançados em 31 de agosto de 2009, no Centro de Convenções Ulysses Guimarães, em Brasília, um espaço pertencente ao governo do Distrito Federal e escolhido por sua capacidade de acomodar as centenas de convidados: ministros, presidentes de estatais, governadores, sindicalistas.

A intenção do governo era aprovar tudo antes das eleições do ano seguinte. Pessoas que participaram da discussão no governo contam que o clima era de euforia com a maior descoberta de petróleo das últimas três décadas. "Vamos ingressar na Opep",[1] diziam ministros e assessores.

Figura central no evento do auditório Ulysses Guimarães, Lula tinha à sua direita o presidente do Senado, José Sarney, e a ministra-chefe da Casa Civil, Dilma Rousseff, que compunha com o presidente da Câmara, Michel Temer, a chapa oficial para a eleição presidencial de outubro de 2010 e também a da reeleição de 2014. Na parede atrás da mesa onde estavam o presidente e convidados, um grande painel dizia: "Pré-sal: patrimônio da União/ riqueza do povo/ futuro do Brasil". Em seu discurso, o presidente Lula afirmou: "Uma dádiva de Deus [...] Um bilhete premiado". Michel Temer também falou. Mas o discurso mais longo foi o da ministra Dilma Rousseff: "O pré-sal nos abrirá as portas do futuro se soubermos transformar essa riqueza mineral em riqueza humana, social e ambiental em fonte de felicidade material e espiritual para milhões de brasileiros".

A Petrobras receberia uma injeção de recursos de 70 bilhões de dólares, na chamada capitalização que ocorreria no ano seguinte. A empresa teria participação de no mínimo 30% em cada campo de petróleo. A União, segundo a partilha, seria remunerada em óleo bruto. O modelo também tornava obrigatória a compra de equipamentos de exploração no Brasil, mesmo que a preços muito mais altos do que os importados. Era o chamado "conteúdo nacional", concebido para incentivar a indústria de equipamentos de petróleo no país.

Especialistas do setor e analistas financeiros eram bastante críticos das regras propostas pelo governo. O modelo de concessão, pelo qual o governo recebe em dinheiro a remuneração pelo petróleo, já estava consagrado. Bastaria ajustar os parâmetros de remuneração para as jazidas do pré-sal, potencialmente mais rentáveis.

A obrigatoriedade da Petrobras de ter pelo menos 30% de participação de investimento em cada jazida sobrecarregaria a empresa. Sem caixa para cumprir a regra, a companhia se endividaria. E a política do "conteúdo nacional", que impunha a compra de equipamentos no Brasil, encareceria os projetos, pois o preço das plataformas produzidas no país tinha um custo 30% maior na comparação com o preço internacional.

As incertezas e dúvidas cobraram seu preço. Em 2010, até a oferta de ações na festiva sessão da B&MF Bovespa, os papéis da Petrobras perderam quase 30% de seu valor.

A perspectiva de aumento da produção de petróleo, de crescimento do consumo de derivados e das possibilidades de exportação encorajou o governo a lançar um ambicioso programa de investimentos em refinarias. No dia 15 de janeiro de 2010, em Bacabeira, no Maranhão, o presidente Lula lançou a pedra fundamental da construção da refinaria Premium I. O projeto custaria 20 bilhões de dólares para refinar 600 mil barris de petróleo, o equivalente a um terço de tudo que o Brasil refinava naquele momento. Uma primeira etapa seria inaugurada em setembro de 2013 e a segunda dois anos depois. Mais de 100 mil empregos seriam gerados na região durante a construção da refinaria.

Como sempre nessas ocasiões, ele tinha vestido o casaco laranja da Petrobras. Ao lado da governadora Roseana Sarney, do senador José Sarney, da ministra-chefe da Casa Civil, Dilma Rousseff, e sob um sol escaldante, Lula disse que com aquele investimento o Maranhão lideraria o processo de desenvolvimento do Nordeste. De forma pausada, explicou o que previa ser os impactos do investimento: "Atrás de um investimento como esse serão bilhões de dinheiro [sic] circulando no estado, gerando salário, que gera consumo, que gera mais empregos, que gera mais consumo. Atrás de um empreendimento desse vêm outras empresas, que vão gerar mais investimentos, mais empregos, portanto, mais consumo, e mais empregos, e mais investimentos".

No dia 29 de dezembro, a dois dias de encerrar seu mandato, Lula foi ao Ceará para o lançamento da refinaria Premium II. A cena era quase uma repetição do evento de janeiro no Maranhão, com apenas uma ausência notável: Dilma Rousseff, que, já eleita presidente, tomaria posse em três dias. Os números também eram expressivos: investimentos de 11 bilhões de dólares, refino de trezentos barris diários de petróleo, quase 100 mil empregos durante a construção da refinaria, inauguração prometida para 2017. "O Ceará, finalmente, terá a tão sonhada refinaria que tanta gente prometeu e que não conseguiram fazer", disse Lula. E registrou sua autoria não só daquele projeto: "Sete anos atrás, quando a gente conversava com a Petrobras eles diziam que o Brasil não precisava de mais refinarias. E engoliram a língua, porque agora vão fazer cinco refinarias: além da Premium II aqui, o governo federal vai entregar as refinarias de Pernambuco, Maranhão, Rio Grande do Norte e Rio de Janeiro".

Contagiado pelos aplausos, Lula seguiu em frente, referindo-se à ferrovia transnordestina, que, segundo ele, também outros prometeram, não haviam cumprido e que ele estava fazendo, e à transposição do rio São Francisco.

"Eu devo esse projeto a dois companheiros. Primeiro a d. Pedro [II]. Como eu acredito em outra vida, ele deve estar lá vendo a gente fazer. O que nem o imperador conseguiu fazer, o Lulinha de Caetés está fazendo." O segundo companheiro citado por Lula foi seu vice, José Alencar, que, segundo ele, tinha ajudado a convencer as pessoas "a fazer a transposição".

Em dezembro de 2010, a situação financeira da Petrobras era aparentemente tranquila. A empresa registrou um lucro de 35 bilhões de reais naquele ano. A diretoria, porém, já estava preocupada com o represamento do preço da gasolina. A dívida aumentava, o petróleo subia no mercado internacional, e a estatal começou a acumular prejuízos na venda de derivados. Por isso, logo em janeiro de 2011, dias depois da posse de Dilma na Presidência, José Gabrielli, presidente da Petrobras, disse a seus colegas de diretoria: "Vou a Brasília ver se consigo um aumento". Voltou de mãos vazias.

No decorrer de 2011, foram inúmeras as vezes em que Gabrielli foi a Brasília tentar obter de Dilma e do ministro Guido Mantega autorização para aumentar o preço dos combustíveis. "Ele voltava sempre de mãos vazias", lembrou um diretor daquela época. A inflação, que vinha pressionada desde o segundo semestre de 2010, era a justificativa para segurar o aumento. O Banco Central aumentava os juros para combater a alta de preços.

Na alta cúpula da estatal, percebeu-se, no decorrer dos meses, que um segundo motivo pautava a resistência da presidente Dilma. "Ela não gostava do Gabrielli, que ficou no cargo a pedido de Lula. Não autorizar os aumentos era, também, uma forma de desgastá-lo, forçá-lo a pedir demissão", contou um ex-diretor. O plano de Gabrielli era permanecer no comando da Petrobras até o início de 2014, quando sairia para concorrer ao governo da Bahia.

Em outubro de 2011, a presidente Dilma fez uma visita oficial à Turquia e à terra natal de seu pai, a Bulgária. Na comitiva, a presença discreta de Graça Foster tinha um objetivo: prestigiar a diretora da Petrobras, que àquela altura demonstrava desalento com a possibilidade de vir a ser indicada presidente da estatal, como também tinha sido o desejo de Dilma desde o início de seu mandato.

Em janeiro de 2012, finalmente, ocorreu a troca de comando da empresa. Gabrielli foi substituído por Graça Foster, e a partir dali a rotina da companhia mudou. Aos poucos, diretores ligados ao antecessor foram sendo substituídos e projetos revistos. Um alto funcionário da Petrobras conta que Graça Foster queria demitir Paulo Roberto Costa da diretoria de Abastecimento. A presidente Dilma não teria discordado da intenção, mas mandou Graça segurar por algum tempo a decisão a pedido do ex-presidente Lula. A demissão ocorreu no dia 26 de abril, gerando reações no partido que indicara Costa, o PP.

"Como posso trabalhar com uma pessoa que faz um trabalho desses?", questionou Graça Foster, tendo nas mãos o projeto da refinaria Abreu e Lima, um calhamaço que, segundo um alto funcionário da Petrobras, continha até mesmo algumas páginas manuscritas. O projeto tinha sido aprovado em uma reunião do presidente Lula com a diretoria da Petrobras no Palácio do Planalto. Um participante dessa reunião conta que, depois de Paulo Roberto Costa apresentar o projeto, Lula teria dito: "Muito bem, então está aprovado". Com aquele ritual sumário, teria ficado clara a decisão política, de cima para baixo, de construir a refinaria, sem que o projeto tivesse sido suficientemente desenvolvido e detalhado para avaliar custo e rentabilidade.

O projeto da refinaria Abreu e Lima, em Pernambuco, começou orçado em 2,5 bilhões de dólares e terminou custando mais de 20 bilhões de dólares. Era para ser executado em parceria com PDVSA, a estatal venezuelana de petróleo. Apesar dos acordos firmados entre Lula e o então presidente Hugo Chávez, a PDVSA não colocou um centavo no empreendimento. A nomeação de Graça Foster para a presidência da Petrobras foi considerada pelo Palácio do Planalto como o início de uma reviravolta na gestão da empresa. Ela teria o mesmo perfil de gestora eficiente que se atribuía à presidente Dilma e não faria concessões de ordem política.

A situação financeira da empresa piorava progressivamente, como mostravam os balanços divulgados a cada trimestre, em razão do controle artificial de preços e do ambicioso programa de investimento que superava a capacidade de geração de caixa da estatal.

Mas o pior estava por vir. Em 17 de março de 2014, a Polícia Federal deflagrou a chamada Operação Lava Jato, que desvendaria um bilionário esquema de corrupção envolvendo dirigentes da companhia, empresas fornecedoras e políticos da base aliada do governo.

A operação foi batizada de Lava Jato porque, no início, investigava um esquema de lavagem de dinheiro liderado pelo doleiro Alberto Youssef, com atuação no Paraná. Um posto de gasolina de Brasília, onde também funcionava uma casa de câmbio e fazia parte do esquema, acabou inspirando o nome da operação, embora ele não oferecesse serviço de lavagem de carros. Lavava dinheiro.

No decorrer das investigações, a Polícia Federal descobriu que um diretor da Petrobras, Paulo Roberto Costa, participava do esquema. Na sequência, também dois outros ex-diretores: Renato Duque, indicado pelo PT, e Nestor Cerveró. Na outra ponta, estavam grandes empreiteiras contratadas pela Petrobras. De acordo com o Ministério Público Federal, um percentual que variava de 1% a 5% dos contratos bilionários da Petrobras era desviado sob a forma de propina. Os valores eram divididos entre os operadores do esquema, os diretores da Petrobras envolvidos e os partidos que haviam indicado os diretores: PT, PMDB e PP. Num resumo para explicar o caso, o Ministério Público Federal afirmou: "A Operação Lava Jato é a maior investigação de corrupção e lavagem de dinheiro que o Brasil já teve".[2]

Três dias depois da prisão do doleiro Alberto Youssef, a Polícia Federal prendeu Paulo Roberto Costa por destruição de provas que o ligavam ao esquema de lavagem de dinheiro. Na residência de Costa, a polícia encontrou 700 mil reais e 200 mil dólares. Começava a ser desvendado o esquema que envolvia a Petrobras, escândalo que ficou conhecido como "Petrolão", que passaria a atormentar os grandes empreiteiros do país, o governo, o PT e os principais partidos da base aliada.

O Tribunal de Contas da União já investigava, desde o ano anterior, 2013, a compra da refinaria de Pasadena (no Texas, Estados Unidos) pela Petrobras, realizada em 2006, por suspeita de superfaturamento e evasão de divisas. Dilma Rousseff presidia o conselho de administração da estatal na época e aprovou a compra, que se mostrou um péssimo negócio para a empresa brasileira. A Petrobras pagou 360 milhões de dólares por metade da refinaria, valor muito superior aos 42,5 milhões de dólares que a empresa belga Astra Oil havia pago um ano antes pela refinaria inteira.

No dia 19 de março de 2014, pela primeira vez, Dilma Roussef se manifestou sobre a compra de Pasadena. Naquele dia o jornal *O Estado de S. Paulo* publicou uma reportagem mostrando que Dilma havia dado sua chancela àquela aquisição. Em nota da Presidência da República ao jornal, ela declarou que aprovara o negócio com base em um resumo executivo. A nota oficial trazia novas e polêmicas revelações sobre a operação: "Soube-se que tal resumo era técnica e juridicamente falho, pois omitia qualquer referência às cláusulas 'Marlim' e de 'put option' que integravam o contrato, que, se conhecidas, seguramente não seriam aprovadas pelo Conselho", dizia. A cláusula Marlim assegurava 6,9% de rentabilidade à Astra Oil. A put option obrigava uma das partes a comprar a participação da outra em caso de desentendimento entre elas. O desentendimento ocorreu em 2008 e em 2012. Depois de perder a disputa na Justiça, a Petrobras acabou pagando 1,18 bilhão de dólares por todo o negócio. Ao tentar eximir-se da responsabilidade pela compra, Dilma jogou o problema para a diretoria da Petrobras, então sob o comando de Sérgio Gabrielli, pessoa da estrita confiança do ex-presidente Lula.

Antes de o escândalo do "Petrolão" vir à tona, a batalha pelo aumento no preço dos combustíveis continuava. Em agosto de 2013, pressionada internamente por representantes privados do conselho de administração, Graça Foster disse, em uma reunião de diretoria, que estava estudando uma fórmula automática de reajuste dos preços dos combustíveis, sem, no entanto, detalhar que fórmula tinha em mente. Apenas indicou que haveria parâmetros técnicos e que a empresa se libertaria dos humores de Brasília.

No dia 5 de setembro, o relatório de um analista da equipe do BTG Pactual de Londres, Andrew McAuliffe, dizia que a Petrobras estudava um plano de reajuste de combustível "semelhante ao adotado pela Ecopetrol, da Colômbia". O e-mail de Andrew a seus clientes só seria noticiado na imprensa brasileira um mês depois, mas já havia provocado tensão e desconfiança na Petrobras. O vazamento da informação foi questionado pela CVM, à qual cabe, entre outras atribuições, punir o uso de informações privilegiadas no mercado financeiro. A Petrobras respondeu que desconhecia o e-mail e que as informações nele contidas eram de responsabilidade de seu autor. A CVM abriu processo para investigar o caso, pois identificou indícios de informação privilegiada com possibilidade de ganhos indevidos por quem a tinha utilizado para comprar e vender ações.

O tema ainda seguiria pelos caminhos tortuosos de uma empresa cuja política de preços, submetida ao controle estrito da presidente da República e do ministro da Fazenda, vinha se perdendo em uma espécie de labirinto, sem conseguir recuperar o domínio de suas próprias decisões e cumprir o ritual de informações relevantes aos investidores.

Em 25 de outubro de 2013, quando divulgou seu balanço trimestral, a Petrobras confirmou haver submetido ao conselho de administração uma nova política de preços. Três dias depois, confirmou que os reajustes dos preços de combustíveis seriam automáticos, com base na variação do dólar e do preço do petróleo no mercado internacional. O que parecia o encerramento de um impasse se transformou, na verdade, no início de mais uma etapa confusa e conflituosa na relação entre Petrobras e governo. Enquanto a empresa informava a CVM que a diretoria havia aprovado o novo plano, o ministro Guido Mantega dizia que "não havia metodologia fixada".

Em 29 de novembro, quando anunciou aumento de 4% para a gasolina e de 8% para o diesel, a diretoria da Petrobras sinalizou que o conselho de administração havia aprovado a nova política. Três dias antes, a imprensa havia noticiado que a presidente Dilma não concordava com a política de aumento automático, sob a alegação de que ela poderia trazer impacto para a inflação. Na Petrobras, a convicção era de que o calendário eleitoral falava mais forte: o governo não queria uma fórmula automática de aumento que pudesse disparar o gatilho de preços às vésperas da eleição do ano seguinte.

Na Bolsa, as ações da Petrobras subiam e desciam ao sabor do desencontro de informações. Firmou-se uma tendência de baixa quando a empresa finalmente anunciou, no início de dezembro, que a nova política fora aprovada, mas não seria divulgada, e que a fórmula de reajuste não iria mais prever aumentos automáticos. Surgiram, então, os primeiros boatos de que Graça Foster pediria demissão. A renúncia coletiva da diretoria chegou mesmo a ser discutida na empresa. Alguns já entendiam que somente com uma nova direção haveria chances de resgatar a companhia da crise em que o próprio governo a lançara.

As reuniões de diretoria e do conselho de administração foram se tornando cada vez mais tensas. As investigações da Operação Lava Jato avançavam, apontando desvios de recursos na Petrobras cada vez mais assustadores. A situação financeira da estatal se agravava. Em 2014, ano de eleição, os aumentos nos preços dos combustíveis não foram autorizados, deixando claro que o plano de reajuste era uma peça de ficção. Ele previa que até 2015 a Petrobras já teria equilibrado sua situação de caixa e adequado seu endividamento à capacidade de geração de receita.

Sérgio Quintella, que integrava o conselho de administração, contou ter sugerido a Graça Foster: "Você é amiga da presidente Dilma, diga a ela que essa situação não pode continuar". Graça, segundo ele, respondeu que a presidente não autorizava o aumento porque "estava preocupada com a inflação".

Nas reuniões do conselho de administração, quem vetava a correção de preços era seu presidente, o ministro da Fazenda, Guido Mantega. "Nos momentos mais tensos, ele sempre saía da sala para dar um telefonema", relatou um integrante do Conselho. A percepção era de que o ministro ia consultar Dilma. No segundo semestre de

2014, os relatórios financeiros internos da Petrobras apontavam perdas equivalentes a 40 bilhões de dólares por causa da defasagem dos preços dos combustíveis nos últimos quatro anos. O valor correspondia a um terço da dívida em dólar da empresa no final de 2015.

O então diretor financeiro da Petrobras, Almir Barbassa, que também participava dessas reuniões, alertou para o fato de que a companhia estava fazendo dívida em dólar para cobrir prejuízos com a venda de gasolina no Brasil. "Ninguém faz isso em lugar nenhum do mundo!", teria dito ele. Guido Mantega, então, sugeriu que a empresa tomasse dinheiro emprestado aqui mesmo no Brasil. O diretor respondeu que o mercado interno cobrava juros muito mais elevados que os internacionais e, além disso, não tinha dimensão para atender às necessidades de recursos da Petrobras, obrigada a cumprir um plano irrealista de investimentos de mais de 200 bilhões de dólares. "Não se preocupem, se precisar a gente socorre", teria respondido o ministro, indicando que o Tesouro Nacional poderia colocar dinheiro na petroleira.

Nas reuniões, Graça Foster defendia energicamente o aumento de preços. Para alguns de seus colegas, não era claro até que ponto a relação tão próxima dela com a presidente Dilma ajudava ou prejudicava a causa. Quando ia a Brasília e pernoitava na capital, Graça Foster se hospedava no Palácio da Alvorada. "Elas são amigas de assistir novela juntas", comentavam fontes do governo, para realçar a sólida proximidade, nascida no início de 2000, quando Dilma era secretária de Energia do Rio Grande do Sul e Graça dirigia o braço da Petrobras encarregado do transporte do gás da Bolívia para o Brasil. A amizade ficou registrada no discurso de posse de Graça Foster na presidência da Petrobras, em fevereiro de 2012. "Externo minha gratidão e fidelidade incondicional à presidenta da República, Dilma Rousseff", agradecendo a confiança por receber "o mais alto posto de uma das maiores empresas do mundo". A fidelidade incondicional talvez explicasse o dilema de Graça, dividida entre os caprichos da presidente da República e a defesa da Petrobras, empresa na qual havia entrado por concurso em 1981.

"Com a diretoria ela não abria como se davam as conversas dela com Dilma", contou um ex-diretor. O perfil de durona, vendido como uma qualidade da gestora, era um defeito, na visão de alguns de seus colegas de trabalho. Um deles, Ildo Sauer, que havia sido substituído por Graça na BR Distribuidora em 2006, afirmou na época: "Ela seguiu os passos de Dilma, tratando bem os de cima e mal os subordinados".

Em fevereiro de 2015, três anos depois de tomar posse na presidência da Petrobras, Graça Foster renunciou ao cargo. Desde novembro vinha insistindo com Dilma que somente uma nova diretoria, profissional, independente, protegida das pressões políticas, teria capacidade de enfrentar a crise da empresa, que não era só financeira.

A direção da Petrobras estava imobilizada em várias frentes: um ambicioso programa de investimentos que a companhia não tinha suporte financeiro para levar adiante; projetos inviáveis ou de baixa rentabilidade; ausência de autonomia para reajustar preços à realidade dos custos; e, para completar, o desgaste da imagem da direção da estatal e da própria Graça Foster por causa da Operação Lava Jato.

Já estava claro, àquela altura, que vários negócios da petroleira haviam sido levados adiante apenas para facilitar o desvio do dinheiro, e não por serem estratégicos ou rentáveis. Dois exemplos disso foram a compra da refinaria de Pasadena, nos Estados Unidos, e a construção da refinaria Abreu e Lima, em Pernambuco. Uma questão se colocava: como uma diretoria contaminada por uma avalanche tão grande de problemas poderia reerguer a Petrobras? Mesmo diretores e gerentes sem envolvimento naquelas operações sentiam-se impotentes para enfrentar o desafio. A imagem da companhia estava desgastada. Dilma resistiu o quanto pôde, mas por fim a diretoria decidiu renunciar, deixando vagos os cargos.

A renúncia foi precedida pela mais dramática de todas as reuniões já realizadas pelo conselho de administração da Petrobras. Por solicitação do presidente do conselho, Guido Mantega, ela ocorreu no escritório da empresa em São Paulo. Realizar reuniões fora da sede da empresa, no Rio de Janeiro, foi uma anomalia criada no período Mantega, que preferia Brasília ou São Paulo. Marcada para as dez da manhã do dia 27 de janeiro de 2015, ela terminou às dez da noite. Doze horas de reunião, sem interrupção para almoço, dividiram o conselho em dois blocos a respeito de uma questão: divulgar ou não o balanço da Petrobras com as perdas contábeis apuradas por uma auditoria independente.

Guido Mantega e Miriam Belchior, ministra do Planejamento, que também fazia parte do Conselho, foram contrários à divulgação do balanço. Alegaram que os números não eram precisos, que ainda estavam sujeitos a revisão. Do outro lado, Graça Foster e os demais conselheiros não aceitaram adiar a divulgação, que, aliás, já deveria ter ocorrido em novembro. Temiam por ações na Justiça, caso a divulgação do balanço fosse postergada mais uma vez.

Segundo um dos participantes da reunião, Miriam Belchior chegou a contrapor um argumento que soou como ameaça: "Vocês também podem ser responsabilizados por divulgar um número que depois pode não se confirmar".

Terminado o encontro, ainda era preciso transmitir o resultado do balanço do terceiro trimestre ao mercado, através da cvm, o que foi feito na madrugada do dia seguinte, às 3h20. Os números, detalhados no comunicado assinado por Graça Foster, eram assustadores: 88,6 bilhões de reais em ativos superavaliados (o valor que constava no balanço estava acima do valor de mercado) e que deveriam ser abatidos do resultado da empresa. Outros 27,4 bilhões de reais estavam subavaliados. Ou seja, valiam mais do que o registrado no balanço. Subtraindo um do outro, restavam 61 bilhões de reais a serem abatidos do balanço.

Nessa conta estavam incluídas as perdas estimadas com os desvios da corrupção que vinham sendo apuradas pela Operação Lava Jato — falava-se em mais de 4 bilhões de reais. Quando, em abril de 2015, se divulgou o balanço final de 2014, o prejuízo com os desvios foi contabilizado em 6,2 bilhões de reais. Somente com os projetos das refinarias Premium i e Premium ii, que tinham sido suspensos, foram calculados prejuízos de 2,7 bilhões de reais.

No dia 4 de fevereiro, uma semana depois de divulgar o balanço com a baixa contábil de 88,6 bilhões de reais, Graça Foster e todos os diretores pediram demissão.

Um capítulo a mais das decisões que arruinaram as finanças da estatal viria a público em 6 de abril de 2016. Um documento interno, classificado com o grau máximo de sigilo, mostrava que o retorno de 59 grandes projetos da empresa estava superestimado. Os 109 bilhões de dólares esperados foram revistos e calculados em 64 bilhões. A causa dessa diferença para menos, de 45 bilhões de dólares, se devia ao uso de premissas irrealistas de custo operacional, produção, prazo e investimento — os chamados fatores gerenciáveis, ou seja, sob controle da empresa. Não entrou nessa conta a variação de preços do petróleo, que depende do mercado internacional.

A autenticidade desse documento vazado foi confirmada no dia seguinte pela Petrobras, em comunicado à CVM. A trajetória de perda de valor da estatal foi espantosa. Em maio de 2008, ela era a segunda maior empresa do mundo em valor de mercado (309,48 bilhões de dólares), atrás apenas da ExxonMobil (494,92 bilhões de dólares). Em 19 de janeiro de 2016, a Petrobras havia despencado para a 249ª posição no ranking das empresas mais valiosas do mundo. Seu valor: 17,834 bilhões de dólares.[3]

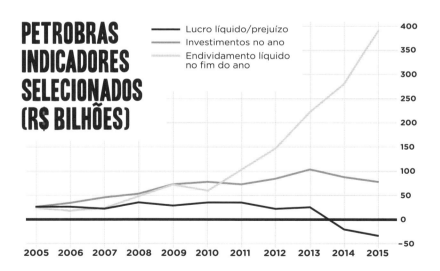

CAPÍTULO 13

Fábrica de dividendos

Para bancar o constante aumento de despesas, os governos do PT apelaram para as mais variadas modalidades de receitas extras, quando não foi possível elevar a carga tributária. A gestão Lula obrigou a Petrobras a comprar 5 bilhões de barris de petróleo de campos do pré-sal, localizados a 7 mil metros de profundidade, utilizando parte dos recursos para capitalizar a própria estatal e parte para alcançar a meta de superávit primário de 2010. Obteve recursos de concessão de serviços públicos, como aeroportos, e realizou numerosos parcelamentos de débitos tributários, em condições vantajosas para as empresas devedoras. Outra fonte de receita foram os dividendos pagos ao Tesouro pelas estatais federais.

De 2008 a 2014, o governo recebeu 153,5 bilhões de reais em dividendos de estatais, de acordo com dados do Tesouro, montante quase cinco vezes maior do que o governo esperava arrecadar em 2016 quando enviou ao Congresso a proposta de recriação da CPMF. Seria suficiente para pagar todas as despesas do governo federal com a saúde durante um ano e ainda sobrariam algumas dezenas de bilhões de reais.

Nem sempre, contudo, o Tesouro pôde contar com dividendos das estatais. No passado, obrigadas a obter empréstimos no exterior e submetidas a regras que achatavam suas tarifas para ajudar no controle da inflação, as empresas estatais foram acumulando dívidas e problemas de gestão, que resultavam em baixa produtividade, obsolescência tecnológica e quase nenhuma lucratividade. Parte significativa dessas empresas dependia de recursos do Tesouro para manter suas atividades.

Com a estabilização da economia e a execução de programas de ajuste postos em prática pelas estatais, a realidade foi sendo alterada. Na primeira década dos anos 2000, um número significativo de empresas federais passou a dar lucro e a depender cada vez menos do Tesouro. Na verdade, ao pagar dividendos, elas é que começaram a ajudar a União a fechar suas contas.

Mesmo assim, a receita obtida com dividendos não alcançava valores expressivos para o orçamento da União. Era importante, mas não decisiva. Em 2007, foi de apenas 6,98 bilhões de reais.

A partir de 2008, no entanto, ocorreu uma explosão dessa receita. Naquele ano, os dividendos pagos pelas estatais superaram, pela primeira vez, os 10 bilhões de reais. No ano seguinte, mais que dobraram, passando para 26,68 bilhões de reais, até atingir o recorde histórico de 28,02 bilhões de reais em 2012 — valor quase igual ao arrecadado com o IOF naquele ano.

Uma explicação para esse desempenho excepcional parecia ser o fato de que as grandes estatais federais tinham ampliado suas atividades e melhorado a lucratividade. Estavam, portanto, em condições de pagar mais dividendos ao seu acionista majoritário, o Tesouro. Ainda assim, havia um dado intrigante em tudo aquilo. Quem mais estava aumentado o pagamento de dividendos eram o BNDES e a Caixa Econômica Federal.

Em 2007, o BNDES havia pago somente 920 milhões de reais em dividendos ao Tesouro, o que correspondia a 13,2% do total dessa receita naquele ano. Em 2008, o banco estatal elevou a quantia para 6,02 bilhões de reais e, no ano seguinte, para 10,95 bilhões de reais — ou 45,2% do total arrecadado em dividendos pelo Tesouro. O aumento dos dividendos pagos pelo BNDES coincidiu com os empréstimos feitos pelo Tesouro ao banco estatal, apresentados como uma das medidas da política anticíclica, utilizada pelo governo para mitigar os efeitos negativos da crise global. O governo alegou que os bancos privados não conseguiam oferecer financiamentos de longo prazo para os investimentos em infraestrutura. Por isso, o Tesouro passou a ser o emprestador, tendo o BNDES como intermediário.

Em dezembro de 2015, o banco estatal já devia o correspondente a 8,7% do PIB. Com os recursos, o BNDES aumentou consideravelmente suas operações e, por isso, era razoável que seu lucro também aumentasse, dando origem ao pagamento de mais dividendos. A razão, no entanto, não foi exatamente essa. Em 2009, por exemplo, o BNDES não teve tempo de emprestar todo o dinheiro que recebeu do Tesouro. Por isso, não poderia ter elevado de forma tão expressiva sua rentabilidade operacional. O TCU foi o primeiro a identificar a origem da grande lucratividade do BNDES. Ao analisar as contas de 2010 do governo do presidente Lula, o TCU constatou que, naquele ano, o lucro do BNDES tinha sido de 9,9 bilhões de reais, dos quais 8,4 bilhões "resultam de aplicações em títulos e valores mobiliários", de acordo com as demonstrações financeiras do banco de desenvolvimento.[1]

A análise do Tribunal mostrou que os "resultados com aplicações em títulos e valores mobiliários" consolidados em 2009 e 2010 foram, respectivamente, de 5,2 bilhões e 8,4 bilhões de reais, em comparação com o lucro líquido de 6,7 bilhões e 9,9 bilhões de reais.[2] Isso foi possível porque o Tesouro não emprestou recursos próprios ao BNDES nem lançou títulos no mercado para captar recursos e depois repassá-los ao banco estatal. O Tesouro, como já foi dito, fez colocação direta de papéis no BNDES: repassou os títulos para a carteira da instituição, que os foi oferecendo no mercado na medida da necessidade de suas operações. Enquanto não colocava os papéis no mercado, o banco computava os rendimentos dos títulos como lucro. E repassava o lucro ao Tesouro sob a forma de dividendos.

Com isso o governo realizava uma operação financeira — empréstimo sob a forma de colocação direta de títulos — que nem sequer passava pelo orçamento da União. Assim, ela não tinha impacto no caixa do Tesouro nem era captada pelas estatísticas do resultado primário. Mas os empréstimos aumentavam a dívida bruta do setor público e o déficit nominal. Não havia efeito imediato sobre a dívida líquida, pois, no primeiro momento, o empréstimo representava uma dívida do BNDES e um crédito da União. Um compensava o outro no cálculo da dívida líquida. A operação se completava com o pagamento de dividendos pelo BNDES ao Tesouro, o que afetava o resultado primário.

Essa operação representava um custo elevadíssimo para os cofres públicos, pois os títulos do Tesouro tinham como referência a taxa Selic, muito mais alta do que a TJLP, que era a remuneração paga pelo BNDES pelos recursos tomados. Essa diferença de taxas é conhecida como "subsídio implícito". Com o dinheiro dos empréstimos, o BNDES concedia créditos subsidiados aos empresários. A diferença entre as taxas pagas pelos tomadores dos créditos e os custos de captação e intermediação do BNDES é denominada "subsídio explícito" e, por lei, paga pelo Tesouro. Apenas esta última despesa consta do orçamento da União. A Secretaria do Tesouro Nacional estimou em 38,6 bilhões de reais a despesa com subsídios implícitos e explícitos das operações do Tesouro com o BNDES em 2016.[3]

A ânsia, em 2012, por mais recursos para cobrir as despesas crescentes da União e ainda alcançar a meta fiscal foi tamanha, que o governo chegou a forçar o BNDES a pagar dividendos intermediários ao Tesouro, o que não estava previsto no estatuto do banco. A norma em vigor estabelecia que o BNDES faria suas demonstrações financeiras e procederia à apuração do resultado apenas em 30 de junho e 31 de dezembro de cada exercício.

Por determinação do governo, o BNDES destinou 1,3 bilhão de reais do lucro líquido do terceiro trimestre de 2012 para a distribuição de dividendos antecipados ao Tesouro.[4] Essa irregularidade foi uma das ressalvas feitas pelo TCU nas contas de 2012 do governo da presidente Dilma Rousseff. Em seu parecer, o Tribunal recomendou à presidente "que não autorize as empresas estatais federais a declararem dividendos intermediários em condições não previstas em seus respectivos estatutos".

Essa verdadeira fábrica de dividendos ajudou sobremaneira o governo a fechar suas contas e a produzir superávit fiscal. De 2008 a 2014, o BNDES pagou 63,01 bilhões de reais em dividendos ao Tesouro,[5] valor que representou vários bilhões a mais do que a arrecadação bruta do IPI em 2014 ou quase o mesmo montante da receita da CSLL. Na avaliação do TCU, porém, esses dividendos do BNDES não representaram um "esforço fiscal efetivo [...] uma vez que, nos últimos sete exercícios, o Tesouro Nacional tem transferido sucessivamente títulos àquela instituição financeira".[6]

A mágica foi estendida à Caixa Econômica Federal, que, a exemplo do BNDES, tem a União como única acionista. Ao longo dos últimos anos, a Caixa recebeu continuados empréstimos do Tesouro, concedidos sob a modalidade de instrumento híbrido de capital e dívida apto a integrar o patrimônio de referência da instituição. Ao mesmo tempo, o governo fez numerosas capitalizações desse banco público, por meio de ações, geralmente da Petrobras. Os empréstimos e a capitalização permitiram à Caixa alavancar suas operações de crédito.

Inicialmente, em 2007, a União concedeu um crédito de 5,2 bilhões de reais à Caixa, como instrumento híbrido de capital e dívida. Em 2012, o crédito foi de 20 bilhões de reais, na mesma modalidade.[7] Em 2013, a Caixa recebeu novo crédito, então no valor de 8 bilhões.[8] Os valores pagos pela Caixa ao Tesouro, a título de dividendos, aumentaram na mesma proporção dos créditos que recebeu e das capitalizações feitas. Em 2007, eles foram de apenas 1 bilhão de reais e, no ano seguinte, mais que dobraram. Em 2012, bateram o recorde histórico de 7,7 bilhões de reais. As operações autorizadas pelo governo naquele ano para aumentar os dividendos da Caixa merecem ser detalhadas, pois mostram com maior clareza como a fábrica de dividendos funcionava.

Em 28 de agosto de 2012, a União aumentou o capital da Caixa em 1,5 bilhão de reais, mediante a transferência de ações da Petrobras, operação que não tem impacto no caixa do Tesouro nem no resultado primário. No dia 31 do mesmo mês, a Caixa pagou dividendos à União no mesmo montante, o que ajudou a melhorar o resultado primário de agosto. Em 20 de setembro, a MP 581 autorizou a União a conceder crédito de até 13 bilhões de reais à Caixa, sob a forma de instrumento híbrido de capital e dívida, que também não teve impacto no caixa do Tesouro nem no resultado primário. No dia 28 do mesmo mês, a Caixa pagou 1,5 bilhão de reais em dividendos ao Tesouro, o que ajudou a melhorar o resultado primário de setembro.

Por fim, em 28 de dezembro de 2012, o decreto 7880 autorizou a União a promover novo aumento de capital da Caixa, com ações da Petrobras, que não tem impacto no caixa do Tesouro nem no resultado primário, no valor de 5,4 bilhões de reais. No mesmo dia, a MP 600 autorizou novo empréstimo à instituição financeira, no valor de 7 bilhões de reais. No dia 31 do mesmo mês, a Caixa recolheu 4,7 bilhões de reais aos cofres do Tesouro a título de dividendos, o que foi fundamental para o governo alcançar a meta de superávit primário do ano.[9]

A produção de dividendos começou a receber críticas de vários economistas e analistas, que passaram a excluir essas receitas do cálculo do superávit primário. O governo estava transformando chumbo em ouro, como disse um deles. Criticaram também a relação estabelecida entre Tesouro e BNDES, apontando para o fato de que o governo tinha recriado a "conta movimento". Era uma conta existente no Banco do Brasil e extinta no final da década de 1980 como um dos mecanismos responsáveis por levar o país à hiperinflação. Era suprida por recursos do Banco Central e usada para liberar empréstimos e financiamentos de programas do governo. Esses recursos não transitavam no orçamento da União.

Com o aumento dos empréstimos do Tesouro ao BNDES, os economistas foram abandonando o conceito de dívida líquida, sob o argumento de que os créditos do Tesouro junto ao BNDES não eram tão líquidos como o governo queria fazer crer. Passou-se então a adotar o conceito de dívida bruta como o principal indicador da trajetória e da solvência das contas públicas. A contabilidade fiscal brasileira foi posta em xeque. Os críticos cunharam o termo "contabilidade criativa" para se referir às práticas usadas pelo governo para alcançar a meta fiscal.

Os truques contábeis utilizados pelo governo brasileiro na área fiscal ganharam repercussão no exterior. Durante um seminário promovido pelo Brazil Institute do Wilson Center, em Washington, em março de 2012, a economista italiana Teresa Ter-Minassian pôs em dúvida a qualidade das estatísticas fiscais brasileiras. Ter-Minassian era conhecida no Brasil por ter chefiado, como vice-diretora do Departamento Fiscal do FMI, as missões que, entre 1997 e 2001, negociaram acordos de ajuda financeira ao país. No seminário de março, Ter-Minassian sugeriu que as estatísticas não refletiam na plenitude a situação fiscal brasileira.

O então presidente da Agência Brasileira de Desenvolvimento Industrial, Mauro Borges Lemos, presente ao seminário, irritado, interrompeu Ter-Minassian: "Isso não é verdade, você tem que provar o que está dizendo. Nossos números são verdadeiros, não estamos manipulando as estatísticas". A economista explicou que se referia aos empréstimos feitos pelo Tesouro ao BNDES e à forma como essas operações eram contabilizadas pelo governo brasileiro.[10]

Na época em que fez esses comentários, Ter-Minassian prestava serviços ao governo brasileiro. Ela tinha sido contratada pelo Banco Interamericano de Desenvolvimento para elaborar, a pedido do Ministério da Fazenda, um estudo sobre formas de distribuição dos recursos do Fundo de Participação dos Estados, uma vez que o STF tinha decidido, em 2010, que o rateio que estava sendo realizado era inconstitucional. O STF deu o prazo até o fim de 2012 para que o Congresso Nacional aprovasse uma lei complementar com novas regras de distribuição dos recursos que respeitassem as determinações constitucionais.

Quando soube das declarações de Ter-Minassian no seminário de Washington, a presidente Dilma Rousseff ficou furiosa. "Ela é uma representante do velho FMI", dizia-se no Ministério da Fazenda. "Esse FMI que ela representa não existe mais", argumentaram autoridades da área econômica, em uma referência às novas posições do Fundo favoráveis à política fiscal anticíclica de enfrentamento da crise financeira internacional de 2008.

Dois dias antes das declarações de Ter-Minassian, o economista Timothy Irwin, também do FMI, tinha divulgado um texto técnico na página da instituição, intitulado "Dispositivos contábeis e ilusões fiscais", no qual fazia as mesmas críticas.[11]

CAPÍTULO 14

"Eu quero é emprego"

No início, a ideia era desonerar a folha de pagamento das empresas para aumentar a formalização da mão de obra no país. Em 2003, o Brasil amargava um alto índice de trabalhadores sem carteira assinada, sem nenhum tipo de proteção previdenciária. A estimativa do IBGE era de que mais de 55% da população economicamente ativa não possuísse vínculo formal de emprego. Mesmo crescendo, o Brasil não conseguia criar empregos formais; a informalidade era a regra.

O assunto foi discutido pelo presidente Luiz Inácio Lula da Silva em sua primeira reunião com todos os governadores depois de eleito, em fevereiro de 2003, na Granja do Torto. A "Carta de Brasília", documento tirado desse encontro, propunha, entre outras medidas, a realização de uma reforma tributária, que previa a redução gradual da incidência cumulativa das contribuições sociais, a unificação da legislação do ICMS e a substituição, total ou parcial, da contribuição das empresas à Previdência Social incidente sobre a folha de pagamento por uma contribuição sobre a receita bruta. Esta última medida tinha o claro objetivo de facilitar a formalização do emprego.

Em seu primeiro mandato, Lula não conseguiu aprovar nenhuma medida da reforma tributária. Depois de reeleito, tentou novamente.

Em fevereiro de 2008, enviou ao Congresso uma proposta de emenda constitucional que previa uma profunda reforma do sistema tributário nacional, com a fusão de três contribuições sociais no Imposto sobre Valor Agregado federal, a fusão da CSLL com o Imposto sobre a Renda das Pessoas Jurídicas, um ICMS com legislação federal e a desoneração da folha de pagamentos.

Naquele momento, não se falava mais na substituição da contribuição patronal ao INSS incidente sobre a folha por uma contribuição sobre a receita bruta. A proposta foi, simplesmente, reduzir a alíquota da contribuição patronal em 1% ao ano, até que ela passasse de 20% para 14%. A desoneração da folha seria completada com a extinção do salário-educação, contribuição de 2,5% que incide sobre a folha de pagamento.

A proposta também não vingou, em parte porque sofreu oposição ferrenha das centrais sindicais de trabalhadores e de entidades ligadas à Previdência Social. Elas não aceitavam o fim das contribuições sociais que sustentavam a saúde, a assistência social e os benefícios previdenciários, nos termos instituídos pela Constituição de 1988.

O assunto voltou a ser discutido em 2011, no primeiro mandato da presidente Dilma Rousseff. Naquele ano, o diagnóstico do governo era de que dois fatores principais desestimulavam as exportações brasileiras de manufaturados: a retração da demanda dos países desenvolvidos, que ainda sofriam os efeitos da crise financeira de 2008; e o ciclo de alta dos preços das commodities, que, aliado ao redirecionamento dos fluxos de capitais aos países emergentes, causava forte valorização do real.

Esses efeitos combinados reduziam a competitividade da indústria nacional e deterioravam o saldo comercial brasileiro. Essa foi a avaliação feita pelo então ministro da Fazenda, Guido Mantega, na exposição de motivos da MP 540/2011, que pela primeira vez autorizou a desoneração da folha de pagamento de alguns setores da economia. De acordo com Mantega, esse foi o contexto que fundamentou a criação do Plano Brasil Maior — um conjunto de medidas destinadas a estimular as exportações e o investimento na indústria.

Dilma presidente foi escolha solitária de Lula. A criatura frustrou o criador.

Entrevista: Guido Mantega

Ortodoxia de esquerda

O ministro da Fazenda diz que, se a CPMF for aprovada, o governo vai anunciar a redução de tributos "no dia seguinte"

Marcio Aith

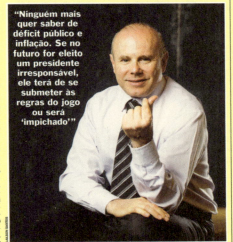

"Ninguém mais quer saber de déficit público e inflação. Se no futuro for eleito um presidente irresponsável, ele terá de se submeter às regras do jogo ou será 'impichado'"

Guido Mantega era, até pouco tempo atrás e para quem desconhecia suas ligações antigas com o presidente Lula, o patinho feio entre os economistas petistas. Não tinha a verve do senador Aloizio Mercadante nem a simpatia professoral do acadêmico Paul Singer. Quando assumiu o posto de principal assessor econômico na campanha petista, em 2002, imaginava-se que seria o ministro da Fazenda. Foi preterido em favor do médico sanitarista Antonio Palocci. Restou-lhe o Ministério do Planejamento, depois a presidência do BNDES. O comando da economia caiu em seu colo em 2006, depois dos escândalos que vitimaram Palocci. Desde então, Mantega imprimiu à economia (e aos gastos sociais) um ritmo mais veloz — segundo ele, típico do "social-desenvolvimentismo", modelo que caracterizaria a segunda fase do programa econômico de Lula e, na visão dele, o fator principal do momento virtuoso da economia. Nos últimos meses, ele tem se empenhado em convencer senadores da oposição da necessidade de prorrogação, para até 2011, da cobrança da CPMF, o "imposto do cheque". Na entrevista a seguir, elogiou o legado do governo tucano e disse que, se a CPMF for aprovada, anunciará "no dia seguinte" um corte na contribuição previdenciária sobre a folha de salários. Formado em economia e administração pela Universidade de São Paulo, Mantega nasceu em Gênova, na Itália, em 1949 e é brasileiro naturalizado.

Veja — *A que o senhor credita a atual fase virtuosa da economia brasileira?*

Mantega — No passado, cresciamos por espasmo, com profundos desequilíbrios. Hoje, não mais. A economia brasileira está arrumada. O Brasil finalmente está prestes a entrar no seleto grupo de países com taxas de expansão iguais ou superiores a 5%. O consumo cresce a taxas de 10%. Nunca se produziram ou se venderam tantos carros. Mesmo setores tradicionais da indústria, como o têxtil, o moveleiro e o de calçados, que sofrem com a inevitável e necessária concorrência internacional, estão integrados, pois fornecem para um mercado interno aquecido. Há uma nova classe média se formando, com dezenas de milhões de consumidores. Se não tivesse havido avanços institucionais e uma política agressiva no comércio exterior, que abriu novos mercados e diversificou parceiros, certamente não teríamos surfado nessa onda de expansão do comércio internacional. O Brasil não aproveitava essa onda porque, com um câmbio artificial, fixo, estávamos na contramão do comércio internacional. Nos anos 90 éramos importadores. Hoje somos exportadores.

Veja — *Quem arrumou a economia brasileira?*
Mantega — Sob uma perspectiva histórica, foi a própria sociedade, a partir das crises da década de 80. Até então, éramos uma das economias mais dinâmicas do mundo. Tínhamos as taxas de crescimento mais elevadas, mas acumulávamos

Profecia realizada nove anos depois.

Aplauso em 2009: o Brasil decola.

Decepção em 2013: o Brasil estragou tudo?

Guido Mantega e Alexandre Tombini: desentrosamento no campo econômico.

No comando: na primeira reunião ministerial, Dilma promete fazer mais do que Lula.

Brasil

O ano com 13 meses

Ribamar Oliveira

Há no jargão da contabilidade pública a referência a um "mês 13", com o qual os técnicos que acessam o sistema eletrônico de registro de despesas e receitas da União – o Siafi – estão habituados, mas que é desconhecido do público. O décimo-terceiro mês do calendário do Siafi é usado para registro das rotinas de encerramento do exercício. Para os controles do caixa, representa o conjunto de pagamentos feitos nos últimos dias do ano, agrupados no movimento do dia 31.

Todos sabem que o sistema bancário fica fechado ao público no último dia do ano para balanço e só reabre no dia 2 de janeiro. Assim, normalmente, as ordens bancárias (OB) emitidas nos dias 30 e 31 de dezembro pelos órgãos públicos, para pagamento de despesas, só são sacadas da Conta Única do Tesouro Nacional no primeiro dia útil do ano seguinte. Ou seja, o impacto no caixa do Tesouro não é imediato. Ele ocorre apenas no exercício que vai se iniciar. Essa é, obviamente, uma forma de adiar o pagamento de despesas ou, para também usar um termo do jargão técnico, "pedalar" o gasto para o ano seguinte, o que afeta o superávit primário do governo central.

"Pedalada" de despesas em 2013 subiu R$ 11 bilhões

Essa sistemática não é nova. Ela vem sendo utilizada por vários governos há várias décadas. A novidade é que ela tem aumentado muito nos últimos anos. Em 2010, por exemplo, o governo colocou R$ 16,8 bilhões no "mês 13", equivalente aos pagamentos feitos com ordens bancárias emitidas nos últimos dias daquele ano, de acordo com levantamento do Siafi ao qual o **Valor** teve acesso. Em 2011, esse valor subiu para R$ 19,2 bilhões e para R$ 23,1 bilhões em 2012. Em 2013 atingiu R$ 30,7 bilhões – um aumento de R$ 7,6 bilhões em relação ao ano anterior.

É importante observar que uma parte considerável da emissão dessas ordens bancárias é feita para pagar despesas com pessoal, o que ocorre anualmente. Em 2013, foram R$ 11,9 bilhões, um pouco superior ao de 2012, que ficou em R$ 11,3 bilhões. O pagamento dos servidores públicos não justifica, portanto, a variação no "mês 13" ocorrida de 2012 para 2013.

Também não contribuíram para o aumento da "pedalada" as emissões para pagar investimentos e custeio da máquina pública. Em 2012 foram adiados R$ 9,1 bilhões e, em 2013, R$ 9,4 bilhões. A explicação para o aumento da "pedalada" está relacionada, em primeiro lugar, com o adiamento do pagamento do seguro desemprego. Em 2012, o governo colocou no "mês 13" um total de R$ 809,9 milhões para pagar seguro desemprego. Esse valor subiu para R$ 3,2 bilhões em 2013 – o aumento foi de R$ 2,34 bilhões. Também foram colocados R$ 682,9 milhões da complementação do Fundeb (Fundo de Manutenção e Desenvolvimento da Educação Básica e de Valorização dos Profissionais da Educação) aos Estados e municípios e R$ 818,9 milhões da cota estadual do salário-educação, entre outros.

Se forem retiradas as despesas financeiras pagas por meio de ordens bancárias emitidas nos últimos dias do ano e que não impactam o resultado primário do Tesouro e o pagamento de pessoal, o "mês 13" de 2013 fica em R$ 15,5 bilhões e o de 2012 em R$ 11,2 bilhões. A variação de um ano para outro passa a ser, portanto, de R$ 4,3 bilhões. Este seria o montante a mais das despesas – em relação ao que foi feito de 2012 para 2013 – que foi "pedalado" pelo governo por meio desta sistemática de 2013 para 2014, com pequena variação para mais ou para menos, tendo em vista que o fechamento das contas do exercício de 2013 só ocorrerá no fim deste mês.

A característica fundamental do "mês 13" é que ele não aparece nas estatísticas de restos a pagar. Em outras palavras, são pagamentos de despesas adiados para o ano seguinte mas que não são registrados como restos a pagar processados e nem como não processados. Isso porque, formalmente, já foram pagos com ordens bancárias do último dia. A sistemática está correta contabilmente. Para todos os fins após o pagamento o governo reduziu disponibilidades em contrapartida da diminuição da obrigação que tinha a pagar.

Como o pagamento feito no "mês 13" representa uma forma de "pedalar" a despesa para o ano seguinte, é preciso somar a variação do valor de um ano para o outro com a variação da quantia dos restos a pagar processados. Só assim é possível, explicam os consultores, saber qual foi o aumento da "pedalada" do pagamento das despesas de um ano para o outro.

Os restos a pagar processados são despesas que foram empenhadas (ou seja, autorizadas), executadas e liquidadas (entregues e devidamente comprovadas). Não resta alternativa ao poder público senão pagar. O Ministério da Fazenda informou que os restos a pagar processados de 2013 inscritos em 2014 atingiram R$ 33,6 bilhões contra um total de R$ 26,3 bilhões de 2012 para 2013 – a variação, portanto, foi de R$ 7,3 bilhões. Somando-se a variação do "mês 13" (sem as despesas financeiras e de pessoal) com a variação dos restos a pagar processados chega-se a R$ 11,6 bilhões. Isto é quanto aumentou o que foi "pedalado" de 2013 para 2014.

A maior "pedalada" da contabilidade pública brasileira ocorreu durante o governo do ex-presidente Fernando Collor de Mello, quando foi adiado o pagamento da despesa com a folha de salários dos servidores federais do Poder Executivo de competência de dezembro para janeiro do ano seguinte. O problema da "pedalada" é que sua reversão fica muito difícil. Depende da existência de espaço fiscal e de vontade do governo.

Ribamar Oliveira é repórter especial e escreve às quintas-feiras
E-mail ribamar.oliveira@valor.com.br

A "pedalada" do mês 13

Pagamentos só efetuados em 2014, em R$ bilhões*

	2010	2011	2012	2013
Pagamento pessoal **	10,1	10,7	11,3	11,9
Custeio e investimento ***	5,5	6,9	9,1	9,4
Ações de combate à fome e Bolsa Família	0,3	0,3	0,5	0,7
Seguro-desemprego	0,1	0,0	0,8	3,2
PIS/Pasep ao BNDES ****	0,2	0,0	0,0	2,8
Cota estadual/salário-educação	0,0	0,0	0,0	0,8
Outros	0,6	1,3	1,4	1,9
Total do ano	**16,8**	**19,2**	**23,1**	**30,7**

Fonte: Siafi. *Referem-se a ordens bancárias emitidas pelos órgãos públicos federais nos últimos dias do ano; **Inclui auxílios, pessoal requisitado e requisitado por tempo determinado; ***Inclui investimentos do PAC e créditos extraordinários; ****Recursos oriundos do PIS/Pasep, que devem ser constitucionalmente aplicados pelo FAT no BNDES

Alimentos mantêm pressão sobre preços e analistas projetam alta na prévia do IPCA

Arícia Martins
De São Paulo

Após a surpresa negativa com a inflação de dezembro, economistas avaliam que os preços de transportes, vestuário e habitação terão algum alívio na primeira quinzena de janeiro, o que será insuficiente, no entanto, para compensar a aceleração esperada para a parte de alimentos. A média de 20 instituições financeiras e consultorias ouvidas pelo Valor Data aponta que o Índice Nacional de Preços ao Consumidor Amplo - 15 (IPCA-15) subiu 0,79% no primeiro mês do ano, pouco acima da alta de 0,75% registrada em dezembro.

As estimativas para a prévia da inflação oficial, a ser divulgada hoje pelo IBGE, vão de 0,75% a 0,85%. Pela média das expectativas, o IPCA-15 acumulado em 12 meses começará 2014 perdendo fôlego, ao passar de 5,85% em dezembro para 5,75% neste mês, trajetória que, de acordo com os analistas ouvidos, deve ser revertida ainda no primeiro semestre.

No teto das projeções para o IPCA-15, a equipe econômica do Bradesco aponta que a sazonalidade ruim dos alimentos in natura e pressões na parte de carnes devem levar o grupo alimentação e bebidas a aumentar de 0,59% na medição de dezembro para 1,37% na atual. Nas estimativas do banco, os produtos in natura vão subir de 2,8% para 5% na passagem mensal, enquanto as carnes vão avançar de 0,69% para 3,3% no mesmo período.

Com estimativa de 0,79% para a prévia da inflação da abertura do ano, o economista-chefe do banco ABC Brasil, Luis Otávio de Souza Leal, avalia que os alimentos e bebidas terão alta de 1,1% em janeiro, patamar também superior ao IPCA fechado do mês passado, de 0,89%. Para o economista, as carnes, que aumentaram 2,33% no fechamento de dezembro, vão subir ainda mais na prévia. "As pastagens podem ter piorado além do normal com o calor", diz.

Para os economistas do Bradesco e também para Leal, taxas acima de 1% nos alimentos devem ser observadas somente neste mês. A partir de fevereiro, a expectativa é que a as deflações de preços agrícolas capturadas pelos índices do atacado levem a um cenário mais tranquilo para a alimentação ao consumidor.

Em janeiro, outro vetor de aceleração do IPCA-15 deve partir do grupo despesas pessoais, de acordo com o Bradesco, em função do reajuste de 11% nos preços de uma marca de cigarros e, também, de repasses maiores no setor de serviços. O banco projeta que, devido a esses dois movimentos, a classe de despesas pessoais vai se acelerar de 1,18% na prévia de dezembro para 1,22%.

Mesmo com alimentos e despesas pessoais mais pressionados, Leal afirma que a prévia da inflação pode ficar um pouco abaixo do previsto, devido a possível deflação mais forte das passagens aéreas. No IPCA-15 passado, esses preços saltaram 20,15%, após já terem subido 6,56% em novembro. Para este mês, o economista do ABC espera recuo de 5% para as passagens, o que deve levar o grupo transportes a desacelerar de 1,17% para 1%.

A perda de fôlego nesse segmento da inflação, diz Leal, não será mais expressiva em janeiro, porque o reajuste de 4% da gasolina nas refinarias ainda está surtindo efeito sobre as bombas, assim como a entressafra da cana-de-açúcar, que eleva os preços do etanol. Ele prevê que a gasolina e o álcool combustível vão aumentar 3% e 4,2% no IPCA-15 deste mês, respectivamente. "O impacto da alta da gasolina será bem menor no IPCA fechado de janeiro, mas o IPCA-15 ainda capta reajustes feitos ao longo de dezembro."

A equipe do Bradesco acrescenta que aumentos nas passagens de ônibus intermunicipais em Belo Horizonte, Porto Alegre, e no Rio impedem uma descompressão maior dos transportes, assim como a recomposição das alíquotas do Imposto sobre Produtos Industrializados (IPI) para veículos. Nas contas do banco, o item automóvel novo, que recuou 0,08% no IPCA-15 de dezembro, deve ter variação positiva de 0,9% em janeiro.

Para Leal, a prévia da inflação contará com outras pequenas ajudas neste mês. O grupo vestuário, por exemplo, deve ceder de 0,78% para 0,5%, refletindo as liquidações que costumam ocorrer no início do ano, enquanto a parte de comunicação, que avançou 0,92% no IPCA-15 de dezembro devido a reajustes em telefone fixo e internet, terá variação nula agora.

Ainda entre os preços que podem ter alguma folga, a alta da parte de habitação vai diminuir de 0,59% para 0,45% nas estimativas do ABC, com a saída de impactos de reajustes de taxas de água e esgoto e energia elétrica concedidos no mês passado.

O que os economistas esperam

Estimativas para a alta do IPCA-15 - Em %

Instituição	Janeiro	Acumulado em 12 meses
Barclays	0,78	5,75
BB DTVM	0,79	5,75
Banco ABC Brasil	0,79	5,76
Banco Brasil Plural	0,77	5,73
Banco Fator	0,76	5,72
BES Investimento	0,81	5,77
BI&P	0,79	5,76
Bradesco	0,85	5,82
HSBC	0,77	5,73
INVX Global	0,83	5,80
Itaú Unibanco	0,82	5,79
LCA Consultores	0,76	5,72
MB Associados	0,80	5,76
MCM Consultores	0,78	5,74
Opportunity	0,82	5,79
Quest Investimentos	0,77	5,72
Rosenberg & Associados	0,76	5,72
Santander	0,78	5,75
Tendências Consultoria	0,75	5,71
Votorantim Corretora	0,81	5,80
Média	**0,79**	**5,75**

Fonte: Instituições financeiras e consultorias

Serviços terá pesquisa deflacionada em março

Diogo Martins
Do Rio

A Pesquisa Mensal de Serviços (PMS) será deflacionada com dados do Índice Nacional de Preços ao Consumidor Amplo (IPCA) e a expectativa de técnicos do Instituto Brasileiro de Geografia e Estatística (IBGE) é de que essas informações comecem a ser divulgadas na pesquisa referente a março de 2014. Os planos do IBGE são de utilizar subitens do IPCA para o cálculo da variação da receita real na PMS, cujos resultados divulgados até agora são nominais.

A ideia é que todos os subsetores da PMS que integrem em forma de subitem o IPCA sejam deflacionados diretamente com a variação no índice de preços. Enquadram-se nesse caso subsetores da PMS como serviços pessoais, alimentação fora do domicílio, e transporte aéreo – esse último entra no IPCA como subitem "passagens aéreas".

Para o cálculo de deflação daqueles subsetores da PMS que não são representados em forma de subitem no IPCA, como transporte de carga, o IBGE utilizará o IPCA serviços (geral), afirmou ao **Valor** Roberto Saldanha, técnico da coordenação de serviços e comércio do IBGE.

O critério para deflacionar a PMS será o mesmo divulgado pelo IBGE em nota técnica sobre a revisão das Contas Nacionais no terceiro trimestre de 2013, quando a PMS foi incorporada como fonte de dados para o cálculo do PIB. "Estamos implantando no sistema de informações esses deflatores para a realização de testes e verificar a coerência das informações e se esses deflatores estão adequados para determinada atividade. Vamos rever toda a série histórica da pesquisa [iniciada em janeiro de 2012]. Estamos trabalhando para que a divulgação [dos dados deflacionados] ocorra no primeiro trimestre deste ano. É mais provável que isso ocorra na divulgação da PMS de março", afirma Saldanha.

Segundo o técnico, serão utilizados apenas dados do IBGE para a deflação da PMS. Ou seja, o uso do Índice Geral de Preços – Mercado (IGP-M) para o cálculo da receita real do setor de serviços, da Fundação Getulio Vargas (FGV), ou de qualquer outro indicador de outra instituição, não será aproveitado, como chegou a ser cogitado.

Divulgada ontem, a PMS de novembro mostrou que a receita nominal do setor de serviços cresceu 8,6% em relação a igual mês do ano anterior. A taxa ficou em um patamar abaixo do que foi observado em setembro (9,7%) e outubro (8,8%). Na avaliação do especialista do IBGE, os dados da PMS mostram que o setor de serviços está em desaceleração, movimento que vem sendo causado pela diminuição da demanda empresarial. O mesmo, acrescenta Saldanha, não foi apurado nos serviços voltados para as famílias.

De acordo com a PMS, os serviços prestados às famílias cresceram 10,5% em novembro ante igual mês de 2012, sendo o melhor desempenho entre as cinco atividades que compõem serviços. "Enquanto a renda do trabalhador se mantiver em crescimento, a tendência de alta do consumo das famílias vai se manter, logicamente, com algumas oscilações ao longo dos meses", diz Saldanha.

A atividade de transportes, serviços auxiliares dos transportes e correio, no mesmo período, cresceu 10,2%, seguida por outros serviços, com alta de 9,9%. Já a receita de serviços profissionais, administrativos e complementares avançaram 7,8% em novembro ante igual mês de 2012, enquanto a de serviços de informação e comunicação subiram 7%, no mesmo período.

"A demanda empresarial está menor. Se uma empresa verifica redução na atividade, ela também reduz demanda por serviços", afirma Saldanha.

Índice de empresas citadas em textos nesta edição

O termo "pedalada fiscal" é apresentado, pela primeira vez, ao grande público.

Brasil

A questão é saber se houve crime fiscal

Ribamar Oliveira

Agora é oficial. A Caixa Econômica Federal vem utilizando recursos próprios para pagar o seguro-desemprego, o abono salarial e os benefícios do Bolsa Família, entre outros, pois o Tesouro Nacional não repassa o dinheiro em quantidade suficiente e de forma tempestiva. A Caixa fez isso, em vários meses de 2012, 2013 e 2014, ou seja, durante boa parte do governo da presidente Dilma Rousseff. Mas nos últimos meses o volume de recursos utilizados atingiu montante bilionário.

Neste momento, a grande discussão que existe dentro do governo, entre os procuradores da República, os técnicos do Tribunal de Contas da União (TCU), os economistas do mercado e da academia é se essas operações podem ser caracterizadas como empréstimos da Caixa ao Tesouro Nacional. A resposta a essa questão tem numerosas implicações, inclusive de natureza penal. A artigo 36 da Lei Complementar 101/2000, mais conhecida como Lei de Responsabilidade Fiscal, proíbe expressamente que um banco estatal faça empréstimo para o seu controlador. A mesma proibição consta da lei do colarinho branco (Lei 7.492/1986). A Lei 10.028/2000 define as punições para crimes contra as finanças públicas.

Se as operações feitas pela Caixa forem caracterizadas como operações de crédito, teria ocorrido, em tese, um crime fiscal e do colarinho branco. Se, ao contrário, elas não forem consideradas como empréstimo, a Caixa poderá continuar a pagar os benefícios dos programas sociais, mesmo

Caixa pode ter feito operação de crédito ao Tesouro Nacional

que em montantes elevados, dando assim uma folga ao Tesouro. O problema é que essa interpretação favorável abrirá um precedente extremamente perigoso, pois os governos estaduais e as prefeituras vão querer utilizar o mesmo expediente para pagar os seus benefícios sociais.

A "batata quente", como se dizia antigamente, está nas mãos da Advocacia-Geral da União (AGU), a quem foi solicitada uma solução para a controvérsia. No ofício nº 18/2014, encaminhado à Câmara de Conciliação e Arbitragem da Administração Federal da AGU, o diretor jurídico da Caixa, Jailton Zanon da Silveira, solicita que sejam regularizados os repasses do Ministério do Desenvolvimento Social e Combate à Fome "necessários e suficientes" ao pagamento do benefício do Bolsa Família, bem como "o devido ressarcimento dos custos já suportados diretamente pela Caixa".

O **Valor** teve acesso ao ofício que requer ainda "seja examinada a cláusula contratual relativa à faculdade da Caixa de realizar os pagamentos dos benefícios sociais com recursos próprios, de modo a que, nos termos da Lei 73/93, seja a sua interpretação fixada e unificada no âmbito da administração pública federal".

O texto lembra que a AGU possui a atribuição de fixar a interpretação do ordenamento jurídico no âmbito da administração federal, além de dirimir controvérsias. Toda a argumentação utilizada no ofício indica que a área jurídica da Caixa busca uma sustentação da AGU para a interpretação que adotou de que o uso de recursos próprios para pagar benefícios sociais não fere a legislação.

O parecer jurídico 0093/2014) que acompanha o ofício conclui que o uso de recursos próprios pela Caixa para pagar os benefícios tem amparo contratual, legal e constitucional. O contrato que a Caixa assinou com o Ministério do Desenvolvimento Social diz que na eventual insuficiência de recursos para o pagamento de benefícios das ações de transferência de renda, se a contratada assegurar por seus meios o pagamento dos benefícios, fica assegurada à contratada remuneração diária sobre o saldo negativo registrado na conta de suprimento com base na taxa extramercado do Banco Central (Dedip).

Essa é a base contratual para a conduta da Caixa, de acordo com o ofício, que lembra ainda que o banco estatal não é obrigado a disponibilizar os recursos. A Caixa decidiu usar os recursos próprios, porque a não interrupção dos pagamentos dos benefícios "está em conformidade com os fundamentos e objetivos da República, em especial com aqueles relacionados à cidadania, à dignidade da pessoa humana e à erradicação da pobreza".

Além disso, como os pagamentos realizados pela Caixa com recursos próprios são "imediatamente compensados nos meses subsequentes", o parecer conclui que "tais pagamentos não se revelam como operação de crédito à União, mas sim como simples fluxo de caixa, em exercício regular de um direito da Caixa".

O problema é que os dados apresentados pelo parecer aparentemente contradizem essa interpretação, pois mostram o aumento continuado dos saldos negativos na conta de suprimento, tendo chegado ao valor de R$ 658,5 milhões no dia 25 de junho deste ano. Ou seja, não se trataria de eventuais fluxos negativos, imprevistos, que realmente podem acontecer nesses casos, em pequeno valor.

Por entender que "a suspensão dos pagamentos dos benefícios tem como consequência certa a ocorrência de séria perturbação nacional, com graves reflexos para a população beneficiária, para a normalidade institucional da nação e para a imagem da própria Caixa", o parecer diz que o banco estatal continuará usando recursos próprios para pagar os benefícios "enquanto a frequência de atrasos nos repasses for suportável".

O economista José Roberto Afonso ajudou a elaborar o projeto da Lei de Responsabilidade Fiscal. Ele lembrou, em conversa com o **Valor**, que o artigo 36 foi colocado na lei para evitar que os governadores continuassem sacando a descoberto em seus bancos estaduais, que estavam, quase todos, em situação falimentar. "Na época, não passava pela cabeça de ninguém que esse tipo de prática pudesse acontecer entre o Tesouro e os bancos federais", afirmou. Afonso acha necessário que pairem dúvidas jurídicas sobre os pagamentos de benefícios sociais feitos pela Caixa. Para ele, do ponto de vista econômico, houve uma operação de antecipação de receita (ARO) para o Tesouro.

O economista Mansueto Almeida acha que a frequência com que está ocorrendo o pagamento de benefícios sociais pela Caixa com recursos próprios caracteriza um "atraso programado" nos repasses do Tesouro ao banco estatal. Ele chama a atenção para o saldo a descoberto da Caixa e afirma que o governo não pode alegar insuficiência de recurso diante da montanha de dinheiro da conta única do Tesouro no BC.

Ribamar Oliveira é repórter especial e escreve às quintas-feiras
E-mail ribamar.oliveira@valor.com.br

Multas aplicadas pela fiscalização da ANP a partir de 2011 superam R$ 793 milhões

Cláudia Schüffner
Do Rio

A fiscalização da Agência Nacional do Petróleo, Gás Natural e Biocombustíveis (ANP) sobre a atividades de exploração e produção de petróleo e gás no Brasil aumentou, e com ela o número e valor das multas aplicadas. Entre 2011 e 2013 foram aplicadas 244 multas, que somaram R$ 793,187 milhões. Esse valor se refere a 169 autuações (68% das penalidades), e não inclui outros 75 infrações que estão sob análise da agência reguladora e que por isso ainda não têm valor definido.

O levantamento feito pelo escritório Mattos Filho, baseado em dados públicos, mostra que das 169 penalidades com valor definido, 112 foram pagas sem questionamento pelas empresas, que aproveitaram o desconto de 30% garantido pela Lei 9.847/99, que garante o benefício para quem não recorrer.

Outras 14 foram revertidas pelo regulador em primeira ou segunda instância, 8 estão aguardando decisão e 19 delas (cerca de 11% do total) estão sendo contestadas judicialmente. Outras 16 foram registradas na dívida ativa da União.

O advogado Giovani Loss, sócio responsável pela área de petróleo e gás do Mattos Filho, explica que o levantamento teve o objetivo de identificar tendências da fiscalização, já que isso pode incentivar os clientes a aumentarem a precaução e a definirem as melhores estratégias de defesa. Sobre o aumento das punições, Loss atribui à maior sofisticação da agência. "Em parte a ANP se tornou mais sofisticada e melhorou seus instrumentos. Por outro lado, existem mais ativos em produção, o que aumenta a probabilidade de multas."

Maior empresa em atividade no Brasil e com a maior produção, a Petrobras foi a que recebeu as maiores autuações. A empresa foi multada por 88 infrações que somavam R$ 692,36 milhões entre 2011 e 2013. As multas se referem a áreas onde a estatal é operadora, o que significa que ela não terá que desembolsar os valores sozinha, dividindo com sócios.

A estatal também recebeu a multa de maior valor, aplicada pela superintendência de participações governamentais, de R$ 368,6 milhões. Mas não houve pagamento, já que a estatal recorreu à Justiça. A multa mais elevada, e já paga, coube à britânica BP, no valor de R$ 350 milhões.

No último formulário de informações trimestrais enviado à Comissão de Valores Mobiliários (CVM), a Petrobras informa a existência de processos administrativos e judiciais com a ANP a respeito de diferenças relacionadas ao pagamento de royalties e participação especial (PE) de vários campos, e também sobre a existência de multas aplicadas pela agência que somavam R$ 3,741 bilhões até 30 de junho de 2014. O número inclui autuações anteriores a 2011, e por isso não estão no levantamento.

As demais concessionárias receberam 68 multas no período de 2011 a 2013, no valor de R$ 100,8 milhões. Loss destaca que além de em maior número, o valor das penalidades aumentou de um ano para outro no período avaliado. As 74 multas aplicadas pela ANP em 2011 totalizaram R$ 155 milhões, e esse valor quase dobrou no ano seguinte, quando foram aplicadas 80 multas que somavam R$ 254 milhões. Em 2013 outro salto. Foram aplicadas 90 multas no valor de R$ 384,124 milhões.

Depois da Petrobras, o maior número de autuações foi para a Chevron pelo vazamento no campo de Frade (nove, que somaram R$ 50 milhões), seguida pela Shell e Ral (oito), OGX (sete) e Petrosynergy (cinco) enquanto a angolana Sonangol recebeu quatro multas, mesmo número da Aurizônia. Em valores, o segundo lugar depois da Chevron entre as maiores multas aplicadas ficou com a indiana ONGC, que recebeu autuações de R$ 29 milhões. O terceiro lugar é da OGX, com R$ 7,137 milhões. A ANP também teve sucesso quando o tema foi parar na Justiça, já que dos 25 questionamentos judiciais, apenas quatro foram decididas em favor das concessionárias na primeira instância. Nas sete decisões na segunda instância, três foram favoráveis a elas.

O advogado chama a atenção para as superintendências onde as autuações foram geradas. As maiores multas, totalizando R$ 544,8 milhões, foram aplicadas pela superintendência de controle das participações governamentais. Já maior número de autuações (83) vieram da superintendência responsável pelas áreas de segurança operacional e meio ambiente.

Isso tende a mudar, segundo Loss, com o avanço da fiscalização da agência sobre o cumprimento dos percentuais de conteúdo local à medida que avançaram os investimentos nos blocos adquiridos a partir da sétima rodada de licitações, de 2005.

Naquela licitação houve mudança na forma de medição dos bens e serviços fabricados no Brasil. Até 2013, a superintendência responsável pela fiscalização do conteúdo local avaliava os percentuais praticados na fase exploratória da sexta rodada, de 2004.

Conflito na USP

Funcionários da Universidade de São Paulo (USP), em greve há mais de 80 dias, entraram em confronto ontem de manhã com a tropa de choque da Polícia Militar, logo depois que três entradas da Cidade Universitária, na zona oeste da capital paulista, foram bloqueadas pelos manifestantes. Os policiais usaram bombas de gás e tiros de borracha para dispersar os grevistas e remover barricadas. De acordo com a PM, a ação não deixou vítimas e ninguém foi preso. Segundo os sindicalistas, ao menos oito manifestantes ficaram feridos. A categoria reivindica aumento salarial de 9,78%, o fim da suspensão do corte na verba destinada ao ensino e à pesquisa e a contratação de professores e funcionários. Os protestos também atingiram o campus da USP em Ribeirão Preto.

Curta

Fiesp corta PIB

Indústria em recessão a partir do segundo trimestre e atividade bem mais fraca do que o estimado no começo do ano. Esse foi é o cenário da Federação das Indústrias do Estado de São Paulo (Fiesp) após revisão das projeções econômicas para este ano. Em março, a Fiesp previa no ano crescimento de 1,4% do Produto Interno Bruto (PIB) e recuo de 0,8% da indústria da transformação. Agora, as estimativas apontam para alta de 0,7% do PIB, e queda mais acentuada da indústria da transformação, de 3,1%. Ao longo do primeiro semestre, houve um recuo das exportações acima do estimado, maior dificuldade no comércio com os argentinos em função da piora da economia vizinha, e aumento da taxa básica de juros brasileira. Esses três fatores derrubaram a produção de toda a indústria, que deve ficar negativa em 1,6% neste ano.

Início em setembro
MBA Executivo em Crédito
Saint Paul | Moody's Analytics
Para profissionais de mercado financeiro e crédito que buscam, no Brasil, um curso com qualidade internacional
www.saintpaul.com.br/mba

Índice de empresas citadas em textos nesta edição

NOTÍCIAS EXCLUSIVAS, FUROS E BASTIDORES DO MERCADO EM PRIMEIRA MÃO
Acesse www.valorpro.com.br
Valor PRO

O texto que foi reproduzido na denúncia do procurador sobre as "pedaladas".

Lula e o petróleo antes do petrolão.

Lula na Bolsa: ação em alta no coração do capitalismo.

No dia do Exército, Dilma entrega medalha a Eduardo Cunha e o cumprimenta.

No embate direto com Lula, Dilma sai candidata em 2014.

Dilma confundia equipe com decisões imperativas e nem sempre claras.

Lula assina o termo de posse na frustrada tentativa de ser ministro de Dilma.

A avenida Paulista nas cores do contra e a favor do impeachment.

As desonerações tributárias e, entre elas, a da folha de pagamento das empresas, tiveram papel central no plano. Os empresários exerciam forte pressão para que o governo reduzisse o custo dos tributos, uma das formas, no entendimento deles, de competirem com produtos estrangeiros, principalmente chineses. A proposta de desoneração da folha não se destinava mais, como no passado, a estimular a formalização da mão de obra no Brasil. O objetivo passou a ser melhorar a competitividade de setores da indústria estabelecida aqui, embora na propaganda oficial a criação de empregos formais no país ainda fosse utilizada como argumento a favor da medida. A estratégia de desonerações tributárias para beneficiar a indústria nacional teve no então secretário executivo do Ministério da Fazenda, Nelson Barbosa, seu principal defensor e articulador.

A desoneração da folha começou de forma bastante cautelosa. Pela MP 540, ela iria beneficiar apenas quatro setores da indústria: moveleiro, calçadista, de artefatos de couro e de confecções. Quando a medida provisória foi transformada em lei, o setor moveleiro foi retirado da lista. Em seu nascedouro, a proposta seria neutra do ponto de vista da carga tributária. A contribuição da empresa ao INSS seria substituída por uma alíquota incidente sobre o faturamento, que compensasse integralmente a arrecadação original. Em outras palavras, as empresas pagariam a mesma coisa e ganhariam apenas as firmas exportadoras, que deixariam de arcar com o custo previdenciário.

Para estimular a contratação de trabalhadores com carteira assinada, a alíquota neutra estava correta, pois permitia a redução do custo de formalização do emprego, beneficiando principalmente as empresas que mais empregavam trabalhadores. As exportadoras, por sua vez, seriam integralmente desoneradas e não teriam mais que arcar com o custo previdenciário de seus empregados.

Nesse momento da discussão, o governo enfrentou um problema técnico. Uma alíquota neutra que valesse para todas as empresas implicava perdedores e ganhadores, pois ela seria a alíquota média e cada setor tinha uma alíquota neutra específica. Estudo da Receita Federal estimou que a alíquota de equilíbrio calculada por setor era de 2,2% sobre o faturamento para a fabricação de produtos têxteis; 2,34% para a confecção de artigos de vestuário e acessórios; 3,46% para a preparação de couros e fabricação de artefatos de couro; e 2,16% para a fabricação de móveis. A alíquota média ponderada calculada foi de 2,45% sobre o faturamento.

A Receita, no entanto, advertia que 30,29% das empresas analisadas dos quatro setores beneficiados pela MP 540, por terem sua alíquota de equilíbrio ou neutra abaixo de 1,5%, estavam sendo oneradas com a medida adotada. A medida provisória previa alíquota da nova contribuição de 1,5% sobre o faturamento para os quatro setores beneficiados e de 2,5% para os serviços de tecnologia da informação e tecnologia da informação e comunicação. As empresas afetadas com a mudança queixaram-se das alíquotas da nova contribuição previdenciária e muitas não quiseram adotar a sistemática.

Como a intenção era reduzir os custos das empresas brasileiras a fim de torná-las mais competitivas, o governo, então, começou a discutir que alíquotas adotar. Alguns técnicos da Receita Federal passaram a defender outra proposta, idêntica àquela formulada na reforma tributária de 2008. Para eles, a redução da alíquota da contribuição patronal ao INSS de 20% para 14% causaria perda na arrecadação no mesmo montante, sem que algumas empresas fossem beneficiadas em detrimento de outras.

Nesse momento, a discussão tornou-se tão acirrada que alguns setores do governo acusaram a Receita Federal de dificultar o acesso aos dados sobre o faturamento das empresas que serviam de base para o cálculo da alíquota neutra, por ser contrária à medida. A alternativa de simplesmente reduzir a alíquota da contribuição patronal ao INSS foi rejeitada pelo ministro Mantega e por Nelson Barbosa, pois desconsiderava um elemento essencial da mudança. Não haveria apenas a redução da carga tributária das empresas, com a substituição da contribuição patronal ao INSS por uma contribuição sobre o faturamento com uma alíquota inferior à neutra. Os produtos importados que lhes faziam concorrência sofreriam incidência da mesma contribuição sobre o faturamento. O impacto da mudança seria, portanto, duplo.

As alíquotas escolhidas foram de 1% e de 2% sobre o faturamento, que eram aplicadas depois de um estudo sobre qual seria a tributação neutra de cada setor. A desoneração da folha, com a adoção de alíquotas que reduziam efetivamente a carga tributária das empresas beneficiadas, implicava pesado custo para o Tesouro, que ficou responsável por compensar a Previdência Social pela perda de receita.

No início, a desoneração da folha focou as indústrias que sofriam forte competição de produtos estrangeiros, exacerbada por uma valorização excessiva do real. O objetivo do governo era repetir a experiência de alguns países europeus, que tinham usado a desoneração da folha como uma espécie de "desvalorização fiscal" para tornar seus produtos mais competitivos. A "desvalorização" ocorreria porque, ao substituir a contribuição patronal ao INSS por um tributo sobre o faturamento, os setores exportadores ficariam livres do novo imposto que incidiria somente sobre os bens consumidos internamente, inclusive os importados. A diferença é que na Europa adotou-se a alíquota neutra. No Brasil, a decisão foi reduzir o custo previdenciário de alguns setores.

O foco na indústria que sofria com a competição estrangeira e nas empresas exportadoras, no entanto, durou pouco. Guido Mantega e o secretário de Política Econômica do Ministério da Fazenda, Márcio Holland, começaram a receber pedidos de empresários dos mais variados setores da economia para serem incluídos no benefício. A razão era simples. Os setores beneficiados com a medida passavam a pagar sobre o faturamento, em média, cerca de metade do que contribuíam anteriormente sobre a folha de pagamento, como estimou nota técnica elaborada pelo Ministério da Fazenda.[1] As empresas exportadoras não pagavam nada.

Em março de 2012, Paulo Francini, diretor do Departamento de Pesquisas e Estudos Econômicos da Fiesp, defendeu a ideia de que a indústria de transformação fosse toda ela beneficiada pela desoneração da folha, e não apenas setores específicos. A perda de receita seria compensada, segundo a proposta, pelo aumento da tributação dos demais setores da economia. "Não temos vergonha nenhuma de nossa proposta", disse Francini.[2]

Às sextas-feiras, Mantega normalmente despachava em São Paulo, onde seus familiares residiam. No mesmo dia da semana, Holland também ficava na capital paulista, pois lecionava na FGV. Nesse dia da semana, os dois passaram a fazer reuniões frequentes com representantes de entidades empresariais, entre elas o Sindicato da Indústria da Construção Civil e o Instituto para Desenvolvimento do Varejo. Mantega e Holland estavam convencidos da necessidade de ampliar a desoneração da folha, porém não havia consenso na equipe econômica. Nelson Barbosa achava que o benefício deveria ficar restrito aos setores mais atingidos pela concorrência internacional, ou seja, apenas aos que comercializavam com o exterior (*tradables*). Para ele, não fazia sentido estender o benefício para os não comercializáveis (*non tradables*), que não sofriam concorrência externa. "Ninguém vai importar casa se o preço aqui dentro estiver alto", argumentou em uma dessas discussões.

A palavra final coube a Dilma Rousseff. Em reunião da presidente com a equipe econômica no Palácio do Planalto no início de 2012, Nelson Barbosa voltou a defender a desoneração da folha apenas para setores industriais que estavam sendo penalizados pelos produtos importados. "Nelson, quantos empregos uma *trading* gera?", perguntou Dilma, segundo relato de um dos participantes desse encontro. *Tradings companies* são empresas que atuam como intermediárias entre os fabricantes de determinado produto e seus compradores, tanto nas exportações como nas importações. "Eu quero é emprego", afirmou ela em tom veemente. Todos entenderam o recado.

Em março de 2012, Mantega informou que as desonerações da folha realizadas no ano anterior tinham sido apenas "um aperitivo, um ensaio". Segundo ele, o governo iria ampliar a lista de setores beneficiados pela medida. Mantega explicitou o entendimento que o governo passou a ter sobre a questão. "No mundo, estão reduzindo o custo do trabalho. Estamos aqui em outro momento, não podemos falar em baixar salário. Não é nosso caminho. Nosso caminho é reduzir custo, não salários", disse.[3]

Dilma recorreu ao mesmo argumento para justificar a ampliação do benefício da desoneração da folha. "Porque nós precisamos, sem demitir ninguém, ter o custo da mão de obra mais barato, e a forma de reduzir o preço da mão de obra é reduzir a folha de pagamento das empresas. Nós hoje somos um país que tem um dos menores índices de desemprego no mundo, 5,7%. Esse menor nível de desemprego permite também que nós tenhamos um mercado pujante, uma demanda imensa sobre o setor de serviços, e permite também que nós tenhamos junto o controle da inflação", disse.[4]

Em abril de 2012, o governo editou a MP 563, que desonerou a folha de pagamento de vários setores: têxtil, móveis, plásticos, material elétrico, autopeças, ônibus, naval, aéreo, bens de capital mecânico, hotéis e circuitos integrados. "Até hoje ninguém sabe como o setor de hotéis foi parar na lista", lembrou um assessor da área econômica que acompanhou todo o processo. "Qual o sentido que isso fazia?", questionou. A romaria de empresários ao Ministério da Fazenda para pedir a inclusão de seu setor na lista dos beneficiados com a medida continuou nos meses seguintes. Não havia critérios para a decisão. "Quem pedia levava", disse ele.

Em setembro de 2012, Dilma editou a MP 582, que autorizava a desoneração da folha de pagamento a mais quinze setores. Dessa vez, os beneficiados foram aves e suínos, construção metálica, equipamentos ferroviários, ferramentas, forjados de aço, parafusos, porcas e trefilados, instrumentos óticos, pescados, equipamentos médicos e odontológicos, bicicletas, pneus e câmaras e ar, papel e celulose, vidros, fogões e refrigeradores, cerâmicas, tintas e vernizes.

Na MP 601, editada em dezembro do mesmo ano, os setores beneficiados foram construção civil, comércio varejista, manutenção e reparação de embarcações, construção de obras de infraestrutura, transporte ferroviário de passageiros, entre outros. A MP perdeu validade, mas seu conteúdo foi aproveitado na lei nº 12 844/2013. Para atender a alguns setores, o governo precisou contornar vários problemas.

Algumas empresas de construção civil, por exemplo, já tinham concluído suas obras quando a MP foi editada, portanto não iam ter mais despesas com mão de obra. Mesmo assim, pelos critérios da medida provisória, elas iriam pagar uma contribuição à Previdência

Social sobre seu faturamento. A regra teve que ser modificada para resolver o problema. Outra questão enfrentada foi que parte significativa da receita de grandes lojas de departamentos vinha da venda pela internet, modalidade que praticamente dispensa o uso de mão de obra. Mesmo assim, pela medida provisória, essas empresas deveriam pagar uma contribuição à Previdência sobre o que faturavam.

O senador Armando Monteiro (PTB-PE), ex-presidente da CNI, apontou o absurdo de estender o benefício ao setor varejista. Para ele, o setor já estava sendo beneficiado com os produtos baratos que importava, por causa do real apreciado. "O varejo passou a ganhar duplamente, com o câmbio e com a desoneração da folha de pagamento", reclamou. "Isso não faz sentido!" Em dezembro de 2015, Monteiro seria nomeado ministro do Desenvolvimento por Dilma Rousseff.

Com a MP 612, editada em abril de 2013, Dilma autorizou a desoneração da folha de empresas de jornalismo e radiodifusão, prestação de serviços aeroportuários, de transporte aéreo de passageiros, transporte metroviário, transporte de cargas por navegação de travessia, marítimo e rodoviário, de engenharia e arquitetura, de defesa, de construção de rodovias e ferrovias, de obras de artes especiais, de obras de urbanização, demolição e preparação do terreno, entre outras.

Depois da quinta medida provisória tratando do assunto, mais de 80 mil empresas tinham sido beneficiadas. Três meses antes do primeiro turno das eleições de 2014, Dilma assinou a MP 651, tornando permanente a desoneração da folha de todos os 56 setores beneficiados. Antes o benefício estava previsto para durar até 31 de dezembro daquele ano. As avaliações feitas mais tarde na gestão do ministro da Fazenda Joaquim Levy mostrariam que o custo fiscal para o Tesouro Nacional de cada emprego criado ou preservado com base na desoneração da folha de pagamento havia oscilado entre 58 mil e 67 mil reais por ano, isto é 300% a mais do que o salário relativo a esses empregos, de acordo com nota técnica do Ministério da Fazenda.[5] Esses valores corresponderiam a uma despesa mensal entre 4,8 mil e 5,6 mil reais.

A título de comparação, o salário mensal médio de admissão no Cadastro Geral de Empregados e Desempregados (Caged) do Ministério do Trabalho e Previdência Social estaria, no segundo semestre de 2016, em torno de 1,7 mil reais. "Teria sido melhor ter pego esse dinheiro, colocado em um helicóptero e jogado sobre a favela da Rocinha", observou um graduado funcionário do governo que acompanhou todo o processo.

O custo para os cofres públicos da desoneração da folha de pagamento dos 56 setores contemplados pela medida foi estimado pelo Tesouro Nacional em 25 bilhões de reais somente em 2015. Entre 2012 e 2015, a medida provocou uma redução de 54,3 bilhões de reais na arrecadação da Previdência Social. Esse prejuízo, porém, foi apenas uma fração da perda total de receita decorrente das desonerações tributárias realizadas pelo governo Dilma como parte da estratégia adotada a partir do segundo semestre de 2011 de fazer o país crescer a qualquer custo.

Ainda em meados de 2011, os principais assessores econômicos da presidente mostravam-se pessimistas com os desdobramentos da crise financeira que engolfava a economia mundial desde 2008. A avaliação feita na época foi que a situação dos países europeus iria piorar, enquanto a recuperação da economia norte-americana ocorreria em ritmo mais lento do que o imaginado anteriormente. Também já havia sinais de desaquecimento da atividade chinesa.

O cenário montado por esses assessores foi de uma economia mundial muito fraca, com os países lutando pela conquista de mercados para seus produtos. Mantega chegou a cunhar a expressão "guerra cambial" para definir a disputa que se travava pelas principais nações desenvolvidas. "Os países avançados têm praticado política cambial que manipula o dólar para aumentar a competitividade na chamada guerra cambial. Os Estados Unidos, com sua política monetária expansionista, estão baixando o valor do dólar", declarou o ministro na época.[6]

A reação brasileira para enfrentar a situação e tornar as empresas locais mais competitivas envolveu, no primeiro momento, a redução de custos tributários e o início da redução da Selic, a taxa básica de juros da economia. Em seguida, o governo agiu para garantir uma desvalorização do real e ampliou significativamente o crédito subsidiado concedido a empresas dos mais variados setores por meio do BNDES.

Ao lançar o Plano Brasil Maior, em agosto de 2011, Dilma afirmou que "desonerar os custos de quem agrega valor e cria empregos é um imperativo estratégico". O plano deu início à série de desonerações tributárias que resultariam em perdas de receitas de mais de 320 bilhões de reais até o fim de 2015, de acordo com dados da Receita Federal. A presidente disse que o momento exigia "coragem e ousadia" e que era "preciso proteger a nossa economia, as nossas forças produtivas, o nosso mercado consumidor, o nosso emprego".

A estratégia que seria seguida pelo governo nos anos seguintes foi claramente definida por Dilma em seu discurso aos empresários que lotavam o segundo andar do Palácio do Planalto, onde foi realizada a solenidade de lançamento do Brasil Maior: "Hoje, mais do que nunca, é imperativo defender a indústria brasileira e nossos empregos da concorrência desleal, da guerra cambial, que reduz nossas exportações e, mais grave ainda, tenta reduzir o nosso mercado interno, que construímos com grande esforço e com muita dedicação. É urgente garantirmos condições tributárias e de financiamento adequadas ao estímulo dos investimentos produtivos e o estímulo à geração de emprego".[7]

Somente com a MP 540, que criou o Plano Brasil Maior, o governo adotou sete medidas de desonerações tributárias, entre elas o Regime Especial de Reintegração de Valores Tributários para Empresas Exportadoras, programa que devolvia às empresas o equivalente a até 3% da receita de suas exportações, a título de ressarcimento ou compensação. A redução do prazo de apropriação dos créditos sobre aquisição de bens de capital foi outra medida adotada. A ideia era retirar todos os tributos que incidiam sobre os investimentos. A desoneração da folha de pagamentos também fazia parte do programa. Outras 21 medidas de redução de tributos seriam lançadas até o fim daquele ano.

A perda de arrecadação com as desonerações instituídas em 2011 foi estimada pela Receita Federal em apenas 2,9 bilhões de reais.

Para 2012, o impacto das medidas adotadas em 2011 era de 29,4 bilhões de reais. Os efeitos negativos das medidas sobre a arrecadação continuariam, no entanto, repercutindo nos anos seguintes por causa de seus prazos de vigência.

Mesmo assim, o governo continuou adotando novas medidas de desoneração nos anos seguintes, em ritmo acelerado. Em 2012, foram mais 92,[8] sendo as mais significativas a redução a zero da alíquota da Cide-Combustíveis, a redução do IOF sobre as operações de crédito e a prorrogação da alíquota reduzida do IPI para automóveis, geladeira, fogão, máquina de lavar, móveis, laminados, painéis de madeira e papel de parede, entre outros produtos. A Receita Federal estimou que a perda da arrecadação com as desonerações atingiu 46,4 bilhões de reais em 2012, incluindo nesse valor os efeitos das medidas adotadas em anos anteriores.[9]

Embora o ritmo tenha diminuído um pouco em 2013, ainda assim sessenta novas desonerações foram instituídas. A mais importante foi a isenção dos produtos da cesta básica do pagamento do PIS/Cofins e do IPI. Essa era uma das principais reivindicações dos partidos de esquerda na área fiscal, e Dilma se antecipou a um projeto de lei que tramitava na Câmara com o mesmo conteúdo, de autoria dos partidos de oposição. A perda de receita em 2013 foi estimada pelo governo em 78,6 bilhões de reais, incluindo as medidas adotadas em anos anteriores.

Em 2014 foram mais 51 novas desonerações. Nesse ano, a perda estimada na arrecadação, pelo mesmo critério, foi de 99,4 bilhões de reais. Em 2015, com Joaquim Levy como ministro da Fazenda e a mudança na estratégia econômica do governo, apenas quinze novas desonerações foram instituídas. O governo começou a reverter várias que tinham sido concedidas em passado recente, como foi o caso da desoneração da folha de pagamento. Mesmo assim, a Receita Federal estimou que a perda de arrecadação com as desonerações chegou a 103,3 bilhões de reais, um recorde, contando as de anos anteriores.

As desonerações sucessivas, concedidas em ritmo frenético, cobraram um alto preço. A receita, que havia aumentado por anos a fio, começou a fraquejar. Em 2011, a receita de tributos federais tinha crescido mais de 10% em termos reais, na comparação com o ano anterior. Em 2012, o aumento real foi de apenas 0,7%. Melhorou no ano seguinte, mas despencou em 2014, quando apresentou uma queda real de 1,79%. Em 2015, o efeito negativo das desonerações somou-se ao da recessão econômica. O resultado foi desastroso: queda real de 5,6% nas receitas da União.[10]

Mesmo com a diminuição da arrecadação, o governo manteve os gastos crescendo em ritmo acima da expansão da economia durante todo o primeiro mandato da presidente Dilma Rousseff, o que levou a uma queda continuada do superávit primário da União. Em 2011, a economia feita pelo governo federal para pagar parte dos juros da dívida pública foi equivalente a 2,14% do PIB. Caiu para 1,77% do PIB em 2012, para 1,41% do PIB em 2013 e, em 2014, o governo federal registrou o primeiro déficit primário desde 1997, de 0,4% do PIB. Em 2015, o déficit foi de 2,01% do PIB.[11] A deterioração das contas públicas piorou as expectativas dos investidores sobre o futuro da economia brasileira e ajudou a explicar a recessão em que o país mergulhou.

Em dezembro de 2015, o então ministro-chefe da Casa Civil, Jaques Wagner, fez uma avaliação realista sobre o que tinha acontecido. Segundo ele, a diminuição na arrecadação de impostos foi resultado da retração econômica e de erros cometidos em anos anteriores. "Nós perdemos receitas, além de erros que foram cometidos em 2013, 2014, como desoneração exagerada, programas de financiamento que foram feitos num volume muito maior do que a gente aguentava e que, portanto, quando a gente abriu a porta de 2015, você estava com uma situação fiscal... Por isso que o ano [2015] foi tão duro", disse.[12]

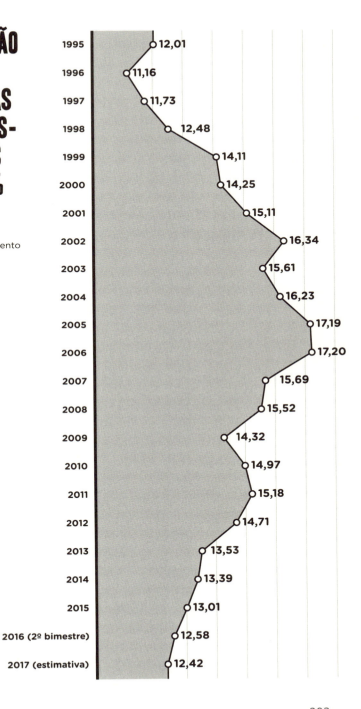

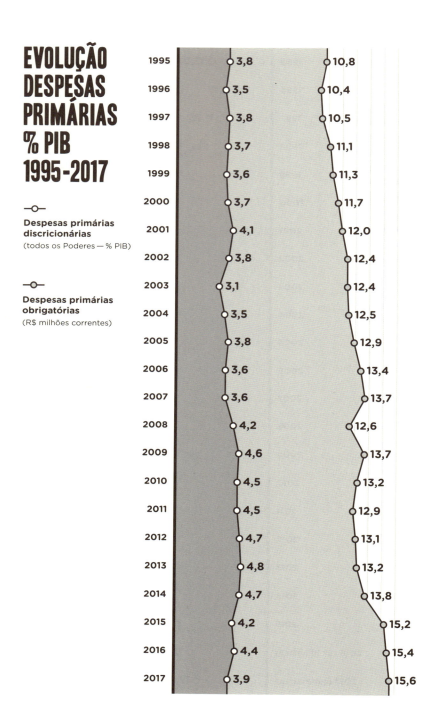

CAPÍTULO 15

Muito além das pedaladas

Foi o ex-ministro da Fazenda Rui Barbosa quem convenceu o marechal Manoel Deodoro da Fonseca, chefe do Governo Provisório da República, a criar o Tribunal de Contas da União. Isso foi feito em 7 de novembro de 1890, por meio do decreto nº 966-A. Reza a lenda que Deodoro editou o ato bastante contrariado, pois achava que a nova entidade só serviria para criar problemas a si próprio e aos futuros presidentes do país.

Nada mais premonitório. Logo após sua instalação, em 1893, o Tribunal de Contas considerou ilegal a nomeação para a administração federal de um parente de Deodoro da Fonseca, assinada pelo presidente Floriano Peixoto. A decisão do Tribunal irritou o presidente, que baixou decretos retirando do TCU a competência para impugnar despesas consideradas ilegais. O então ministro da Fazenda, Serzedelo Correia, não aceitou a determinação de Floriano e demitiu-se do cargo.[1]

Só em 1937, mais de quarenta anos depois de sua criação, o TCU viria a rejeitar pela primeira vez as contas de um presidente da República — as de Getúlio Vargas, relativas ao ano de 1936. O ministro Francisco Thompson Flores, relator do processo, acusou a Contadoria Central da República, responsável pelas contas federais no Ministério da Fazenda, de ter desrespeitado a lei orçamentária ao fazer pagamentos de despesas sem aprovação prévia. Mas a Câmara dos Deputados não acatou o parecer do Tribunal e aprovou as contas de Getúlio. Em novembro de 1937, o presidente implantou o Estado Novo e, oito anos depois, editou decreto afastando Thompson Flores do cargo.[2]

Ao longo dos anos, o TCU passou a aprovar as contas de todos os presidentes da República, ainda que em algumas ocasiões tenha feito ressalvas bastante sérias a algumas delas. Houve caso em que o número dessas ressalvas chegou a ultrapassar duas dezenas.

Como tribunal administrativo que é, cabe ao TCU julgar as contas de administradores e demais responsáveis por recursos públicos federais, bem como as de qualquer pessoa que der causa a perda, extravio ou a outra irregularidade que resulte em prejuízo para o erário.[3] A Corte de Contas é um órgão colegiado, composto de nove ministros e quatro ministros substitutos. Seis são indicados pelo Congresso Nacional, um pelo presidente da República e dois escolhidos entre auditores e membros do Ministério Público junto ao TCU. Os ministros substitutos ingressam na Corte de Contas por concurso público.

O Congresso Nacional sempre pareceu dar pouca importância aos julgamentos das contas dos presidentes da República feitos pelo TCU. Tanto que, quando as contas de 2014 da presidente Dilma Rousseff foram rejeitadas pelo Tribunal, o Congresso tinha um atraso de mais de dez anos na apreciação das contas anuais de ex-presidentes. As de Fernando Collor de Mello, por exemplo, relativas a 1990 e 1991 e aprovadas pelo TCU, até agosto de 2016 ainda não tinham sido julgadas. Na verdade, o Congresso só começou a se ocupar delas para que pudesse limpar a mesa e iniciar o julgamento das contas de Dilma Rousseff.

Antes de ter as contas de 2014 rejeitadas pelo TCU, a presidente Dilma Rousseff tinha sido avisada de que suas contas relativas a 2013 corriam o risco de não ser aprovadas. A proposta dos auditores do Tribunal, encaminhada ao ministro do TCU Raimundo Carreiro, relator das contas de 2013, era pela rejeição, principalmente, devido às graves falhas observadas no balanço patrimonial da União.

Os auditores constataram que o patrimônio líquido da União podia estar superavaliado em mais de 2 trilhões de reais, em razão da ausência de depreciação dos bens imóveis e de passivos ocultos relacionados a déficits atuariais e a demandas judiciais contra a União. Carreiro procurou o então presidente do TCU, ministro Augusto Nardes, e expôs o problema. Em um voo para São Paulo que fez na companhia de Dilma para participarem da abertura da Copa do Mundo de 2014, Nardes alertou a presidente do que os auditores do TCU haviam encontrado. Dilma chamou o ministro-chefe da Casa Civil, Aloizio Mercadante, e pediu que ele encaminhasse o assunto.

Mercadante sugeriu que o ministro da Fazenda, Guido Mantega, fosse conversar com o relator das contas, Raimundo Carreiro. O acerto surgido do encontro entre os ministros Carreiro e Mantega foi que o parecer do TCU não seria pela rejeição das contas sob a condição de que o Ministério da Fazenda adotasse as medidas necessárias para evidenciar a real situação patrimonial da União já em 2014. Esse compromisso seria acompanhado pelo Tribunal em um processo específico.

Em seu parecer, o ministro Carreiro fazia ainda uma ameaça velada. Alertava o Executivo sobre a possibilidade de o TCU "emitir opinião adversa" sobre o Balanço Geral da União caso as recomendações não fossem implementadas. Advertia também sobre "o expressivo montante" de ordens bancárias emitidas em dezembro de 2013 para saque apenas em janeiro de 2014.[4] Ou seja, já naquela época o TCU constatou que o governo estava "pedalando" o pagamento de despesas de um ano para o outro com o objetivo de melhorar artificialmente o resultado primário, embora esse termo ainda não fosse utilizado.

As pedaladas fiscais só viriam a ficar conhecidas no ano seguinte, quando ocupariam o centro da análise das contas de Dilma Rousseff relativas a 2014. Antes, elas tinham sido objeto de uma investigação específica dos auditores do TCU, relatada pelo ministro José Múcio.

Até as eleições gerais de 2014, o governo vendeu a ilusão de que cumpriria a meta de superávit primário de 167,3 bilhões de reais para o setor público consolidado. Esse valor poderia ser reduzido em até 67 bilhões, de acordo com a LDO, válida para aquele ano.

Ao longo de 2014, o governo fez uma economia menor do que a necessária para cumprir a meta fiscal. A LRF determina que, ao final de cada bimestre, se for verificado que a receita pode não ser suficiente para garantir o cumprimento da meta, o governo deve reduzir seus gastos. E isso não foi feito. De janeiro a agosto de 2014, o superávit primário acumulado pelo governo central — Tesouro, Previdência e Banco Central — foi de apenas 10,4 bilhões de reais, menos de 9% da meta fixada para o ano, de 116,1 bilhões. Apesar disso, o secretário do Tesouro, Arno Augustin, em entrevista coletiva concedida no dia 30 de setembro daquele ano, garantiu que a meta fiscal de 2014 estava mantida.[5] Enquanto isso, a maioria dos analistas de mercado já projetava déficit primário para o ano.

Depois de Dilma Roussef se reeleger presidente da República em uma disputa acirrada com o oposicionista Aécio Neves, do PSDB, no segundo turno das eleições, o discurso oficial mudou radicalmente. O governo encaminhou ao Congresso proposta de alteração da meta fiscal, sugerindo que ela fosse reduzida do montante dos investimentos do PAC e das desonerações tributárias realizadas no ano. Desse modo, o governo acenava com um déficit primário nas contas públicas pela primeira vez desde 1997, embora não admitisse isso.

No Congresso Nacional, a oposição recebeu a proposta de redução da meta fiscal como prova de que o governo havia manipulado o orçamento de 2014 com objetivos eleitorais e procurou, ainda sob o calor da disputa presidencial, meios para rejeitar o projeto. O deputado Pauderney Avelino (DEM-AM) foi um dos primeiros a tentar encontrar provas de que o governo tinha descumprido a LRF. Pauderney pediu uma reunião com alguns consultores da Comissão Mista de Orçamento do Congresso, que analisa todas as proposições orçamentárias antes de elas serem submetidas aos plenários da Câmara e do Senado. "Quando eu disse que queria demonstrar que o governo tinha ferido a LRF, tive uma surpresa", lembrou o parlamentar. "Os consultores me perguntaram se eu estava mesmo interessado em levar o caso em frente, pois o processo poderia resultar em impedimento da presidente da República. Eu disse que sim."

A pedido de Pauderney, os consultores prepararam uma representação contra Dilma Rousseff junto ao Tribunal de Contas da União, na qual a presidente era acusada, entre outras coisas, e pela primeira vez, de ter editado decretos de suplementação orçamentária sem prévia autorização do Congresso, por serem incompatíveis com a obtenção da meta fiscal do ano, de 167 bilhões de reais, definida na LDO que ainda estava em vigor. Segundo o documento apresentado, o conteúdo dos decretos violava o artigo 4º da lei orçamentária. Esse seria o ponto central do pedido de impeachment, que terminaria aprovado e retiraria Dilma Rousseff do cargo de presidente da República em agosto de 2016.

Com o texto em mãos, Pauderney avaliou que o melhor seria obter o aval dos presidentes dos partidos de oposição para a ação junto ao TCU. "Isso daria maior respaldo ao pedido", observou. A representação foi transformada em denúncia assinada pelos presidentes do PSDB, senador Aécio Neves (MG); do DEM, senador Agripino Maia (RN); do PPS, deputado Roberto Freire (SP); e do PSB, Beto Albuquerque (RS). A denúncia dos partidos de oposição contra Dilma Rousseff foi protocolada no TCU no dia 18 de dezembro de 2014.

No final de janeiro de 2015, o assunto recebeu o carimbo de sigiloso. Somente no dia 3 de março foi escolhido um relator para a denúncia, o ministro Walton Alencar, que, no entanto, permaneceu poucos dias na relatoria. A ministra Ana Arraes assumiu a atribuição, e também por pouco tempo: apenas onze dias. O relator seguinte foi o ministro José Múcio. Um dia depois, o relator já era outro, o ministro Bruno Dantas. Este também ficou apenas um dia com a atribuição, repassada então para o ministro Raimundo Carreiro. Até agosto de 2016, nenhuma decisão havia sido tomada sobre a ação.

Mesmo com a denúncia da oposição sendo analisada pelo TCU, o parecer inicial do ministro Augusto Nardes, relator das contas da presidente em 2014, não incluiu, entre as irregularidades observadas, a edição de decretos de crédito suplementar sem autorização prévia do Congresso.

O relatório inicial dos auditores sobre as contas de Dilma recebido por Nardes mostrava um quadro de graves irregularidades e propunha a rejeição. "Os números são contundentes. Se alguém não tiver a coragem de dar um stop, o país vai para perda total de credibilidade", disse o relator a assessores, na época, quando começou a receber os dados.

Havia um clima de apreensão no TCU sobre a decisão a ser tomada. Nardes propôs uma reunião informal com todos os ministros e ministros substitutos um dia antes da apresentação do seu parecer ao plenário do Tribunal. Na reunião, o relator informou que recomendaria a rejeição das contas. Nardes sabia que, naquele momento, não contava com a maioria dos votos a favor da rejeição. Havia indicações de que pelo menos dois ministros iriam apresentar votos revisores ao seu parecer.

Durante as discussões, foi expressa uma preocupação jurídica sobre a necessidade de ouvir a presidente da República sobre as irregularidades apontadas no parecer do relator antes de uma decisão do plenário da Corte. Aquela era a primeira vez, desde a Constituição de 1988, que um parecer do TCU recomendaria a rejeição das contas de um presidente da República. Havia, portanto, grande risco de a decisão ser questionada no STF se não fosse dado à presidente Dilma o direito ao contraditório.

Os participantes da reunião tinham conhecimento de um precedente no STF em que o ministro Celso de Mello, ao apreciar uma decisão do Tribunal de Contas de Pernambuco rejeitando as contas do então governador do estado, Miguel Arraes, sinalizou para a necessidade de contraditório já na emissão do parecer prévio. A proposta de oitiva da presidente foi aprovada, ficando acertado que as equipes técnicas de cada ministro e ministro substituto teriam acesso a todos os documentos e às respostas que Dilma enviasse.

No dia seguinte, 17 de junho de 2015, Nardes apresentou seu parecer pela rejeição das contas e solicitou esclarecimentos da presidente sobre treze irregularidades, dando um prazo de trinta dias para a resposta. A proposta de Nardes de ouvir a Dilma sobre as irregularidades apontadas pelos auditores do Tribunal foi aprovada por unanimidade. O relator leu também o seu parecer, onde elencou os problemas que encontrou nas contas da presidente. Entre eles estavam as conclusões de outro inquérito feito pelo TCU sobre as chamadas pedaladas fiscais. O inquérito das pedaladas mostrou que o governo não tinha apenas atrasado deliberadamente o pagamento de despesas para melhorar artificialmente o resultado fiscal de um mês ou do ano. Os auditores do TCU viram nas pedaladas operações de crédito, pois os bancos estatais cobriram com recursos próprios despesas que deveriam ser bancadas pelo Tesouro Nacional, o que é proibido pela LRF. A LRF veda que um banco estatal empreste recursos para o seu controlador. Para o TCU, o governo tinha infringido a lei fiscal.

No dia 15 de junho, dois dias antes da apresentação do parecer de Nardes, o procurador do Ministério Público de Contas junto ao TCU, Júlio Marcelo de Oliveira, encaminhou um memorial sobre as contas de 2014 ao ministro relator e aos demais ministros do Tribunal. Nele, advertia que o governo Dilma tinha cometido irregularidades muito além das chamadas pedaladas fiscais, com o objetivo de expandir gastos públicos em ano eleitoral, mesmo ciente da redução da arrecadação e de projeções sobre o aumento de despesas obrigatórias, o que deveria ter levado a presidente da República a editar decretos de contingenciamento das dotações orçamentárias.

O procurador mostrou que, além das "omissões intencionais na edição de decretos de contingenciamento em desacordo com o real comportamento das receitas e despesas", Dilma editou decretos para abertura de créditos orçamentários sem prévia autorização legislativa, violando a lei orçamentária anual, a LRF e a Constituição.

As questões levantadas pelo procurador eram bastante semelhantes às que constavam da denúncia apresentada pelos partidos de oposição. Os decretos irregulares, no entanto, não foram incluídos no parecer de Nardes nem nos questionamentos encaminhados à então presidente Dilma Rousseff. O relator alegou que, quando recebeu o memorial do procurador Júlio Marcelo, o seu parecer sobre as contas já havia sido distribuído aos demais ministros. A decisão do plenário ocorreu dois dias depois.

Nardes explicou a seus assessores que, se acolhesse as considerações, teria que pedir uma avaliação da área técnica do TCU, redigir um novo parecer e encaminhá-lo aos demais ministros. "Isso atrasaria todo o processo", explicou. Alegou ainda que, no momento em que leu seu voto no plenário do tribunal, o procurador-geral do Ministério Público junto ao TCU, Paulo Bugarin, não fez nenhum questionamento. A solução encontrada pelo relator foi encaminhar os fatos levantados pelo procurador ao conhecimento do advogado--geral da União.

A oposição pressionou Nardes. O deputado Pauderney Avelino foi ao gabinete do relator queixar-se de que a denúncia contra Dilma ainda não tinha sido julgada pelo TCU nem seu conteúdo considerado no parecer sobre as contas de 2014. Júlio Marcelo não aceitou a solução de Nardes, principalmente porque, em seu ofício ao então advogado-geral da União, Luís Inácio Adams, o relator não havia definido prazo para a resposta. Ele enviou, então, uma petição ao ministro, solicitando que encaminhasse um aviso complementar a Dilma, com as questões levantadas pelo Ministério Público de Contas, principalmente sobre a edição de decretos ilegais.

O procurador Júlio Marcelo ficou uma semana sem resposta. Depois disso, decidiu enviar uma nova petição a Nardes, com o mesmo teor da primeira. Esse documento acabou sendo publicado pela imprensa, com críticas de Júlio Marcelo ao relator. Nardes, então, solicitou um parecer da área técnica do TCU sobre as questões levantadas pelo Ministério Público de Contas. Os auditores concordaram com as observações, o assunto foi submetido ao plenário do tribunal, que aprovou o envio de um novo ofício a Dilma, com prazo de trinta dias para resposta.

O governo ainda tentou uma última cartada. No dia 4 de outubro, os ministros do Planejamento, Nelson Barbosa, da Justiça, José Eduardo Cardozo, e da AGU, Luíz Inácio Adams, concederam uma entrevista coletiva para anunciar que o governo iria pedir o afastamento do ministro Nardes da relatoria do processo sobre as contas de 2014. O governo alegava que o relator tinha antecipado publicamente o seu voto. Na verdade, ele havia encaminhado seu voto aos demais ministros, o qual acabou vazando para a imprensa. A manobra do governo não prosperou. "No dia daquela entrevista, eu já tinha os votos necessários para aprovar a rejeição das contas", confidenciou o relator a assessores. O pedido do governo não foi acolhido pelo tribunal.

Em 7 de outubro de 2015, depois de receber de Dilma explicações por escrito sobre os questionamentos que lhe haviam sido enviados, os ministros do TCU, por unanimidade, aprovaram parecer pela rejeição das contas de 2014. Não foram apenas as pedaladas que contribuíram para a decisão do TCU. As contas da presidente foram rejeitadas pelo Tribunal por ela também não ter editado decreto de contingenciamento de despesas discricionárias em montante suficiente para o cumprimento da meta fiscal em vigor e pela edição de decretos de créditos suplementares sem prévia autorização legislativa.

Na decisão do inquérito sobre as pedaladas, o TCU exigiu ainda que todos os passivos acumulados ao longo do primeiro mandato da presidente Dilma fossem quitados. Esse pagamento, que de acordo com o Tesouro Nacional totalizava 55,6 bilhões de reais, foi uma das razões do astronômico déficit primário do governo federal registrado em 2015: 118,4 bilhões de reais.

A repetição de pedaladas em 2015 e, principalmente, a edição de decretos de créditos suplementares sem prévia autorização do Legislativo e em desacordo com a meta fiscal do ano foram a base jurídica do pedido de afastamento de Dilma do cargo.

CAPÍTULO 16

O boom das commodities

Em uma análise quase consensual entre os economistas, vários fatores contribuíram para que a economia brasileira entrasse em um período de crescimento e prosperidade a partir de 2005: a estabilidade da política macroeconômica na transição do governo Fernando Henrique Cardoso para o governo Lula, com equilíbrio das contas públicas, inflação sob controle e aumento da produtividade decorrente de reformas que tiveram continuidade no período inicial do governo petista. O ambiente era amigável aos negócios, o que fomentou a confiança de investidores, empresários e consumidores.

Para coroar a conjunção favorável, o Brasil foi beneficiado por um fator externo: a explosão do consumo mundial de matérias-primas, metais e alimentos provocada pela expansão das economias emergentes, especialmente China, no que ficou conhecido como o boom das commodities. O aumento exponencial no volume de vendas a preços que se multiplicaram no decorrer de poucos anos teve grande impacto no desempenho da economia brasileira. A balança comercial do país passou a registrar superávits impensáveis até então. Em quatro anos, de 2004 a 2007, o Brasil acumulou um saldo positivo na balança de comércio de 165 bilhões de dólares.

Para evitar que essa avalanche de capital provocasse uma valorização ainda maior do real, o Banco Central passou a comprar a moeda, iniciando, assim, o período de acumulação de reservas cambiais. Em cinco anos, de 2003 a 2007, o Banco Central comprou 141 bilhões de dólares, sendo que 78 bilhões só em 2007. Essa mudança tão rápida quanto espetacular na realidade das contas externas do país pode ser avaliada com o anúncio feito em 22 de fevereiro de 2008 pelo presidente do Banco Central, Henrique Meirelles. Com base em dados preliminares de janeiro de 2008, pela primeira vez na história o Brasil passava de devedor para credor externo. Isso significava que as reservas acumuladas pelo Banco Central, de 187,5 bilhões de dólares naquela data, eram suficientes para cobrir toda a dívida externa do país, incluindo setor público e privado, e ainda sobrava troco.

Em entrevista especialmente convocada para anunciar a ótima situação do país, Henrique Meirelles afirmou em fevereiro de 2008: "Essa melhora significa que estamos superando gradativamente um longo período caracterizado por vulnerabilidade e crises, causadas principalmente pela dificuldade em honrar o passivo externo do país". E acrescentou que tal melhoria do indicador externo era resultado da "implementação de políticas macroeconômicas responsáveis e consistentes, baseadas no tripé responsabilidade fiscal, câmbio flutuante e metas para a inflação".

A inversão de sinais nas contas externas representava de fato uma nova realidade, na qual se abria um cenário promissor. Devedor histórico, com dificuldades de crédito e saldo comercial em geral negativo, o Brasil sempre esbarrara em limitações do seu balanço de pagamentos para viabilizar o crescimento — restrições que produziam crises cambiais sempre que o humor dos mercados internacionais mudava. Assim foi na década de 1980, com a crise da dívida externa, e em 1998 e início de 1999, quando o Brasil teve que buscar socorro junto ao FMI para honrar seus compromissos fora do país. Se a economia crescia, ampliava-se a necessidade de importar; com o tempo o déficit externo, medido pelas transações correntes, aumentava, até o processo ser interrompido por desvalorização do câmbio, que gerava inflação, a qual, por sua vez, exigia aumento de juros.

Era o conhecido "voo de galinha": a economia decolava, mas, como num voo de galinha, não tinha sustentação para ir longe. Com dólares sobrando em caixa e reservas cambiais que continuariam a crescer nos anos seguintes, o Brasil dispunha, enfim, das condições básicas para consolidar um novo padrão de crescimento. Em 2006, em outro evento econômico de grande força simbólica, o Brasil quitou sua dívida com o FMI. Para marcar o fim do ciclo de dependência externa e do monitoramento dos organismos internacionais na gestão da economia brasileira, o diretor-gerente do FMI, o espanhol Rodrigo Rato, foi recebido pelo presidente Lula no Palácio do Planalto em janeiro daquele ano. Rato afirmou que o Brasil havia se tornado um parceiro importante no debate das questões globais, mas registrou um alerta: "A política fiscal não pode relaxar assim que os primeiros resultados começam a ser colhidos".

Para um país que até meados da década de 1980 concentrava suas exportações em basicamente três produtos — café, cacau e açúcar —, o salto nas vendas a partir de 2003 mostrou-se espetacular. Passou de 73,2 bilhões de dólares naquele ano para 256 bilhões em 2011, oito anos depois. O número de empresas exportadoras também aumentou. De 2003 a 2008, cerca de 3 mil novas empresas passaram a vender seus produtos fora do país, e a expansão alcançou todos os mercados: Ásia, Europa, Oriente Médio, América do Sul e América do Norte.

Vários fatores podem explicar o fenômeno. A desvalorização do real em janeiro de 1999 recolocou muitas companhias em condições de competir lá fora. Aos poucos, elas foram se recuperando e abrindo novos mercados. A economia mundial também crescia, aumentando a demanda por matérias-primas e alimentos. E muitas empresas estatais privatizadas na década de 1990, depois de se modernizarem e realizarem pesados investimentos, começaram a vender para o mercado externo. Foi o caso da Embraer, que passou a disputar o mercado mundial de construção de aeronaves para aviação regional.

Nos anos 2000, a locomotiva da expansão do comércio mundial foi a China, cuja economia crescia a taxas superiores a 10% ao ano. Em rápido processo de industrialização e urbanização, o país passou a demandar cada vez mais matérias-primas e alimentos. O movimento foi forte e produziu o que se chamou de boom das commodities, um explosivo aumento de preços de metais como ferro e cobre e de alimentos como soja, milho e carne.

O crescimento continuado dessa demanda produziu um fenômeno até então inédito. Em ciclos anteriores, os preços caíam com o aumento da oferta, provocando crises nos países produtores. No período do boom, o aumento da oferta era absorvido pela crescente demanda, de tal maneira que os países produtores se beneficiavam duplamente: com aumento no volume de suas vendas e com preços cada vez melhores. Um cenário de sonhos para qualquer vendedor — quanto mais produz, mais vende, e a preços cada vez mais altos. E para o governo.

Até o fim da década de 1990, o Brasil exportava para a China pouco mais de 1 bilhão de dólares por ano. Em 2003, foram 5,2 bilhões. As vendas se multiplicaram, até chegar a impressionantes 46,5 bilhões de dólares em 2011, montante que em 1999 correspondia a praticamente toda a pauta das exportações brasileiras, de 48 bilhões de dólares. Cresceram as vendas de frango, carne bovina e soja, para alimentar uma população de mais de 1,2 bilhão de habitantes que, a cada ano, demandava mais proteína. O rápido processo de industrialização chinês e os investimentos bilionários em infraestrutura despertaram um apetite insaciável também por metais, o que propiciou ao Brasil a oportunidade de alavancar de forma impressionante as vendas de minério de ferro, produto historicamente barato no mercado mundial.

Em apenas sete anos, de 2004 a 2011, as exportações de minério de ferro para a China aumentaram 130 milhões de toneladas, alcançando 330,8 milhões de toneladas, 64,7% a mais. O crescimento no valor dessas exportações, resultado da valorização da tonelada do minério, foi ainda mais impressionante: de 4,9 bilhões de dólares em 2004 para 41,8 bilhões em 2011. Ou seja, 753,1% a mais nesse período. O impacto do ciclo de alta das commodities na economia e no cotidiano brasileiros foi imenso. Com as exportações se estendendo para todos os cantos do mundo, a preços extremamente rentáveis, atraindo um volume cada vez maior de dólares para o país, e a decorrente acumulação de reservas cambias do Banco Central, a economia brasileira tornou-se mais resistente a crises internacionais. O efeito riqueza se disseminou na forma de mais empregos e melhores salários para os trabalhadores, mais lucro para as empresas e mais tributos para o governo. A receita líquida do governo federal, de acordo com dados do Tesouro Nacional, cresceu de forma vigorosa. De 299 bilhões de reais em 2003, saltou para quase o dobro em 2008, quando chegou a 588 bilhões, e para 783 bilhões de reais em 2010.

O aumento da arrecadação e a expansão do consumo permitiram ao governo elevar seus gastos — e ousar em programas sociais de transferência de renda — sem que isso provocasse, por certo tempo, desequilíbrio nas contas públicas. Era possível gastar sempre mais e ao mesmo tempo gerar superávits anuais nas contas do setor público.

A entrada de dólares já não se dava apenas pelo aumento das exportações com superávits crescentes na balança comercial. Com a economia estabilizada e o mercado de consumo em expansão devido à redução do desemprego, ao aumento da renda e ao acesso ao crédito, o Brasil passou a ser um importante foco de atração de investimentos estrangeiros. De 10,1 bilhões de dólares em 2003, a entrada de investimentos diretos no país passou para 44,5 bilhões de dólares em 2007 e para 101,1 bilhões de dólares em 2011.

O forte ingresso da moeda através destes dois canais, investimentos e exportações, permitiu ao país aumentar substancialmente as importações. Por certo período, o Brasil viveu uma situação de extremo conforto: as exportações cresciam e davam cobertura ao aumento das importações, mantendo as contas externas equilibradas. A entrada de produtos importados fazia com que a expansão do consumo interno não pressionasse tanto a inflação. Tudo que não era atendido pela produção interna podia vir de fora. De 48 bilhões de dólares em 2003, as importações saltaram para 172,9 bilhões de dólares em 2008, e para 226,2 de dólares bilhões em 2011.

De 2005 a 2010, o Brasil viveu um período de esplêndida abundância, com um breve interregno entre o último trimestre de 2008, por causa da crise financeira mundial que eclodiu em setembro, até o segundo semestre de 2009, quando a economia começou a retomar fôlego. Mas os anos entre 2005 e 2010 também foram marcados por excessos e descuidos que mais tarde viriam a comprometer o desempenho econômico brasileiro.

A partir do segundo semestre de 2004, o real começou a se valorizar em relação ao dólar. Se em 2 de janeiro de 2003 a moeda americana fechou cotada a 3,52 reais, em 30 de dezembro de 2007 valia apenas 1,77. E em 30 de junho de 2011, 1,56. Ou seja, com o que ganhava em reais o brasileiro poderia comprar cada vez mais mercadorias e serviços em dólar.

Com o avanço rápido das importações, os saldos comerciais foram diminuindo. Com moeda forte no bolso, o brasileiro descobriu que passar férias no exterior era mais barato do que no Brasil, e os gastos com viagens internacionais saltaram de 2,2 bilhões de dólares em 2003 para 10,9 bilhões de dólares em 2008. Em 2010 foram a 16,4 bilhões e, em 2013, a 25 bilhões de dólares.

O custo dessa festança, no entanto, aparecia do outro lado. Se com o dólar barato ficava cada vez mais em conta importar, mais difícil ficava exportar. Para cada dólar obtido com a venda lá fora, o exportador recebia menor quantidade de reais, e o setor que mais penou com a apreciação do real em relação ao dólar foi a indústria. No período de 2003 a 2006, a balança de produtos manufaturados era positiva, o Brasil mais exportava do que importava bens industriais acabados. A virada para o negativo ocorreu em 2007, com um déficit de 9,2 bilhões de dólares, que chegou a 109,5 bilhões de dólares em 2014.

Num período de nove anos, de 2007 a 2015, o déficit comercial da indústria de manufaturados atingiu espantosos 630 bilhões de reais. Na linguagem crítica de muitos economistas, o Brasil passou a ser um grande exportador de... empregos. Tudo que se deixou de produzir internamente e passou a ser comprado fora serviu para fechar vagas aqui e abrir lá. O país se desindustrializava.

Quando o ciclo das commodities começou a se fechar em 2012, o baque mais forte foi sentido no mercado de minério de ferro. O preço da tonelada, que havia chegado a 137,6 dólares em junho de 2011, caiu para 22,9 dólares em fevereiro de 2016, praticamente o mesmo valor nominal de 2004, de 22,7 dólares a tonelada. E a receita de exportação, depois de atingir os 41,8 bilhões de dólares de 2011, caiu para 14 bilhões de dólares em 2015.

E não foi um problema isolado. Da mesma forma que o aumento da demanda mundial e o dos preços ajudaram a alavancar o crescimento econômico do Brasil a partir de meados dos anos 2000, o declínio também coincidiu com a perda de vigor da economia. E da mesma forma que o boom foi relevante, mas isoladamente não explicava o bom desempenho da economia, a queda dos preços internacionais de produtos importantes na pauta das exportações brasileiras não foi a única responsável pela crise que levaria o Brasil à profunda recessão do triênio 2014/2016.

O real valorizado por longo período permitiu ao país ampliar importações que neutralizaram pressões inflacionárias, mesmo nos momentos em que o consumo aumentava bem acima da expansão da oferta interna. A conta-corrente, que contabiliza receitas e despesas nas transações de bens e serviços com o resto do mundo, que vinha de seis anos consecutivos de superávits, passou a registrar déficits crescentes a partir de 2008. Em 2010, o saldo estava negativo em 75,8 bilhões de dólares e, em 2014, o buraco nas contas externas atingiu 104,8 bilhões de dólares.

Para um país como o Brasil, carente de poupança doméstica, não é um problema importar capitais. Ao contrário, pode até ser saudável, mas desde que o déficit em transações correntes seja moderado e facilmente financiado por captação de recursos no exterior. Somado a outros problemas, como o rombo nas contas públicas, o intervencionismo na economia e as incertezas políticas que vinham marcando o país desde 2014, com o início da Operação Lava Jato, o déficit em conta corrente atingiu seu pico em 2014, quando encerrou o exercício correspondendo a 4,31% do PIB. No regime de taxas de câmbio flutuantes, o agravamento do rombo externo produz a depreciação da moeda, e foi o que ocorreu.

O primeiro movimento de desvalorização do real foi induzido pelo próprio governo, a partir da implementação da nova matriz macroeconômica. O dólar subiu de uma mínima de 1,53 real em 26 de julho de 2011 para 2,34 reais em 30 de dezembro de 2013. No ano seguinte, da reeleição de Dilma Rousseff, a taxa de câmbio continuou se desvalorizando, até que em 30 de dezembro o dólar encerrou 2014 cotado a 2,65 reais. A essa altura, os mercados financeiros já estavam contaminados por uma conjunção de incertezas políticas e econômicas que afetavam negativamente todos os indicadores: projeções de inflação em alta, juros futuros crescentes, aprofundamento da recessão.

Em setembro de 2015, o dólar ultrapassou a barreira dos 4 reais, o mesmo patamar que atingira treze anos antes, em 2002, às vésperas da eleição do presidente Lula. A desvalorização cambial teve impacto rápido nas contas externas do país, ao encarecer as importações e estimular as exportações. O déficit em transações correntes assumiu uma trajetória sistemática de queda para 3,33% do PIB em 2015 e para 1,67% do PIB em junho de 2016. Em agosto de 2013, o Banco Central deu início ao programa de leilões de *swaps* cambiais, oferendo aos investidores um *hedge* contra a apreciação da moeda americana diante do real. Os leilões diários de *swaps* cambiais se estenderam até março de 2015 e envolveram mais de 110 bilhões de dólares. De março em diante, os contratos passaram a ser rolados em volumes decrescentes, reduzindo o estoque de operações para cerca de 60 bilhões de dólares no primeiro semestre de 2016.

Ao conter a depreciação do real, a venda dos derivativos ajudou, ainda que temporariamente, o Banco Central a controlar a inflação, mas a um custo fiscal relevante. Nessas operações, quando o dólar subia, o Banco Central perdia dinheiro, assim como ganhava quando a moeda americana se desvalorizava em relação ao real. Foi um programa muito criticado por economistas privados também por adiar o ajuste da taxa de câmbio necessário para reduzir o déficit externo. Uma das primeiras decisões do presidente do Banco Central, Ilan Goldfajn, ao assumir o posto no governo do presidente Michel Temer, em substituição a Alexandre Tombini, foi retomar a retirada dos *swaps* cambiais do mercado na abertura de uma janela externa que permitiu essa ação. O real voltou a se valorizar. O dólar, no início de agosto de 2016, era cotado ao redor de 3,20 reais.

CAPÍTULO 17

Um trotskista no comando do Tesouro

"Dr. Tarcísio, o senhor vai voltar para a área técnica?"

A pergunta, feita de súbito pelo motorista que levava o secretário do Tesouro Nacional, Tarcísio Godoy, para uma reunião fora do Ministério da Fazenda, o surpreendeu.

"Como assim?"

Seu motorista, então, contou que, em uma conversa com um colega que conduzia o ministro da Fazenda, Guido Mantega, ficou sabendo que um tal de Arno ia ser o novo secretário do Tesouro. Foi assim que Tarcísio Godoy, no cargo havia seis meses, soube que seria substituído por Arno Augustin, um gaúcho natural de Carazinho. O país vivia o início do segundo mandato do ex-presidente Luiz Inácio Lula da Silva.

No dia em que Mantega avisou que ele seria substituído, Tarcísio mandou um e-mail a todos os servidores do Tesouro agradecendo pelo trabalho e informando que Arno Augustin assumiria como novo secretário. Acontece que o ministro da Fazenda ainda não havia anunciado a mudança oficialmente. O e-mail de Tarcísio vazou para os jornalistas e os jornais divulgaram a troca de secretário antes do anúncio oficial.

Quando tomaram conhecimento da ida de Arno para a Secretaria do Tesouro, alguns dos principais assessores de Guido Mantega foram a seu gabinete questionar a escolha, alertando-o sobre a inconveniência de colocar Arno em um cargo tão importante. Afinal, argumentaram, além de ser desconhecido da maioria dos brasileiros, Arno não era um técnico nem consagrado na área acadêmica nem respeitado pelo mercado. Eles sabiam que Mantega não gostava de Tarcísio Godoy, que no fim do primeiro mandato de Lula fora escolhido para ocupar o cargo provisoriamente, em substituição ao economista Carlos Kawall.

Na avaliação dos assessores do ministro Guido Mantega, Arno não tinha perfil para o cargo. "Não, ele foi um bom secretário da Fazenda", rebateu Mantega, referindo-se ao trabalho de Arno Augustin na Secretaria de Fazenda do Rio Grande do Sul. Mas não tinha sido a qualidade do trabalho de Arno Augustin no sul do Brasil que o havia credenciado a assumir o Tesouro.

Na distribuição dos cargos federais entre as várias correntes que conviviam dentro do PT, Arno foi alocado no primeiro mandato do ex-presidente Lula como adjunto do secretário executivo do Ministério da Fazenda, Bernard Appy, pela Democracia Socialista, ou somente DS, como ela é mais conhecida entre os petistas. A DS conseguiu até mesmo um assento no ministério de Lula, com o também gaúcho Miguel Rossetto no cargo de ministro do Desenvolvimento Agrário.

Tendência trotskista caudatária das ideias do economista e político marxista Ernest Mandel, a DS, como organização de esquerda, transformou-se em uma tendência do PT em meados da década de 1980. Sempre teve forte presença no PT gaúcho, e Raul Pont é hoje seu principal líder. Membro da DS, Arno Augustin nunca sobressaiu como teórico nem como líder estudantil ou sindical.

Além do apoio da DS, Arno Augustin contava com outras credenciais para ascender ao cargo de secretário do Tesouro. Conhecia como poucos a então ministra-chefe da Casa Civil, Dilma Rousseff. Os dois tinham trabalhado juntos entre 1999 e 2002 como secretários de governo do petista Olívio Dutra no Rio Grande do Sul. Ele secretário de Fazenda, ela secretária de Minas, Energia e Comunicação. Na estrutura do governo gaúcho, portanto, Arno era mais influente que Dilma. Ele ligado à DS e ela, brizolista, ligada ao PDT.

Ainda em 2001, PT e PDT romperam a aliança que tinham feito para eleger Olívio Dutra governador do Rio Grande do Sul. Um grupo de pedetistas, liderados pelo ex-prefeito de Porto Alegre Sereno Chaise, decidiu apoiar o petista Tarso Genro na eleição ao governo gaúcho em 2002, contra Alceu Colares, candidato de Leonel Brizola, figura máxima do PDT. Rompido com Brizola, o grupo — formado por Dilma Rousseff, Milton Zuanazzi, Renan Kurtz e com os ex-deputados Carlos Araújo e Wilson Müller — deixou o PDT, indo a maioria filiar-se ao PT, inclusive Dilma Rousseff.[1] Ela, que ainda não era uma política conhecida, passou a ter Arno como colega do governo de Olívio Dutra e de partido. Desde então, estabeleceram uma relação muito próxima.

A parceria entre os dois tornou-se mais sólida quando Dilma assumiu a Presidência da República em 2011. Arno permaneceu no cargo de secretário do Tesouro, e com ainda mais poder. Assessores próximos a Dilma garantiram que Arno exercia mais influência sobre a presidente do que o próprio chefe dele, Guido Mantega, ou o secretário executivo do Ministério da Fazenda, Nelson Barbosa.

Todos que participavam de reuniões com a presidente nas quais o secretário do Tesouro também estava percebiam o tratamento diferenciado que Dilma lhe dispensava. Um participante influente de vários desses encontros disse que Arno era "o cara que apertava os botões da presidente". Nas longas reuniões promovidas por Dilma, quando tudo finalmente parecia se encaminhar, a duras penas, para uma conclusão, Arno, até então calado, dizia: "Mas, presidente...". O suficiente para desfazer tudo o que já havia sido conversado. Com o tempo, autoridades e assessores que participavam dessas reuniões foram percebendo que Dilma e Arno tinham "a mesma cabeça política e econômica".

Dilma chamava seu secretário do Tesouro para participar de reuniões que discutiam quase tudo, desde a TIR dos contratos de concessão de serviços públicos, passando pela nova modelagem do setor elétrico, até a distribuição de slots nos aeroportos. E ele sabia corresponder à confiança. Quando voltava das reuniões no Palácio do Planalto, tratava de operacionalizar o que a presidente tinha pedido, fosse o que fosse. Reunia um grupo seleto de assessores e distribuía tarefas.

Arno Augustin é um trotskista originário de uma abonada família gaúcha. Seu pai, já falecido, era dono de revendedoras de veículos no Rio Grande do Sul e produtor rural. Arno, que tem o mesmo nome do pai, nunca gostou de ostentação. Em Brasília, dirigia um Ford Fiesta velho. Seus amigos contaram que uma vez, quando Arno era secretário de Fazenda do Rio Grande do Sul, seu pai combinou com a secretária do filho que iria substituir o automóvel velho dele, estacionado na garagem do edifício da Secretaria da Fazenda, por um novinho. Pegou com a secretária a chave do carro do filho e fez a troca. Quando Arno descobriu, ficou possesso e por pouco não demitiu a secretária. Telefonou para o pai, disse que não precisava de carro novo e o devolveu.

Arno cursou o segundo grau no famoso Colégio de Aplicação, em Porto Alegre, uma escola pública de ensino fundamental e médio ligada à UFRGS e por onde passou boa parte dos filhos da classe média alta gaúcha. Estudou economia na própria UFRGS, na mesma época que Marcio Pochmann, que viria a presidir o Ipea, enquanto Arno ocupava a Secretaria do Tesouro. Não há registro de atividade relevante de Arno no movimento estudantil da UFRGS. Ele não chegou a fazer pós-graduação em economia.

A fama de desleixado acompanhou Arno enquanto esteve em Brasília. Ao perceber que ele só tinha dois ternos, um azul e um bege, o ministro da Fazenda, Antonio Palocci, o aconselhou: "Compra mais um terno, Arno". A resposta foi uma singela pergunta: "Para quê?". Quando era secretário de Fazenda no Rio Grande do Sul, alguns amigos juraram ter visto Arno usar calça amarrada com barbante e andar de chinelo. Seus assessores do Tesouro contaram que ele perdeu a carteira de identidade e demorou a providenciar outra. Alguns disseram que ele nunca saía com cartão de crédito.

Um aspecto da personalidade do ex-secretário do Tesouro encontrava unanimidade em amigos e críticos. "Arno é uma pessoa honesta", garantiu um ex-assessor. Não há sequer boatos de que ele tenha

234

levado alguma vantagem pessoal durante o longo período — quase sete anos — em que esteve à frente da Secretaria do Tesouro. "Ele é muito rigoroso na utilização do dinheiro público", disse o ex-assessor. "Quando ele viajava a trabalho e utilizava um carro do Ministério da Fazenda para ir ao aeroporto, ao voltar era um problema para fazer a prestação de contas dele, pois pedia para descontar de sua diária o valor correspondente ao táxi do ministério ao aeroporto."

Assim que assumiu o cargo, Arno logo percebeu como o Tesouro Nacional funcionava. O trabalho era feito de forma autárquica, com cada área atuando de maneira independente, sem trocar informações. "Era quase uma empresa familiar", sintetizou um funcionário da instituição. "Muitas coisas eram pedidas sem serem formalizadas por escrito." Para esse funcionário, havia uma fraqueza institucional, uma ausência de conformidade. O novo secretário soube explorar a divisão interna do Tesouro, a governança precária.

Funcionários do Tesouro que conviveram com Arno Augustin descreveram o ex-secretário como uma pessoa centralizadora, autoritária e reservada. Queixaram-se também de seu excesso de ideologia. "Era difícil aguentar mais de dez minutos de conversa com ele", contou um ex-auxiliar. Nessas ocasiões, o secretário recorria muito à simbologia-padrão da esquerda. Falava mal do FMI e dos bancos e costumava criticar economistas ligados ao PSDB. "Ele detestava o Gustavo Franco", disse um assessor, referindo-se ao presidente do Banco Central na gestão do presidente Fernando Henrique Cardoso.

Do ponto de vista ideológico, Arno era um opositor ferrenho do ideário neoliberal e defensor da intervenção do Estado na economia. A corrente política à qual estava associado entendia a austeridade fiscal como desculpa para o governo acumular dinheiro para pagar juros aos bancos, em vez de usar os recursos públicos em ações e investimentos que beneficiassem a população.

O mais curioso é que quando foi secretário de Fazenda no governo Olívio Dutra, Arno chegou a ser chamado de "o Malan do Rio Grande do Sul", numa referência ao ex-ministro da Fazenda Pedro Malan, conhecido por sua política de austeridade fiscal. "Os outros secretários diziam que ele segurava tudo, era muito rígido", revelou um funcionário que acompanhou de perto a ação do secretário de Fazenda naquela época.

As primeiras acusações de que Arno Augustin utilizava "práticas heterodoxas" para fechar as contas públicas surgiram nessa época. "Ele já fazia pedalada quando era secretário de Fazenda", garantiu uma autoridade do governo do ex-presidente Fernando Henrique Cardoso, que acompanhou o trabalho do secretário gaúcho. "Ele pedalou o pagamento dos precatórios estaduais." Precatórios são dívidas que a Justiça obriga a administração pública a pagar. Outra acusação contra Arno é de que teria utilizado recursos do caixa único estadual, que possui verbas vinculadas e de empresas estatais, para cobrir gastos correntes.

Arno Augustin começou a pedalar o pagamento dos subsídios aos bancos públicos já em sua primeira passagem pela Secretaria do Tesouro Nacional, no período de junho de 2007 a dezembro de 2010. Em 2009, deixou de pagar mais de 900 milhões de reais devidos pelo Tesouro ao Banco do Brasil, em subsídios concedidos no âmbito do crédito agrícola, de acordo com levantamento feito pelo Tribunal de Contas da União e que agora consta da estatística fiscal do Banco Central.

Por lei, cabe ao Tesouro cobrir a diferença entre o custo de captação dos bancos estatais e os juros pagos pelos tomadores dos empréstimos subsidiados. Essa é uma despesa paga pelos contribuintes. Em 2010, Arno continuou atrasando os pagamentos devidos ao Banco do Brasil e começou a pedalar os subsídios do PSI devidos ao BNDES.[2]

Algumas ações e declarações do ex-secretário do Tesouro mostravam que ele também nunca acreditou em equilíbrio fiscal como condição para o crescimento econômico. Nem na necessidade de transparência nessa área. Nas várias discussões internas do governo Dilma Rousseff sobre mudanças na meta fiscal, Arno sempre se alinhou com o ministro da Fazenda, Guido Mantega, pela manutenção do superávit primário de 3,1% do PIB, mesmo sabendo que o governo não tinha compromisso efetivo com a obtenção desse resultado.

Um ex-ministro que acompanhou os debates na época disse que

os dois defendiam a manutenção da meta argumentando que depois "dava-se um jeito" de cumpri-la. Acreditavam que até era bom o mercado não saber como o governo faria para alcançar a meta. Em entrevista à Reuters, em 2012, Arno afirmou que o Brasil não precisava mais cumprir a meta cheia de superávit primário (sem desconto dos investimentos do PAC) para assegurar melhoras no seu endividamento, porque, com a queda da taxa de juros, os encargos da dívida pública seriam menores.

A decisão de não reduzir oficialmente a meta fiscal e o aumento continuado de gastos autorizados pela presidente Dilma Rousseff deixaram Arno em situação difícil. Dilma queria sempre mais dinheiro para o Pronatec, o Fies e o programa Minha Casa Minha Vida (MCMV), e ainda criou o Minha Casa Melhor, que previa a concessão de empréstimos aos mutuários do MCMV para a compra de móveis e eletrodomésticos. Com tudo isso, o gasto da União crescia em ritmo mais acelerado que a expansão da economia.

No segundo semestre de 2013, Arno intensificou as pedaladas, ou seja, passou a adiar, de forma sistemática, o pagamento de despesas com o objetivo de abrir espaço para gastos adicionais do governo, melhorar o resultado fiscal e cumprir a meta de superávit primário definida na LDO.

Como o TCU viria a constatar posteriormente, o então secretário do Tesouro deixou de repassar recursos para a Caixa Econômica Federal pagar o programa Bolsa Família, o abono salarial e o seguro--desemprego no fim de 2013. Somente com o seguro-desemprego e o abono salarial, o Tesouro atrasou o pagamento de 2,49 bilhões de reais, de acordo com o TCU.[3] A meta fiscal daquele ano só foi cumprida com a ajuda dessas pedaladas.

Desde 2010, o governo vinha deixando de pagar a despesa do BNDES com a equalização dos juros dos empréstimos do PSI. Também não pagava a despesa do Banco do Brasil com a equalização dos juros do crédito rural, o Plano Safra. A conta dos subsídios estava acumulando e, em 2012, uma portaria do Ministério da Fazenda simplesmente adiou por 24 meses o pagamento da equalização dos juros ao BNDES.

Em julho de 2013, técnicos do Tesouro Nacional produziram um diagnóstico de 97 páginas sobre a situação fiscal e econômica do país. No documento, divulgado pelo jornal *Valor Econômico*,[4] eles alertavam para o fato de que até o final de 2015 o Tesouro estaria com um passivo de 41 bilhões de reais na conta de subsídios em atraso. Diziam ainda que a contabilidade criativa afetava a credibilidade da política fiscal e previam que o prazo para um possível *downgrade*, ou seja, o rebaixamento da nota de crédito do país pelas agências internacionais de risco, era de dois anos. Em setembro de 2015, o Brasil foi rebaixado ao grau de investimento especulativo pela Standard & Poor's e, em seguida, pelas demais agências de *rating*. O que Lula conseguiu em 2008, Dilma perdeu em 2015.

Em 22 de novembro de 2013, dezesseis slides resumindo as 97 páginas foram apresentados pelos técnicos do Tesouro ao secretário Arno Augustin numa reunião que se tornaria famosa realizada na sala do CMN, no quinto andar do edifício do Ministério da Fazenda, em Brasília. Participaram os dezenove coordenadores-gerais do Tesouro, os seis subsecretários, além de assessores. Como o jornal *Valor Econômico* revelou,[5] os técnicos pretendiam expor suas preocupações com o risco de *downgrade*, seu impacto na economia brasileira, as dificuldades da política fiscal, a imagem do Tesouro e os problemas de relacionamento do secretário com a equipe.

O entendimento da equipe, apresentado pelo coordenador-geral de Planejamento Estratégico da Dívida Pública, Otávio Ladeira, era de que a política fiscal já estava percorrendo uma trajetória insustentável. Quando o sexto slide foi exibido — um gráfico que mostrava como o mercado vinha perdendo a referência da meta fiscal perseguida pelo governo —, Arno interrompeu a apresentação e passou a fazer a sua própria exposição, rebatendo as críticas de sua equipe técnica.

De acordo com o relato feito pelo jornal *Valor Econômico*, Arno Augustin deixou claro que havia convocado a reunião para pôr fim ao que considerava uma rebelião contra a política econômica, e não para tratar de cenários fiscais. O secretário do Tesouro contestou a afirmação de que o governo não cumpriria a meta e criticou as pro-

238

jeções do mercado, feitas o tempo todo, de acordo com ele, "para ganhar dinheiro".

Segundo o jornal, o funcionário Hailton Madureira de Almeida mencionou o desconforto que havia no Tesouro em assinar pareceres que contrariavam a opinião da área técnica. Os funcionários se preocupavam com os riscos jurídicos de subscreverem documentos que permitissem a contabilidade criativa. Arno respondeu que cada um deveria escrever o que considerava correto e que, caso ele discordasse, faria um despacho contrário. A única coisa com a qual o secretário concordou foi que era necessário melhorar a relação com os subordinados.

Em sua apresentação, Arno rebateu uma das principais críticas dos técnicos, sobre o passivo que estava sendo acumulado com o não pagamento dos subsídios. De acordo com o jornal *Valor Econômico*, o secretário disse que sem o PSI a formação bruta de capital fixo (taxa de investimento) do Brasil teria caído para 13% do PIB. Em 2013, ela ficou em 20,9% do PIB. Argumentou também que o desemprego no país continuava muito baixo, o que mostrava a eficiência da política econômica. Lembrou aos subordinados que a política econômica é definida por quem tem votos e que, naquela sala, nenhum dos técnicos havia sido eleito.

A reunião do secretário com seus principais subordinados e parte das críticas que eles fizeram à política fiscal vazaram para a imprensa, o que deixou Arno furioso. Ele exigiu retratação, o que foi feito. No dia 5 de dezembro, os coordenadores da Secretaria do Tesouro divulgaram uma nota à imprensa em que registravam o "repúdio à forma como foi veiculada" a reunião com o secretário. "Esta reunião foi realizada com o intuito de debater assuntos internos de interesse institucional, técnico e administrativo, e demonstra a forma democrática que sempre pautou a STN no desempenho de suas funções." A nota acrescentava: "Refutamos, ainda, a menção de que haja clima de rebelião, confronto ou insubordinação no relacionamento entre os coordenadores, os subsecretários e o secretário do Tesouro".

A contabilidade criativa e todas as manobras que resultaram nas pedaladas foram feitas por Arno, com a ajuda de um seleto grupo de funcionários de carreira do Tesouro Nacional, entre os quais Marcus Pereira Aucélio e Marcelo Pereira de Amorim. Quando voltava do Palácio do Planalto, era esse o grupo que Arno chamava para executar as determinações de Dilma Rousseff. Mais tarde, ao ver a relação dos técnicos responsabilizados pelas pedaladas, divulgada pelo Tribunal, ex-assessores de Arno disseram ter ouvido dele uma frase curta: "Falta alguém nessa lista". Ele se referia a um funcionário com participação ativa em todas as manobras, mas que, por não ter assinado nenhum documento, passou ileso pela auditoria do TCU.

É impossível analisar o trabalho de Arno Augustin à frente da Secretaria do Tesouro Nacional sem considerar o papel de Marcus Aucélio, então subsecretário de Política Fiscal. Aucélio foi o principal operador de Arno e apontado, até mesmo por seus colegas do Tesouro, como o mentor da contabilidade criativa. Ele não se formou em economia, graduou-se em engenharia florestal pela Universidade de Brasília, ingressou por concurso nos quadros do Tesouro Nacional e, desde 1994, atuava como analista de finanças e controle. Enquanto estava no Tesouro, Aucélio cursou, em 1997, especialização em Finanças pelo IBMEC, e em 2000 fez pós-graduação em economia do Setor Público pela FGV.

No início de 2012, o jornal *Correio Braziliense* revelou que o salário de Marcus Aucélio era de 51 mil reais por mês, bem acima do teto do funcionalismo, de 26 723 reais na época. Sua remuneração atingia esse valor por causa da participação de Aucélio nos conselhos da Petrobras e da AES Eletropaulo e por ele ser membro do comitê de auditoria do Banco de Brasília (BRB). Além disso, Aucélio recebia jetons de mais de 20 mil reais na condição de suplente do conselho fiscal da mineradora Vale, como havia ocorrido em 2011, quando participou de algumas reuniões em substituição ao titular. Participar de conselhos de estatais como forma de complementar salário não era, no entanto, uma prática exclusiva do subsecretário do Tesouro. Outros subsecretários, ministros de Estado e autoridades do governo também a adotavam.

Em janeiro de 2014, o coordenador-geral da Coordenação de

Operações de Crédito do Tesouro Nacional (Copec), Adriano Perei-ra de Paula, decidiu formalizar seu desconforto e apreensão com o volume de subsídios que não estavam sendo pagos, ou seja, que es-tavam sendo pedalados. Para tanto, encaminhou a Marcus Aucélio, seu superior imediato, uma nota técnica descrevendo a situação e pedindo que ele desse prosseguimento ao assunto com um alerta ao secretário Arno Augustin. No comunicado, que ele registrou no sis-tema eletrônico interno do Tesouro, Adriano de Paula pedia a Arno uma orientação sobre que estratégia adotar para resolver o proble-ma. O documento foi descoberto pelos auditores do TCU e divulgado pelo jornal *Valor Econômico*.[6]

No dia 8 de junho de 2016, em depoimento aos senadores que in-tegraram a Comissão Especial do Impeachment do Senado, o coor-denador-geral da Copec informou que redigiu, junto com o gerente de operações, Rogério Jesus, outras duas notas técnicas expressando a mesma preocupação: uma em agosto de 2013 e outra em agosto de 2014.

"Em todos os documentos, eu não recebi nenhuma resposta for-mal dos meus superiores. Simplesmente que [sic] estava dada a políti-ca, essa é uma política decisória, e que não caberia a mim questionar, e sim cumprir, porque a minha responsabilidade era de executar o pagamento desde quando autorizado", disse ele aos senadores.

A senadora Ana Amélia (PP-RS) quis saber qual foi a explicação dada por Arno para não atender às ponderações feitas nas notas técnicas sobre o atraso no pagamento de subsídios e em outras ma-nifestações.

"O argumento utilizado foi, simplesmente, não autorizar. Havia uma decisão superior que ele estava tomando e assumia a responsa-bilidade por esse ato. Não autorizaria a liberação dos recursos pró-prios para o pagamento", respondeu Adriano de Paula.

O coordenador da Copec confirmou que recebeu ofícios do Ban-co do Brasil e do BNDES cobrando o pagamento dos débitos do Te-souro com a equalização das taxas de juros dos empréstimos que concediam. Ele explicou que, assim que recebia esses ofícios, os levava ao conhecimento de seus superiores (Marcus Aucélio e Arno

Augustin) e que em suas respostas às instituições financeiras oficiais informava que os pagamentos não seriam feitos até que recebesse "ordem formal e os recursos para tal".

Os senadores perguntaram a Adriano de Paula que autoridades do governo tomaram conhecimento dos alertas feitos pela área técnica do Tesouro sobre o atraso sistemático no pagamento dos subsídios ao BNDES e ao Banco do Brasil. "Em 2013, o assunto realmente foi discutido com o secretário do Tesouro. O assunto chegou ao conhecimento, como nos foi informado, do Ministro da Fazenda", respondeu o coordenador da Copec aos senadores.[7]

Com a decisão de não pagar os subsídios, os passivos acumulados do Tesouro com o BNDES atingiram 20,2 bilhões de reais em 31 de dezembro de 2014 e, com o Banco do Brasil, 10,9 bilhões de reais.[8]

Em julho de 2014, o jornal *O Estado de S. Paulo* informou que, no mês anterior, o superávit primário do Tesouro havia sido elevado em 4 bilhões de reais através de uma ajuda inusual. Um banco privado tinha feito um pagamento por meio de uma conta fora do rol daquelas verificadas pelo Banco Central, quando calcula o resultado fiscal.[9] A informação aumentou as suspeitas sobre os dados divulgados pelo Tesouro. No mês seguinte, os jornais *O Estado de S. Paulo* e *Folha de S.Paulo* divulgaram que a Caixa Econômica Federal havia pedido que a Câmara de Conciliação e Arbitragem da Administração Federal, órgão da AGU, tomasse providências para evitar o atraso de repasse de recursos do Tesouro, para que o banco pudesse pagar os benefícios do Bolsa Família e do seguro-desemprego.

O que causou alvoroço no Tesouro foi o pedido da Caixa à AGU ter vazado para os jornais, vazamento que só pode ser entendido como fruto da preocupação dos dirigentes e do corpo técnico do banco estatal de serem responsabilizados por ações que o TCU viesse a julgar ilegais. "Estavam me obrigando a cometer ilegalidades", teria confidenciado o então presidente da Caixa, Jorge Hereda, a assessores, segundo relato de um deles.

Assim que o noticiário sobre as pedaladas se tornou mais intenso, preocupados com os desdobramentos, os coordenadores-gerais do Tesouro solicitaram uma reunião com os subsecretários. Um coordenador advertiu os superiores sobre os questionamentos que estavam sendo feitos pelo TCU. Marcus Aucélio rebateu as colocações, dizendo que não se poderia "levar o TCU para dentro do Tesouro". A reunião foi encerrada.

Os subsecretários, no entanto, pediram uma reunião com Arno e alertaram o secretário sobre a possibilidade de o TCU "criar problemas". Arno não deu muita importância. Um ex-auxiliar dele disse que o secretário dava pouca importância às advertências do TCU por achar que não estava fazendo nada ilegal, uma vez que, em sua opinião, os governos anteriores também tinham adotado procedimentos semelhantes, inclusive atrasando o repasse de recursos para o pagamento de programas sociais.

Os auditores concluíram o relatório sobre as pedaladas fiscais no início de dezembro de 2014, condenando todas as práticas adotadas por Arno e sua equipe. A conclusão foi que o atraso no pagamento de subsídios e programas sociais tinha sido proposital, com o objetivo de o governo abrir espaço para a realização de outras despesas. Mais do que atraso de pagamentos, os auditores mostraram que o governo forçou os bancos públicos a pagarem despesas de responsabilidade do Tesouro, o que ficou caracterizado como operações de crédito proibidas pela LRF. Mas o ano terminou sem o julgamento do relatório pelo plenário do TCU, o que só iria ocorrer em abril de 2015.

Havia grande apreensão na área técnica do Tesouro sobre as consequências do julgamento pelo plenário do TCU. Com a chegada de Joaquim Levy ao Ministério da Fazenda, estava claro que Arno encerraria sua gestão na Secretaria do Tesouro, e os técnicos não queriam ser responsabilizados por decisões e práticas condenadas pelo TCU, tampouco pelos novos comandantes do Ministério da Fazenda e do Tesouro.

No dia 30 de dezembro de 2014, Arno Augustin assinou seu último ato como secretário do Tesouro Nacional: a nota técnica nº 6, na qual informava que era ele quem dava a última palavra sobre a liberação de recursos públicos para os demais órgãos da administração federal. Isentava, assim, todos os seus subordinados do atraso no repasse de recursos, ou seja, das pedaladas fiscais. Arno apenas assinou a nota; ela foi redigida pela Coordenação-Geral de Programação Financeira e pela Subsecretaria de Política Fiscal, de acordo com ex-assessores do secretário.

Sob a orientação de Arno Augustin, o Tesouro Nacional acabou produzindo alguns dos fatos que, posteriormente, iriam ser utilizados como base para o pedido de impeachment da presidente Dilma Rousseff. Em dezembro de 2015, quando o pedido de impeachment de Dilma foi aceito pelo presidente da Câmara, um funcionário veterano, sentado à frente de alguns técnicos envolvidos nas pedaladas fiscais, durante uma reunião no Tesouro, pensou: "Aí estão algumas das pessoas que provocaram o processo de afastamento da presidente".

CAPÍTULO 18

A forte redução da pobreza

Embora a criação e implementação do programa Bolsa Família tenha notabilizado os governos do PT ao se tornar referência mundial no enfrentamento da fome e da pobreza extrema, ele representou apenas uma pequena parcela do gasto social realizado diretamente pelo governo federal entre 2003 e 2015. Nesse período, a despesa com programas sociais cresceu 3,1 pontos percentuais do PIB, e o Bolsa Família não foi o principal responsável por esse aumento. Da elevação total, representou apenas 0,45 ponto percentual do PIB.[1]

Lula foi eleito presidente da República em 2002 com a promessa de acabar com a fome no Brasil em quatro anos e de, ao fim de seu governo, ter garantido a cada brasileiro ao menos três refeições por dia: café da manhã, almoço e jantar. Ao assumir, Lula tentou executar o programa Fome Zero, lançado em sua campanha eleitoral, que previa a distribuição emergencial de cestas básicas, a criação do cartão alimentação, a compra de produtos da agricultura familiar, a criação de um banco de alimentos e a abertura de frentes de trabalho.

A primeira equipe econômica de Lula, comandada pelo então ministro da Fazenda, Antonio Palocci, logo percebeu a inviabilidade do Fome Zero. Palocci foi alertado para a existência de um cadastro de famílias pobres montado pela socióloga Ruth Cardoso — esposa do ex-presidente Fernando Henrique Cardoso — e sua equipe. Quando Lula foi informado sobre a existência desse cadastro, reagiu com pragmatismo: "Se tem alguma coisa boa na gaveta, vamos tirar da gaveta, dar outro nome e vamos em frente", disse, segundo relato de uma autoridade que participou das discussões.

Na montagem do cadastro, Ruth enfrentou incompreensões dentro do governo de FHC e de seu partido, o PSDB. Ela explicava que, para atender às famílias pobres, era necessário conhecê-las, saber onde moravam, quantas pessoas habitavam a mesma residência, a idade de cada morador, saber se os filhos estavam na escola e quem era o chefe da família. "Andamos pelas ruas e nos deparamos com os pobres, mas não sabemos quase nada sobre a vida deles. Não se pode sair distribuindo dinheiro por aí", dizia ela. Com o cadastro, a socióloga sustentava que os programas sociais poderiam ganhar eficiência e velocidade.

Para alcançar os brasileiros verdadeiramente pobres, o governo Lula utilizou e aprimorou o cadastro único para programas sociais criado pelo ex-presidente Fernando Henrique Cardoso em 2001. Os beneficiários cadastravam-se com suas informações básicas e o governo passava a identificar e acompanhar quem recebia os recursos. "Em termos de qualidade, o Fome Zero era um passo atrás do que havia antes. O Bolsa Família representou dois passos para a frente", diria mais tarde o economista Marcelo Côrtes Neri, especialista em políticas sociais,[2] que depois foi presidente do Ipea e ministro-chefe da Secretaria de Assuntos Estratégicos da Presidência da República.

As dificuldades de gestão e a baixa eficiência das iniciativas do Fome Zero acabaram levando o governo a mudar de rumo. Em outubro de 2003, o presidente assinou a MP 132, criando o Programa Bolsa Família. Em seu artigo primeiro, parágrafo único, a medida informava que o novo programa unificaria as ações de transferência de renda que já vinham sendo executadas pelo governo federal, especialmente pelo Bolsa Escola, Bolsa Alimentação e Auxílio Gás.

Com o novo programa, o governo passou a transferir cinquenta reais por mês a famílias em situação de extrema pobreza, com renda per capita mensal de até cinquenta reais. Previa também um benefício variável, no valor de quinze reais por beneficiário, até o limite de 45 reais, a famílias com renda per capita mensal de até cem reais (valores da época). A transferência seria feita diretamente à família beneficiária, que precisaria apenas de um cartão magnético para sacar o dinheiro. Os recursos chegariam à população pobre sem nenhuma intermediação política.

Na solenidade de lançamento do Bolsa Família, realizada no Palácio do Planalto, Lula deu o devido crédito a quem tinha lhe sugerido unificar os programas de transferência de renda já existentes: o então governador de Goiás, Marconi Perillo, do PSDB, partido de oposição. Em Goiás, Perillo já adotava o cartão magnético para transferir renda a famílias extremamente pobres.[3]

O Brasil sempre ocupou os primeiros lugares no triste ranking dos países com maior desigualdade de renda no mundo. Em 2001, o coeficiente de Gini do Brasil — indicador que mede o nível de desigualdade de uma nação — era de 0,594. Quanto mais próximo de 0 e mais distante de 1, menor a desigualdade. Naquele ano, os 10% mais ricos detinham 47,2% da renda nacional. O 1% mais rico apropriava-se de 13,8% da renda, enquanto os 50% mais pobres ficavam com apenas 12,7%.[4] E 10% da população brasileira vivia em um nível de extrema pobreza, com renda per capita inferior a 1,25 dólar por dia, de acordo com o critério adotado pelo Banco Mundial.

Esse quadro começou a se alterar a partir de 2002, quando se observou uma clara tendência decrescente do índice de Gini. Nos doze anos seguintes, a desigualdade de renda no Brasil manteve-se em queda de forma continuada. Entre 2003 e 2014, mais de 29 milhões de pessoas deixaram a pobreza extrema. A renda dos 40% mais pobres cresceu, em média, 7,1% em termos reais, em comparação com os 4,4% de crescimento da renda total, de acordo com levantamento do Banco Mundial.[5]

Os avanços alcançados pelos governos de Lula e de Dilma Rousseff no enfrentamento da pobreza obtiveram reconhecimento no mundo todo. Em setembro de 2014, o Brasil saiu do mapa da fome da Organização das Nações Unidas para Agricultura e Alimentação. O órgão informou que o país tinha reduzido em 82% o número de pessoas subalimentadas no período de 2002 a 2014 e que a queda era a maior registrada entre as seis nações mais populosas do mundo.[6]

Em abril de 2015, o Banco Mundial divulgou o estudo "Prosperidade compartilhada e erradicação da pobreza na América Latina e Caribe", segundo o qual o Brasil praticamente havia eliminado a pobreza extrema, e feito isso mais rápido do que outros países latino-americanos. "Ao todo, 25 milhões de pessoas deixaram de viver na pobreza (extrema ou moderada)", constataram os autores do informe. Segundo o estudo, isso significava que, de cada duas pessoas que tinham saído da miséria na América Latina e no Caribe entre 1990 e 2009, uma era brasileira.[7]

Em seguida, o Programa das Nações Unidas para o Desenvolvimento divulgou um relatório com os resultados da primeira meta dos Objetivos de Desenvolvimento do Milênio, definidos pela ONU no início dos anos 2000. Segundo o documento, de 1990 a 2012, o mundo havia conseguido reduzir a pobreza extrema pela metade, de 47% para 22%. No mesmo período, o Brasil erradicou a fome e fez a população extremamente pobre cair de 25,5% para 3,5% do total.[8]

De acordo com a avaliação do Banco Mundial, os resultados obtidos pelo Brasil na redução da desigualdade eram decorrência do crescimento econômico do período, das políticas públicas de erradicação da pobreza e da substancial redução do desemprego. Os especialistas destacaram também o fato de que a pobreza extrema tinha caído mais no Brasil do que nos demais países que haviam sido beneficiados pelo ciclo de alta das commodities.

"Não foi um presente externo [a melhoria dos indicadores sociais do Brasil], da China, como dizem. Foi um conjunto de políticas e o foco no pobre", avaliou o economista Ricardo Paes de Barros, considerado o maior especialista brasileiro em políticas sociais.[9] Paes de Barros era um dos principais consultores dos governos de Lula e de Dilma nessa área. Entre 2011 e 2015, foi subsecretário de Ações Estratégicas da Secretaria de Assuntos Estratégicos da Presidência da República.

Em estudo divulgado em junho de 2016, o Tesouro Nacional

quantificou o gasto social feito diretamente pelo governo federal entre 2003 e 2015 e revelou ter havido uma forte elevação, equivalente a 3,1 pontos percentuais do PIB. A despesa com benefícios previdenciários foi a que mais cresceu, subindo 0,97 ponto percentual do PIB no período. Em seguida, o gasto com assistência social, com 0,78 ponto percentual do PIB, e depois a despesa com educação e cultura, que aumentou 0,74 ponto percentual. Os recursos destinados ao serviço público de saúde mantiveram-se estáveis. De acordo com o estudo, os gastos sociais passaram a corresponder a 67,3% do total da despesa em 2015, enquanto em 2002 tinham sido de 59,9%.[10]

O gasto direto com assistência social teve um aumento de 375% em termos reais entre 2002 e 2015, segundo o Tesouro, e estava fortemente relacionado com a expansão das políticas de garantia de renda observadas no período de 2003 a 2010. O que mais cresceu foi a despesa com Benefício de Prestação Continuada, que é a transferência mensal de um salário mínimo a pessoas portadoras de deficiência ou idosas (acima de 65 anos), que tenham renda familiar per capita menor que um quarto do salário mínimo. Em 2015, a despesa com esse benefício equivaleu a 0,68% do PIB, enquanto o gasto com o Bolsa Família ficou em 0,45% do PIB.

Apresentado pelo governo como um dos ingredientes fundamentais para a redução da pobreza e da desigualdade, o salário mínimo recebeu aumentos substanciais nos governos do PT. Entre 2002 e 2016, o piso salarial registrou ganho real, descontada a inflação, de 77%, ao passar de duzentos para 880 reais. Em 2016, 48,3 milhões de brasileiros possuíam rendimentos com base no salário mínimo, segundo o Ministério da Fazenda.[11]

A Constituição determina que se preserve o poder aquisitivo do salário mínimo, mas até 2010 não havia uma regra definida em lei para o aumento real do piso salarial e o reajuste era negociado com as centrais sindicais. A política de valorização do salário mínimo foi institucionalizada em 2011, por iniciativa do presidente Lula, através da lei nº 12 382, que determinou sua correção pelo Índice Nacional de Preços ao Consumidor mais a variação real do PIB de dois anos anteriores, tal como havia sido acordado nas últimas negociações do governo com as centrais. Por essa regra, o aumento real do salário mínimo passava a ocorrer de forma automática, houvesse ou não espaço no orçamento para acomodar o gasto. Em 2015, a presidente Dilma estendeu a vigência dessa lei para 2019.

O impacto da política de reajuste do salário mínimo nas contas da União de 2008 a 2014 foi de 179,1 bilhões de reais, em valores correntes, segundo dados do Tesouro Nacional. Somente em 2014, o gasto atingiu 47,5 bilhões de reais,[12] muito superior aos 26,6 bilhões despendidos com os benefícios do Bolsa Família[13] no mesmo ano. O aumento do salário mínimo impacta diretamente a despesa da União com benefícios previdenciários e assistenciais, pesando também nas contas de estados e municípios.

Houve iniciativas importantes ainda na área de educação e cultura, cujas despesas aumentaram de 1,6% do PIB para 2,4% do PIB no período de 2003 a 2015, segundo o Tesouro. Entre elas encontram-se o ProUni, a expansão da rede federal de universidades, a ampliação do Fies e o Pronatec. Nesse período de doze anos observou-se a redução da taxa de analfabetismo em todas as faixas etárias.

O estudo realizado pelo Tesouro Nacional concluiu que os gastos com transferências sociais diretas foram responsáveis por 47% da redução da desigualdade de renda e por 32% da melhoria da proporção da pobreza, resultando na saída de 6,8 milhões de brasileiros da pobreza.

Outro programa social lançado por Lula em 2009 foi o Minha Casa Minha Vida, de construção de moradias para a população de baixa renda. Famílias com renda mensal bruta de até 1,8 mil reais recebiam um subsídio do Tesouro Nacional para a aquisição do imóvel. O programa facilitou também o pagamento da moradia para famílias com renda de até 6,5 mil reais.[14] Quando o Minha Casa Minha Vida completou sete anos, o governo divulgou um levantamento informando que já tinham sido contratadas mais de 4,2 milhões de moradias. Dessas, mais de 2,6 milhões haviam sido entregues.[15]

A melhoria dos indicadores sociais ocorreu no momento em que a economia do país apresentava forte expansão do emprego. Em dezembro de 2012, a taxa de desemprego ficou em 4,6% da população economicamente ativa, segundo a Pesquisa Mensal de Emprego do IBGE. Enquanto no governo se falava que o país vivia uma situação de pleno emprego, o fato é que as empresas tinham dificuldade para conseguir mão de obra. Chegou-se a discutir, na área técnica, o que foi apontado como um paradoxo: enquanto a economia dava sinais de desaquecimento, o emprego continuava em expansão.

No fim de outubro de 2010, Lula comparou o Brasil com os países que amargavam os efeitos da crise financeira internacional. "Aqui no Brasil, há cidades com 5,1%, 4,5%, 4,1% de índice de desemprego, e o índice nacional está em 6,2%. Isso para os padrões mundiais é quase um pleno emprego. Nos Estados Unidos, temos 10% de desemprego, na Europa 10% e na Espanha 20%", afirmou.[16] Mesmo quando a economia brasileira já mergulhava na recessão, o governo da então presidente Dilma Rousseff comemorava seus feitos no mercado de trabalho. "De 2008 até agora, o Brasil gerou mais de 10,5 milhões de postos de trabalho", disse o então ministro do Trabalho, Manoel Dias, em janeiro de 2015.[17]

O bom desempenho do governo na área social continuou até o fim do primeiro mandato de Dilma Rousseff. Segundo o IBGE, o índice de Gini das pessoas em idade ativa e com rendimentos caiu para 0,497, sendo o melhor da série desde 2002. O rendimento médio, mensal e real do trabalhador também atingiu seu maior valor. Esse quadro começou a mudar em 2015, como reflexo da recessão econômica que teve início no segundo trimestre de 2014. A taxa de desocupação média de janeiro a dezembro de 2015 foi estimada em 6,8%, contra 4,8% em 2014. A elevação de dois pontos percentuais foi a maior de toda a série anual da pesquisa e interrompeu a trajetória de queda que ocorria desde 2010.[18]

Com a continuidade do processo recessivo, a situação piorou em 2016. De acordo com o IBGE, a taxa de desocupação foi de 11,6% no trimestre encerrado em julho, o que significava 11,8 milhões de pessoas sem emprego. O Brasil registrou a perda de 1,542 milhão de postos de trabalho formais em 2015, de acordo com dados do Caged do Ministério do Trabalho. Os setores que mais perderam vagas foram a indústria de transformação e a construção civil. De janeiro a junho de 2016, mais 531,7 mil postos de trabalho foram fechados.[19]

Durante os governos dos presidentes Luiz Inácio Lula da Silva e Dilma Rousseff, as despesas da União, principalmente com os programas sociais, cresceram de forma contínua, acima do ritmo de expansão da economia, e isso foi possível, em um primeiro momento, por causa da forte elevação da receita da União no período. Mesmo quando a arrecadação começou a fraquejar, em 2011, provocada por uma série de fatores, entre eles o desaquecimento da economia, Dilma manteve o aumento das despesas. Para isso, o governo sacrificou a meta do resultado primário, que terminou em um déficit gigantesco. Ao mesmo tempo, apelou para a contabilidade criativa, incluindo as chamadas pedaladas fiscais, para mascarar a real situação das contas púbicas.

Em 2015, Dilma foi obrigada a se defrontar com a realidade. Sabedor de que não tinha condições de manter a trajetória de crescimento de gastos registrada nos anos anteriores, o governo deu início a um programa de ajuste das contas da União, que incluiu, entre outras medidas, redução dos gastos com saúde e educação. Além disso, anunciou a reavaliação de diversos programas, como o de mobilidade, saneamento básico, Minha Casa Minha Vida, Pronatec, Fies, Ciência sem Fronteiras, construção de cisternas e implantação de creches e Unidades Básicas de Saúde. "Reavaliação" foi o termo utilizado para evitar a palavra "corte".[20]

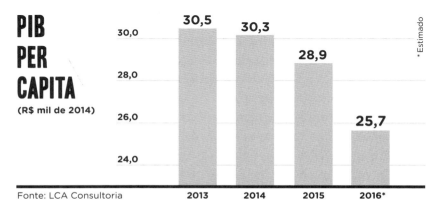

CAPÍTULO 19

O estilo Dilma

"Agora mesmo é que ninguém mais vai aguentar ela [sic]." Giles Azevedo, o chefe de gabinete identificado como o colaborador mais próximo da então presidente Dilma, tinha acabado de receber de um ministro a pesquisa Datafolha de janeiro de 2012 apontando 59% de aprovação do governo Dilma.

Dilma e Giles começaram a trabalhar juntos em 1993, no governo Alceu Collares, no Rio Grande do Sul, ela como secretária de Minas e Energia e ele, apelidado de Brizolinha pelos amigos, como seu chefe de gabinete. Dilma e Giles eram do PDT de Leonel Brizola e, juntos, abandonaram o D da sigla e se filiaram ao PT. Discrição, lealdade e eficiência. Foi por considerar que Giles tinha esses três atributos que Dilma o levou com ela para o Ministério de Minas e Energia e depois para o da Casa Civil, nos mandatos de Lula, e, finalmente, para o Palácio do Planalto, quando ela mesma assumiu a Presidência da República.

A reação espontânea de seu fiel assessor foi de surpresa diante dos números que, ele sabia, teriam efeito cumulativo no comportamento da chefe que ele conhecia tão bem. Da mesma forma, a equipe de ministros e assessores que compunha o gabinete presidencial vinha notando uma mudança de atitude em Dilma, ela cada vez mais confiante, mais determinada a tomar decisões à sua maneira e menos tolerante a ponderações e contra-argumentos.

Os 59% de ótimo e bom alcançados pela presidente na pesquisa da Datafolha superavam o improvável: que Dilma, em tão pouco tempo, tivesse ultrapassado a pontuação recorde do fim do primeiro ano do mandato de Lula. Ele com 42% em dezembro de 2003 (primeiro mandato) e 50% em novembro de 2007 (segundo mandato), e Dilma Rousseff bem à frente de seu antecessor, com 59%. Aos olhos do eleitorado, Dilma ficava maior do que Lula, o que não era pouco. E a pesquisa mostrava mais: para 72% dos entrevistados, Dilma era decidida, para 80% muito inteligente, 70% a achavam sincera, 52% democrática, enquanto apenas 15% consideravam a presidente falsa.

O estilo durão, impaciente e muitas vezes intolerante com seus interlocutores foi identificado por seus colegas já nos primeiros dias de 2003, quando Dilma assumiu o Ministério de Minas e Energia no governo do presidente Lula. Naquele início de gestão petista, em uma reunião para tratar de mudanças do modelo energético, Dilma cortou a palavra de um participante com uma expressão que obrigaria a todos, depois, a correr para o dicionário: "Não me venha de borzeguins ao leito!". De acordo com o dicionário *Houaiss*, borzeguim é um "tipo de calçado de feitios diversos que cobria o pé e parte da perna, usado desde os tempos dos assírios, de que procedem botas e afins", mas a expressão usada por Dilma quer dizer "não me venha com conversa fiada".

Ainda naquele início de 2003, em seu gabinete de ministra, inúmeras vezes ela deu mostras de seu destemor diante de colegas de governo. Como no dia em que recebeu o secretário executivo da Fazenda, Bernard Appy. Ele chegou acompanhado do secretário do Tesouro, Joaquim Levy, que anos depois viria a ter papel relevante no segundo mandato inconcluso de Dilma. Ambos homens de confiança do então poderoso ministro da Fazenda, Antonio Palocci.

Appy e Levy foram discutir com Dilma os custos do programa Luz para Todos, que dependia de recursos do Tesouro que o Ministério da Fazenda estava considerando excessivos. A conversa, relatada por um assessor do ministério e confirmada por Appy, mal havia começado quando a ministra se exaltou: "Vão embora daqui! Muito me admira, Appy, você vir aqui propor isso. Esse outro [disse, apontando para Joaquim Levy] não me surpreende, porque é um tucano mesmo. Vá embora e não volte mais aqui para tratar desse assunto. Você, seu Joaquim, enquanto eu for ministra, não me bote mais os pés neste ministério".

O assessor do Ministério de Minas e Energia, que da sala ao lado ouviu o esculacho, lembrou: "E olha que naquela época ela ainda não era a poderosa ministra Dilma, a preferida de Lula".

Joaquim Levy não é de se intimidar. Dilma já era ministra da Casa Civil quando, depois de uma longa reunião com ministros e assessores, Levy levantou a mão e, segundo relato de um dos ministros presentes, perguntou: "Ministra, quando vai ser a próxima assembleia?". Uma ironia ao modo como ela costumava organizar as reuniões em seu gabinete: demoradas e sempre com muitos participantes.

Paulo Bernardo também guarda histórias do estilo Dilma. Uma foi quando certa vez, recebendo em seu gabinete do Ministério do Planejamento o então governador de Mato Grosso do Sul, Zeca do PT, Paulo Bernardo telefonou para a chefe da Casa Civil a fim de explicar por que havia tomado uma decisão que não era exatamente a que se previa para determinado caso. Mesmo não discordando da solução apresentada pelo ministro, Dilma começou a gritar ao telefone. Paulo Bernardo disse que conseguiu contê-la com uma estratégia inusitada.

"Ô Dilma, se você continuar me batendo, eu vou ficar gamado em você, e aí você não se livra mais de mim..."

"Ah, seu cachorro!", ela respondeu, desligando o telefone.

Em março de 2009, durante um seminário sobre políticas para as mulheres Dilma se defendeu das críticas ao seu estilo de durona. A certa altura, afirmou: "Em condições de poder, a mulher deixa de ser vista como objeto frágil e isso é imperdoável. E aí começa aquela história da mulher dura. É verdade. Sou uma mulher dura cercada de homens meigos", referindo-se à circunstância de coordenar, na Casa Civil, um ministério de maioria masculina. A frase

"Sou uma mulher dura cercada por homens meigos" passaria a ser usada pela presidente sempre que questionada sobre seu temperamento.

Também empresários viveram momentos constrangedores com Dilma. Um ex-ministro contou que certa vez Maurílio Biagi, um dos mais tradicionais empresários do setor de açúcar e álcool, viajou com Lula e, no avião presidencial, apresentava a Lula e Dilma a proposta do setor para ampliar a geração de energia elétrica a partir da queima do bagaço de cana com a construção de linhas de transmissão que permitissem conectar as usinas às redes de distribuição de energia. Quando viu os valores a serem pagos aos usineiros pela energia que eles iriam fornecer às distribuidoras, Dilma atacou: "Isso é um roubo, vocês são uns ladrões! Enfiem essa energia onde quiserem, porque por esse preço não vamos comprar nem fodendo, nem fodendo!". Quem presenciou a cena relatou que o empresário, voando a 11 mil metros no "Aerolula", "não sabia o que fazer com aqueles papéis".

Certa vez, empenhada em seu estilo de controlar todos os detalhes de um processo decisório, Dilma convocou uma reunião em seu gabinete presidencial para que se analisasse o pedido da empresa aérea Azul de utilizar o aeroporto de Congonhas, em São Paulo. Estavam presentes, entre outras pessoas, o brigadeiro Juniti Saito, comandante da Aeronáutica; o brigadeiro Rodrigues Filho, do Departamento de Controle do Espaço Aéreo; representantes da Agência Nacional de Aviação Civil, da Infraero, a empresa estatal que cuida da infraestrutura aeroportuária; e Arno Augustin, o secretário do Tesouro, que opinava sobre quase tudo na área econômica.

A solicitação da Azul exigia uma análise da capacidade do aeroporto. A regra vigente só permitia 32 movimentos, que equivaliam ao número de pousos e decolagens por hora. Enquanto alguns argumentavam que o pedido da Azul não devia ser atendido, outros achavam possível aumentar para 36 o número de movimentos. Até que Dilma, com uma frase, encerrou a discussão. "Pronto, está decidido, vai ser 35." Um dos participantes contou que todos ficaram em silêncio e se entreolharam. No fim, a decisão da presidente esbarrou em uma impossibilidade técnica. Como a contagem do número de movimentos se baseia em pousos e decolagens, os movimentos precisam ser em número par; se o número for ímpar, ou um avião não pousa naquela hora, ou outro não decola.

No estilo Dilma, havia exemplos também de improviso. Em junho de 2013, a presidente lançou o programa Minha Casa Melhor, que dava aos beneficiários do Minha Casa Minha Vida direito a um crédito da Caixa Econômica Federal para comprar móveis e eletrodomésticos. Um ministro contou que em uma reunião em que João Santana esboçava o discurso da presidente, Mantega e Arno Augustin comentaram que 3 mil reais não dariam para comprar muita coisa. "Então põe cinco mil!", determinou Dilma. Sem nenhuma avaliação do impacto dessa decisão, o valor do empréstimo aumentou 66%. O programa destinava 18,7 bilhões de reais para os financiamentos, a juros de 5% ao ano e prazo de 48 meses.

Casos de mudança súbita de ideia também eram uma marca da presidente. Certo dia, quando preparava estudos para a construção do ferroanel de São Paulo, Bernardo Figueiredo recebeu um telefonema de Dilma. "Olha aqui, o Serra [José Serra, na época governador de São Paulo] me ligou e disse que a solução é adaptar a linha que passa pela estação da Luz, construindo um mergulhão." A outra opção era a construção de uma linha contornando a capital. Quando foi despachar o assunto com Dilma, ele começou a relatar: "Bem, como a senhora sabe, temos duas alternativas, a do mergulhão...". Dilma o cortou na hora: "Não me fale de mergulhão, o Serra me disse que mergulhão não!".

Outro desses casos de inconstância teve a ver com a participação de Dilma na reunião de cúpula Brasil-União Europeia. Irritada com a decisão da União Europeia de mover uma ação contra o Brasil na Organização Mundial do Comércio por causa da política de incentivos fiscais da Zona Franca de Manaus e do programa Inovar-Auto, de incentivo à indústria automobilística, a presidente Dilma cancelou sua participação na reunião de cúpula, marcada para 24 de fevereiro de 2014. Sua ausência implicou o cancelamento do encontro.

Dez dias antes da desmarcada reunião Brasil-UE, quando estava em Manaus para o lançamento de um navio-escola do Senai, a certa altura Dilma perguntou ao presidente da Confederação Nacional da Indústria, Robson Andrade: "Você achava mesmo importante eu ir na reunião?". Diante da resposta afirmativa de Robson, ela disse: "Então eu vou!". De Manaus, Robson telefonou correndo para sua assessoria, tentando salvar o encontro. Carlos Abijaodi, diretor de desenvolvimento industrial da CNI, ligou para Arnaldo Abruzzini, diretor executivo da Eurocâmara, associação das entidades representativas da indústria e do comércio da Europa, explicando o caso, e ouviu de Abruzzini: "Carlos, você está brincando! Acabei de vir da sala do sr. Durão Barroso [presidente da Comissão Europeia] e ele me confirmou que foi tudo cancelado". Carlos, então, telefonou para Luisa Santos, diretora de relações internacionais da Business Europe, encarregada de organizar a logística do encontro, que explicou: "Já desmarquei tudo, reservas de hotel, tudo". A solução foi a Confederação Nacional da Indústria enviar uma equipe própria para remontar o encontro às pressas.

Assim como tinha acontecido com Lula em 2003, Dilma iniciou seu primeiro mandato, em 2011, adotando uma linha ortodoxa para a economia. Tudo parecia indicar uma correção dos excessos cometidos nos anos anteriores, em especial em 2010, ano de sua eleição. Logo na primeira reunião do Copom, a taxa de juros foi elevada de 10,75% para 11,25% ao ano. Em fevereiro, houve o corte de 50 bilhões de reais no orçamento. Decisões que, segundo assessores diretos da presidente na época, respondiam a preocupações que ela já havia manifestado durante a campanha eleitoral. Por várias vezes, ouviu-se ela dizer: "Estamos gastando muito, a inflação está subindo".

Aumentar o custo do dinheiro e cortar gastos eram medidas que poderiam gerar algum desgaste para a presidente recém-empossada, porém ela começou a colher dividendos por caminhos inesperados. Denúncias de corrupção foram abatendo em sequência vários de seus ministros. De junho de 2011 a janeiro de 2012, seis deles foram afastados e um sétimo demitido, mas por outra razão. Dilma sabia que Nelson Jobim, ministro da Defesa, a vinha criticando nos bastidores e nas rodas políticas de Brasília. A gota d'água foi quando ele disse que a ministra das Relações Institucionais, Ideli Salvati, era "fraquinha" e que Gleisi Hoffmann, da Casa Civil, nem conhecia Brasília.

A lista de afastados começou com Antonio Palocci, então chefe da Casa Civil, substituído por Gleisi, e com Alfredo Nascimento, dos Transportes. O que no início pareceu que seria um constrangimento para Dilma, ser obrigada a dispensar seus ministros por suspeita de irregularidades, acabou se tornando mais um motivo de aprovação da nova presidente. O limão foi virando limonada quando a imprensa começou a tratar o afastamento de ministros denunciados como "a faxina de Dilma".

No dia 22 de julho, ela recebeu para jantar o jornalista Jorge Bastos Moreno, do jornal *O Globo*. Não seria uma entrevista, apenas um jantar. Sua primeira declaração aos repórteres depois das demissões no ministério estava marcada para o dia seguinte. Moreno contou que, já no Palácio da Alvorada, recebeu a seguinte mensagem de seu editor-chefe, Rodolfo Fernandes: "Pergunte sobre a faxina". Quebrando o compromisso de que não a entrevistaria, Moreno a certa altura provocou: "Até onde vai a faxina?".

Dilma respondeu: "A faxina não tem essa coisa de limite. O limite é mudar o Ministério dos Transportes. É transformar o Ministério dos Transportes naquilo que é o seu próprio papel: a base da infraestrutura do país. Mas também é bom que todos saibam que não estamos agindo politicamente contra um partido. A ação é sobre pessoas que agiram de forma errada, e nem todas essas pessoas são de um mesmo partido. Isso precisa ser esclarecido".[1]

A pergunta tinha sido embaraçosa para a presidente, porque nos bastidores Lula e o PT já vinham demonstrando desagrado com a faxina, que atingia integrantes do partido como Palocci e outros aliados do ex-presidente. Indagada se estava provando da chamada solidão do poder, Dilma respondeu: "Passei a conviver, isto sim, com a decisão solitária. Presidente da República tem que decidir e ser responsável pela decisão".

Se a faxina desagradou a Lula, ao PT e a outros líderes aliados, satisfez especialmente um personagem que, aos poucos, passaria a exercer mais e mais influência sobre Dilma. "O João Santana adorou aquele negócio de faxina. Ele dizia que a Dilma tinha que ser o Lula e mais alguma coisa", contou um ex-ministro que tinha gabinete no Palácio do Planalto. João Santana foi o marqueteiro de Lula na campanha da reeleição em 2006 e nas campanhas de 2010 e de 2014 de Dilma Rousseff. Ele considerava o afastamento dos ministros envolvidos em denúncias matéria-prima valiosa para construir a imagem da presidente. Sem deixar de ser Lula, Dilma já começava a apresentar um diferencial forte, que vinha caindo no gosto da imprensa e da opinião pública.

Um ministro que conviveu no poder com Lula e Dilma observou que havia uma diferença enorme no padrão de relacionamento de ambos com João Santana. Lula admirava o marqueteiro, mas este não tinha ascendência sobre o presidente. No decorrer do mandato de Dilma, João Santana passou a ficar cada vez mais próximo da presidente e a ter ascendência sobre ela. Dilma o recebia no Palácio do Planalto depois de concluída a agenda oficial. Mais frequentes eram os encontros no Alvorada nos fins de semana, aos quais comparecia também a mulher de Santana, Mônica Moura. A intimidade podia ser atestada pelo tratamento que dispensavam entre si. João Santana e Mônica chamavam a presidente de Dilma, sem o formal "presidenta", e Dilma os chamava de João e Moniquinha.

Anos depois, em 23 de fevereiro de 2016, o casal de marqueteiros seria preso e iria para a carceragem de Curitiba, ambos investigados pela Operação Lava Jato. João e Mônica Moura seriam indiciados criminalmente pela Polícia Federal por corrupção passiva, lavagem de dinheiro e participação na organização criminosa que desviara recursos da Petrobras. Seis meses mais tarde e tendo feito delação premiada, ganhariam liberdade provisória.

Como marqueteiro da campanha vitoriosa de Dilma Rousseff, João Santana defendia a ideia de que a imagem da Dilma presidente precisava ser construída. A tese que sustentaria esse projeto foi esboçada em uma entrevista[2] que ele concedeu no início de dezembro de

2010, quando descansava em sua casa de veraneio na Bahia. Santana avaliou que a eleição só tinha ido para o segundo turno por causa do escândalo Erenice Guerra, amiga e sucessora de Dilma na Casa Civil, demitida do cargo por suspeitas de tráfico de influência. A história, disse Santana, "reacendeu a lembrança do mensalão e implodiu, temporariamente, a moldura mais simbólica que estávamos construindo da competência de Dilma, no caso a Casa Civil".

Disse que, ao encerrar seu mandato, Lula havia deixado um "vazio oceânico". Mas que isso, ao invés de prejudicar Dilma, poderia até ajudá-la. "Há na mitologia política e sentimental brasileira uma imensa cadeira vazia, que chamo metaforicamente de 'cadeira da rainha', e que poderá ser ocupada por Dilma. A República brasileira não produziu uma única grande figura feminina, nem mesmo conjugal. Dilma tem tudo para ocupar esse espaço. O espaço metafórico da cadeira da rainha só foi parcialmente ocupado pela princesa Isabel", explicou Santana. E fechou seu raciocínio com o que chamou de "um humilde alerta": "Não subestimem Dilma Rousseff. Esse alerta vale tanto para opositores como para apoiadores da nova presidente".

Se a cadeira já existia como metáfora, era preciso construir a rainha a partir da figura real de Dilma. Aos atributos de durona e gestora eficiente era preciso agregar o papel de mãe protetora, que, além de administrar bem o país, a economia, cuidaria melhor ainda das pessoas, especialmente das mulheres, das crianças e dos jovens. O ex-ministro do Desenvolvimento Miguel Jorge contou que a primeira vez que ouviu o nome de Dilma como provável candidata foi do próprio Lula. Durante uma viagem à Colômbia, no início de agosto de 2009, enquanto conversava informalmente com o presidente no hotel em que estavam hospedados, em Bogotá, Miguel Jorge comentou:

"Com saída de José Dirceu e do Palocci o senhor terá dificuldade para escolher um candidato para o ano que vem."

"Eu já tenho esse nome, vai ser a Dilma."

"Por que ela?"

"Por três coisas: é mulher, boa gestora e honesta."

Ministros e assessores notaram uma mudança de Lula com a chefe da Casa Civil. Na presença de outras pessoas, o presidente provocava: "Ê, Dilma, e se você for candidata a presidente?". De forma indireta, Lula foi aos poucos inoculando em Dilma o sonho de ser presidente. Embora ela não respondesse nem sim nem não nem pode ser, aos poucos se percebia que a ideia ia contaminando Dilma. A certa altura, Lula comentou com um ministro: "A bichinha tá gostando...".

O presidente também se preocupava em lapidar sua candidata. Em dezembro de 2009, Lula foi à Caixa Econômica Federal participar do evento Caixa Melhores Práticas em Gestão Local. Dilma e vários ministros o acompanhavam. Um alto funcionário da Caixa contou: "O fato aconteceu no deslocamento entre o camarim e o palco. Lula ia à frente, Dilma logo atrás, ao lado dos ministros, calada, sem falar com ninguém. De repente Lula olhou para ela e disse: 'Você não vai cumprimentar o rapaz [um segurança da Caixa Cultural], Dilma? Se você quiser ser presidente precisa aprender a cumprimentar as pessoas!'. Foi um constrangimento".

A popularidade da presidente Dilma Rousseff continuou em alta nos primeiros meses de 2012, batendo o próprio recorde. A aprovação de 59% de janeiro saltou para 64% em abril. A presidente se sentia cada vez mais em condições de conduzir o governo a seu modo. Na economia, ajustava as decisões à sua maneira de pensar. Dois ministros que conviveram com Dilma e Lula apontaram diferenças cruciais entre ela e seu criador. Lula gostava de reuniões para ouvir o que todos tinham a dizer, delas extraindo, intuitivamente, uma síntese na qual balizar suas decisões. Dilma também gostava de reuniões, mas para falar. Ela "falava durante quarenta minutos", e só depois perguntava o que os outros achavam. Poucos se animavam a oferecer um contraponto, por saberem que a decisão já estava tomada.

Determinada a impor seu estilo de decidir e implantar ideias, forjando assim uma marca para seu governo, Dilma abriu três frentes de batalha, definidas por um ex-ministro como As Três Guerras de

Dilma: a primeira foi o enfrentamento com os bancos para reduzir as taxas de juros; a segunda, o desconto forçado nas tarifas de energia elétrica; e a terceira girou em torno de três letras: TIR. A TIR calculava quanto as empresas que assumissem projetos de concessão de rodovias e ferrovias, portos e aeroportos iriam receber sobre o capital investido em cada projeto, ou seja, a margem de lucro delas, que o governo tinha fixado em 5,5%.

De acordo com um ministro que na época acompanhou todo o processo de concessões, quando, em setembro de 2013, o leilão para a BR-262 fracassou, porque nenhuma empresa havia demonstrado interesse, Dilma reagiu imediatamente. "Liga para o César Borges, liga para o César Borges!", ela disse à sua secretária. Quem ouviu a conversa entre ela e o Ministro dos Transportes, César Borges, se lembra apenas de escutá-la dizer: "Tá, tá, tá, tá... Então pode fazer 7,2%", autorizando o aumento da TIR nos leilões seguintes. Finalmente a presidente cedia às ponderações da área técnica de que não adiantava forçar a mão. Quando nas reuniões ela resistia às sugestões de aumentar a remuneração dos investidores, costumava atacar as empresas e os técnicos do próprio governo. "Isso é sacanagem da Odebrecht. Isso aqui não é o governo FHC. Esses técnicos estão a serviço das empreiteiras."

Com a economia dando sinais de enfraquecimento, o programa de concessões passou a ser vital na estratégia do governo para alavancar investimentos. Mas a demora na definição das regras fez com que os leilões só deslanchassem a partir de 2014. Perdeu-se um tempo precioso. Bernardo Figueiredo, então presidente da Empresa de Planejamento e Logística, contou que defendia mais tempo na preparação dos editais para as concessões de ferrovias, argumentando que eram necessários estudos mais detalhados sobre demanda de carga, de impacto ambiental, e para elaboração de projetos executivos. "Se vira, eu quero em seis meses esses editais. Isso é problema seu", dizia Dilma. "Passamos dois anos tentando fazer em seis meses", mais tarde avaliou Figueiredo. Sobre esse mesmo aspecto, outro ministro sintetizou com ironia: "Tudo era feito às pressas, embora tudo demorasse".

* * *

As pesquisas mostravam que a briga com banqueiros e empresários ajudava a elevar os índices de aprovação de Dilma, que não paravam de subir. Ao mesmo tempo que era agressiva no embate com os donos do capital, seguindo o script de João Santana, a presidente procurava se apresentar de forma suave e terna nos discursos em cadeia nacional de rádio e televisão. Foi assim no lançamento do programa Brasil Carinhoso, em 13 de maio de 2012, que ampliava os benefícios do Bolsa Família para famílias com crianças de até seis anos: "Queridas mães brasileiras, talvez seja essa a primeira vez que, desta cadeira presidencial, alguém faz um pronunciamento no nosso dia, o Dia das Mães. Não por acaso, é também a primeira vez que nosso país tem uma presidenta, uma mulher que é mãe, filha e avó. Uma mulher que, como a maioria de vocês, já se emocionou nessa data".

Quase um ano depois, em um telefonema para o Palácio do Planalto, Nelson Barbosa, secretário executivo do Ministério da Fazenda, levou um susto quando soube que no dia seguinte a presidente Dilma anunciaria a desoneração da cesta básica.

"Como, se ainda não concluí os estudos?"

"Mas ela já gravou o pronunciamento", respondeu o interlocutor.

Nelson, então, telefonou para João Santana.

"O discurso já está gravado?"

"Está."

"E o que ela diz no discurso?"

"Que a cesta básica vai cair de 9,5% a 12,5%."

"Mas não vai ser tudo isso!"

"Mas ela já gravou o pronunciamento."

O discurso que foi ao ar no dia 8 de março de 2013, em cadeia nacional de rádio e televisão, divulgando estimativas erradas sobre o impacto da desoneração sobre os preços, foi obra de João Santana. Ele começava assim: "Meus queridos brasileiros e, muito especialmente, minhas queridas brasileiras. Hoje, Dia Internacional da Mulher, eu quero dar mais que um abraço carinhoso a todas vocês, que me ajudam com muita força e dedicação a construir um novo Brasil para os nossos filhos e para os nossos netos... Com esta decisão, o governo abre mão de mais de 7,3 bilhões de reais em impostos ao ano, mas os benefícios que virão para a vida das pessoas e para a nossa economia compensam esse corte na arrecadação".

O atual presidente da Confederação Nacional da Indústria, Robson Andrade, frequente interlocutor da presidente, comentou na época: "Alertei que estão jogando dinheiro fora, os preços não vão cair". De fato não caíram. Em 2013, a inflação, medida pelo IPCA, foi de 5,91%. Os alimentos subiram 8,48%, ligeiramente abaixo da alta de 2012, mas distante da redução de 9,5% para carnes, óleo de cozinha e outros itens listados por Dilma no discurso. As tensões no governo vinham aumentando desde o segundo semestre de 2012. O Ministério da Fazenda sustentava em público o discurso otimista sobre o crescimento da economia, quando ele já perdia fôlego. Um assessor de Guido Mantega explicou que as projeções do ministro sobre crescimento na verdade eram metas, sempre mais otimistas que as do Banco Central e principalmente na comparação com as estimativas do setor privado.

O então ministro do Desenvolvimento, Fernando Pimentel, um dos mais próximos a Dilma, explicou de onde vinham os números irrealistas do ministro da Fazenda: "O Mantega acha que se as previsões do mercado financeiro apontam para um crescimento de 3% e ele disse que vai crescer 4%, não vai crescer 4%, mas pode chegar a 3,5%". Ele acreditava que, difundindo projeções otimistas, elas teriam o poder de alterar para melhor a realidade.

Nelson Barbosa pediu demissão da secretaria executiva da Fazenda em maio de 2013. Ele já não se entendia com o ministro Guido Mantega nem com o secretário do Tesouro, Arno Augustin. E a relação com Dilma, outrora excelente, vinha se desgastando desde o final de 2012, quando estourou o escândalo da "contabilidade criativa". A gota d'água foi uma nota de jornal que atribuía a uma fonte a crítica de que só faltava o governo desonerar a indústria de papel de parede. Dilma, de acordo com um ministro, ficou possessa. "Foi o Nelson, foi o Nelson que vazou isso." A presidente ligou em seguida para o secretário e afirmou: "Olha aqui, ô Nelson, eu vou desonerar papel de parede, tá bom? E ninguém vai me parar!". Dias depois saiu o decreto com a desoneração da indústria de papel de parede.

Guido Mantega e Arno Augustin restaram como as duas peças ainda manobráveis de Dilma para ela tentar reacender a economia. Mesmo muito discreto sobre as conversas que mantinha com a presidente, Mantega várias vezes desabafou com assessores: "Ela quer porque quer". Arno, leal cumpridor dos desejos de Dilma, também seguia a mesma toada: "Ela quer. Temos que dar um jeito, porque ela quer". No Palácio do Planalto, contra todas as evidências que apontavam para a desaceleração da economia, a presidente repetia: "Vai crescer, vai crescer". E sobre a inflação a sentença se invertia: "Vai baixar, vai baixar".

A solução que Dilma encontrou foi expandir ainda mais os gastos a partir de 2013. Ao mesmo tempo, as pressões inflacionárias recrudesciam, embora o Banco Central só fosse reagir com um aumento dos juros em abril daquele ano. O sempre discreto Alexandre Tombini, em uma conversa com dois assessores, definiu assim o contexto inusitado da economia brasileira naquela época: no período de redução da taxa de juros, iniciado em agosto de 2011, a economia desacelerou. No momento seguinte, quando foi preciso aumentar a taxa de juros, a inflação resistia em cair, o que mostrava, segundo ele, que a taxa de juros, sozinha, não faz milagres, ainda mais tendo o aumento do gasto público para estimular a demanda.

Um dos raros registros de um comentário negativo de Tombini sobre a presidente Dilma foi irônico: "A essa altura acho que ela já aprendeu pelo menos duas coisas: que juro baixo não é suficiente para fazer a economia crescer e que só o juro alto não faz a inflação cair com a rapidez que se deseja". Com a inflação pressionada em várias frentes — alta do dólar, gastos públicos crescentes, choque na oferta de alimentos, reajustes de salários acima da inflação e da produtividade da economia —, o ciclo de aperto dos juros, que começou em abril de 2013, duraria ainda alguns meses após o afastamento definitivo da presidente Dilma, em agosto de 2016. Assim, tendo perseguido obsessivamente juro baixo e alto crescimento econômico,

Dilma perdeu ambos. Em 2015, primeiro e único ano completo de seu segundo mandato, a inflação foi a 10,67% e a economia teve uma contração de 3,8%.

Em dezembro de 2012, Guido Mantega tentou persuadir os prefeitos recém-eleitos de algumas das principais capitais do país a não reajustarem as tarifas de ônibus urbanos em janeiro de 2013, como sempre ocorria, em mais uma tentativa de controlar a inflação com o congelamento de preços — estratégia recorrente dos planos de estabilização dos anos 1980 que havia resultado em retumbante fracasso. O aumento das tarifas de transporte coletivo ocorria sempre no início do ano, durante as férias escolares.

O protesto começou na noite de 27 de março, em Porto Alegre. Enquanto aguardavam a Justiça conceder liminar contra o reajuste de vinte centavos nas passagens de ônibus, autorizado pela prefeitura, cerca de 3,5 mil pessoas foram às ruas da cidade protestar, segundo estimativa do comandante do 9º Batalhão de Polícia Militar. De acordo com os manifestantes, eram 10 mil.

Em junho, quando os novos preços das passagens de ônibus passariam a vigorar, coincidindo com os jogos da Copa das Confederações e com o período letivo, o movimento se reproduziu em outras capitais do país. Dos milhares de manifestantes iniciais contra o aumento de vinte centavos nas tarifas, o movimento passou a levar às ruas milhões de participantes, com as reivindicações ganhando, então, outros temas, um deles "Educação e saúde padrão Fifa". As obras de construção dos estádios de futebol para a Copa do Mundo de 2014 haviam consumido bilhões, enquanto a prestação de serviços nas áreas de educação e da saúde públicas no país não passavam nos testes mais simples de qualidade.

Para Dilma, os efeitos dos protestos foram devastadores. Se em março de 2013 sua popularidade batia recorde, com 65% dos entrevistados pelo Datafolha avaliando seu governo como ótimo ou bom, ao final de junho, a aprovação era de apenas 30%. A presidente ainda ensaiou uma recuperação, ao subir para 41% de aprovação em fevereiro de 2014, mas esse índice não se sustentou e em pouco tempo tinha caído de novo para a casa dos 30%.

No fim de junho de 2013, em resposta aos protestos de rua, Dilma apresentou uma pauta aos 27 governadores e aos prefeitos das capitais. Da reunião no Palácio do Planalto, saiu um entendimento do que deveria ser um pacto nacional em torno dos seguintes pontos: responsabilidade fiscal e controle da inflação, realização de um plebiscito para formação de uma constituinte sobre reforma política e investimentos para a melhoria das áreas da saúde, transportes e educação.

Os compromissos assumidos no Planalto, porém, não arrefeceram a indignação das ruas nem foram levados adiante, sobretudo os relativos à responsabilidade fiscal e controle da inflação. As manifestações de 2013 e as lideranças que as organizaram se tornariam parte importante dos eventos políticos dos anos seguintes, até desaguarem no "Fora Dilma" que precedeu o processo de impeachment da presidente.

CAPÍTULO 20

Novo governo velho

Foi só às 19h32 do domingo 26 de outubro, com 88,9% dos votos apurados, que Dilma passou à frente do candidato do PSDB, Aécio Neves, nas eleições de 2014. Os tucanos já ensaiavam a comemoração da vitória quando as urnas viraram. A apuração foi concluída às 2h13 da segunda-feira, com a confirmação da reeleição da presidente. Dilma conquistou seu segundo mandato de forma apertada: obteve 54 501 118 votos (51,64%), enquanto Aécio conquistou 51 041 155 (48,36%).

O país saiu dividido da disputa e, antes mesmo de tomar posse em 1º de janeiro de 2015, Dilma já estava em meio a três grandes conflitos:

- Desentendimento com sua base aliada no Congresso e sobre a candidatura do deputado Eduardo Cunha (PMDB-RJ) à presidência da Câmara. O Palácio do Planalto temia que Cunha, embora pertencesse à base de sustentação do governo, por não ser confiável fosse capaz de acatar e dar prosseguimento a algum pedido de impeachment que surgisse na Câmara.

- O inimaginável alcance da Operação Lava Jato, que, em 14 de novembro de 2014, tinha levado para a carceragem de Curitiba vários executivos das maiores empreiteiras do país. Lá já estavam também parlamentares, ex-diretores da Petrobras e expoentes do

Partido dos Trabalhadores. Marcelo Odebrecht, então presidente da Organização Odebrecht, a maior construtora do país, seria preso em junho do ano seguinte. As investigações sobre corrupção na Petrobras, no período em que Dilma havia presidido o conselho de administração da companhia, deixaram a presidente vulnerável. Com a prisão do líder do governo no Senado, Delcídio Amaral (PT-MS), no ano seguinte, o escândalo da Petrobras assombrava o Palácio do Planalto.

- Economia em recessão, inflação alta, juros de 14,25% ao ano, famílias endividadas, grandes empresas endividadas, investimentos em queda, produtividade também, e a lamentável e falimentar situação da União e dos estados da Federação.

Se o emprego ainda parecia imune à crise econômica, seria apenas questão de tempo para a recessão contaminar também o mercado de trabalho. Em 2015, a contração da economia começou a provocar demissões, até que em julho de 2016 o país registraria 11,6% de taxa de desocupação, com mais de 11,8 milhões de trabalhadores sem carteira assinada. O novo governo chegava já mostrando uma cara envelhecida.

No fim de novembro de 2014, Joaquim Levy foi anunciado como o novo comandante da área econômica do segundo mandato de Dilma. Em pronunciamento quando da oficialização de seu nome, Levy

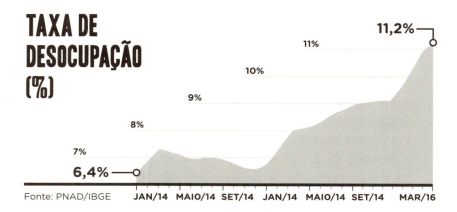

antecipou qual seria a política fiscal dos anos seguintes: fixou para 2015 uma meta de superávit primário de 1,2% do PIB — o mínimo necessário para estancar o crescimento explosivo da dívida bruta do setor público — e no mínimo 2% do PIB para 2016 e 2017.

Naquele momento, ainda não estava clara a real dimensão do buraco aberto pela gastança do governo no ano da reeleição nem eram plenamente conhecidos os compromissos assumidos pelo Tesouro Nacional que estavam para vencer nos exercícios à frente. Em seu discurso, Levy comprometeu-se em ser transparente nas informações, adiantou a necessidade de reformas e sublinhou que pretendia levar adiante a batalha contra o patrimonialismo.

O país saía de uma eleição difícil, em que a candidata Dilma Rousseff tinha vendido ilusões e atribuído a seu adversário, Aécio Neves, a intenção de adotar medidas de ajuste do gasto público que ela mesma, uma vez reeleita, acabaria tendo que adotar. Em dezembro de 2014, Dilma e Mantega assinaram duas medidas provisórias, a 664 e a 665, endurecendo as regras de acesso ao abono salarial, ao seguro-desemprego, à pensão por morte, ao seguro-defeso para pescadores artesanais e ao auxílio-doença. Desde 2013 a área técnica do governo vinha alertando para o fato de que essas despesas estavam crescendo além do razoável e que era preciso corrigir distorções. Foi o ministro da Casa Civil, Aloizio Mercadante, quem anunciou as medidas, afirmando que com elas o país economizaria 18 bilhões de reais em 2015.

Em março de 2014, portanto bem antes das eleições, Mantega tinha levado à presidente as mesmas propostas de restrição a esses benefícios trabalhistas e previdenciários. "Você quer que eu perca a eleição?", disse Dilma ao ministro da Fazenda. Ele então não tocou mais no assunto. Ia ficando claro que Dilma havia cometido um estelionato eleitoral.

Quando recebeu o convite para assumir o comando da política econômica, Joaquim Levy preparou um texto com o programa que ele acreditava necessário para arrumar a economia. Lá estavam o realinhamento de preços e tarifas até então sob congelamento e a retomada da responsabilidade fiscal. Era preciso dar um basta ao endividamento, para turbinar o BNDES e acabar com a farra de dinheiro barato do PSI. Levy mencionou ainda as reformas que conduziria para melhorar a economia pelo lado da oferta, com prioridade para a unificação de alíquotas do ICMS, e a revisão de vários programas sociais, como Pronatec, Fies, Minha Casa Minha Vida, cujos resultados não tinham sido analisados. Dilma concordou com as linhas gerais do programa de Levy.

Na primeira conversa que teve com a presidente reeleita, Levy perguntou se Dilma conseguiria apontar quatro coisas boas do Pronatec. Ela respondeu que estava usando melhor o dinheiro do Sistema S (Sesc, Sesi, Senai etc.).[1] Levy repetiu a pergunta, mas com relação ao oneroso PSI. Ali ele acertou com ela que submeteria os programas de governo às restrições do orçamento e a uma avaliação de resultados.

"Começava a cair a ficha", relatou um assessor da presidente. A impressão dele é que só em novembro, já reeleita, Dilma teve noção do tamanho do buraco que havia cavado nas finanças públicas. "Não sobraria governo se ela não reorientasse a economia", comentou o assessor. Guido Mantega é quem teria que assinar as medidas até a posse do novo titular da Fazenda.

Joaquim Levy providenciou uma narrativa para a mudança que iria ocorrer na economia e que Dilma passaria a adotar: os Estados Unidos e a China, dois dos maiores parceiros do Brasil, estavam abandonando as políticas anticíclicas que haviam adotado no período da crise global. Nos Estados Unidos haveria uma normalização da política monetária, com perspectiva de elevação da taxa de juros, e acabariam os incentivos ao investimento na China, cujo governo tentava fazer a transição de uma economia fortemente exportadora para políticas mais voltadas ao mercado interno. Os preços internacionais revelavam essas mudanças com a valorização do dólar em relação às demais moedas e a queda dos preços das commodities.

"Mudou o mundo, temos que mudar", começou a dizer Dilma após ter se mantido em silêncio por várias semanas depois da posse, em janeiro de 2015. No discurso de inauguração de um porto no Rio de Janeiro, ela disse: "Nós esgotamos todos os nossos recursos de combater a crise que começou lá em 2009 [...]. Nós trouxemos para as contas públicas e orçamento fiscal da União os problemas que de outra forma recairiam sobre a sociedade e os trabalhadores. Agora nós temos de usar outros instrumentos de combate".

O plano para a economia que Joaquim Levy havia traçado antes da posse se apoiava em quatro vertentes:

- Corrigir os preços de energia e do petróleo, para evitar quebra-deira das empresas do setor.
- Fazer um superávit fiscal para manter o grau de investimento e permitir a queda paulatina dos juros a fim de viabilizar os investimentos em infraestrutura. Nesse aspecto, caberia ao BNDES abrir espaço para o mercado de capitais.
- Reestruturar dois impostos: o ICMS (estadual) e o PIS/Cofins (federal), para estimular investimentos e regulamentar a terceirização da mão de obra. Seriam medidas práticas para desintoxicar a economia.
- Rever as despesas públicas, passando um pente-fino em vários programas, como Fies, Pronatec, seguro-defeso, Ciência sem Fronteiras e Minha Casa Minha Vida.

A meta de superávit primário de 1,2% do PIB para 2015 foi definida pela presidente Dilma. Levy havia proposto um esforço um pouco maior (na primeira casa depois da vírgula), mas concordou com 1,2% como o mínimo, para o país não ser rebaixado pelas agências de classificação de risco. A meta considerava uma forte desaceleração da economia, que, aliás, já vinha ocorrendo desde 2014.

A arrecadação de impostos e contribuições, porém, começou a despencar além do previsto entre abril e maio de 2015, quando a crise política ganhou novos contornos, o que levou a especulações sobre a possibilidade de Dilma não concluir seu segundo mandato. Os conflitos políticos com a base de sustentação do governo se acirravam. Eduardo Cunha, que havia sido eleito presidente da Câmara em fevereiro, passou a ameaçar o governo pondo em votação medidas que elevavam as despesas da União. Sem o menor apetite para o jogo congressual, Dilma foi vendo o poder escapar de suas mãos. As incertezas políticas e a recessão econômica levaram as empresas a não recolher o imposto de renda mensal, piorando as contas públicas. A política ia paralisando a economia.

As relações entre governo e Congresso tinham azedado. As investigações da Lava Jato se aproximavam dos presidentes da Câmara, Eduardo Cunha, e do Senado, Renan Calheiros (PMDB-AL). Os dois esperavam uma ajuda do Palácio do Planalto, mas ela não vinha. Em março, num gesto totalmente incomum, Renan devolveu à Presidência da República a medida provisória que cortava a desoneração da folha de salários das empresas. "Não recebo a MP 669 e determino a sua devolução à Presidência", disse Renan enquanto presidia a sessão do Senado.

"Ali foi um divisor de águas", declarou um ministro do governo Dilma. A medida foi reenviada semanas depois, como projeto de lei, mas o episódio prenunciava a possibilidade de um país ingovernável. O projeto de lei seguiu então para a Câmara, presidida pelo desafeto de Dilma.

Durante as administrações do PT, a grande mudança na área previdenciária ocorreu em 2003, com a aprovação da emenda constitucional nº 41, que acabou com a aposentadoria integral para os servidores públicos e instituiu uma contribuição para os inativos. A emenda elevou também a idade mínima para o funcionário público requerer aposentadoria: 55 anos para as mulheres, 60 anos para os homens. As regras aprovadas previam que as pessoas que ingressassem no serviço público depois da promulgação da emenda constitucional nº 41 teriam o mesmo teto de remuneração dos trabalhadores da iniciativa privada, a partir do momento em que um fundo complementar de aposentadoria, com participação da União, fosse regulamentado. A regulamentação desse fundo só ocorreria em abril de 2012.

Em seu segundo mandato, o presidente Luiz Inácio Lula da Silva tentou negociar uma reforma do sistema do INSS. Nomeou Luiz Marinho, um ex-presidente da CUT, para o Ministério da Previdência e criou um fórum com representantes de empresários e trabalhadores para discutir o assunto. Mas não enviou uma proposta de reforma ao Congresso, porque o fórum "não chegou a um consenso".

A equipe econômica de Lula pretendia fixar uma idade mínima para os trabalhadores da iniciativa privada requererem aposentadoria. As centrais sindicais não aceitaram a proposta, alegando que o brasileiro pobre começa a trabalhar muito cedo e seria prejudicado com o limite. A ideia defendida pelas lideranças sindicais sempre foi mesclar idade com tempo de contribuição ao INSS. Desse debate surgiu a fórmula 85/95, elaborada e negociada em 2009 pela CUT e pelas outras cinco maiores centrais sindicais. A proposta feita ao Ministério da Previdência era que essa fórmula substituísse o fator previdenciário, criado durante a gestão do presidente Fernando Henrique Cardoso, que reduzia o valor do benefício para quem se aposentasse mais cedo.

A fórmula 85/95 propunha o seguinte: as mulheres poderiam se aposentar com 55 anos e receber o benefício integral, desde que tivessem 30 anos de contribuição ao INSS, o que somaria 85 pontos; os homens poderiam requerer o benefício com 60 anos, desde que tivessem 35 anos de contribuição ao INSS, o que somaria 95 pontos. A fórmula ficou na gaveta.

Depois de regulamentar a previdência complementar para o servidor público, Dilma abandonou qualquer proposta de reforma da Previdência em seu primeiro mandato. Em março de 2014, o ministro da Previdência Social, Garibaldi Alves, declarou em entrevista que a previsão do Ministério da Fazenda para o déficit no INSS naquele ano, de 40,1 bilhões de reais, era "completamente irreal". O ministro disse que sua equipe não tinha sido consultada sobre aquele número e que a expectativa de seu ministério não era aquela, mesmo porque, já em 2013, o "buraco" tinha sido de 49,9 bilhões de reais. O mais provável, afirmou, era que o déficit ficasse em torno de 50 bilhões de reais. Irritada com a declaração de Garibaldi Alves, a presidente Dilma pediu que o chefe da Casa Civil, Aloizio Mercadante, exigisse uma retratação do ministro da Previdência.

Então, foi emitida uma nota oficial, alegando que as medidas de ajuste que o governo estava adotando iriam permitir que o déficit do INSS ficasse em torno de 40 bilhões de reais em 2014. O secretário de Políticas de Previdência Social, Leonardo Rolim, responsável pelas previsões divulgadas por Garibaldi, não concordou com o encaminhamento dado pelo ministro e deixou o cargo. O resultado do déficit do INSS naquele ano seria de 56,7 bilhões de reais.

O governo fazia um enorme esforço para transmitir a ideia de que as contas da Previdência estavam sob controle e o déficit, em queda. Nada mais longe da realidade. Em 2015, o buraco chegou a 85,8 bilhões de reais — um crescimento de 51% na comparação com o ano anterior. Os prognósticos oficiais para os dois anos seguintes eram assustadores: rombo de 133,6 bilhões de reais em 2016 e de 167,6 bilhões de reais em 2017.[2]

O regime de aposentadoria dos servidores da União, que atende somente 1 milhão de pessoas, inclusive militares, fechou 2015 com um déficit de 72,5 bilhões de reais, um crescimento de 8,3% na comparação com o resultado do ano anterior, de acordo com o Tesouro Nacional. Somados, os déficits dos dois regimes previdenciários da União — do INSS e dos servidores — atingiu 158,3 bilhões de reais em 2015.

Foi pensando em reduzir o ritmo de crescimento das despesas previdenciárias e trabalhistas que Dilma tentou, em seu segundo mandato, corrigir algumas distorções do sistema, baixando medidas provisórias com mudanças, entre outras, nas regras da pensão por morte, do abono salarial, do seguro-desemprego e do auxílio-doença. As mudanças, que chegaram a ser chamadas pelo governo de "minirreforma da Previdência", foram bastante amenizadas nas discussões do Congresso, de tal forma que o efeito sobre o equilíbrio das contas resultou modesto.

Com o aval do PT e do então ministro da Previdência, Carlos Gabas, deputados e senadores fizeram uma surpresa para Dilma. Em uma das medidas provisórias, incluíram um dispositivo que suspendia a incidência do fator previdenciário quando a idade do segurado, na data do pedido da aposentadoria, somada ao tempo de contribuição ao INSS, fosse igual ou superior a 85 anos para as mulheres e igual ou superior a 95 anos para os homens. Dilma vetou essa alteração, mas, para não se incompatibilizar com as centrais sindicais, editou imediatamente a MP 676, criando a fórmula 85/95 progressiva. Transformada na lei nº 13 183, ela determina que, para se aposentar por tempo de contribuição, sem a incidência do fator previdenciário, as mulheres terão de somar 85 pontos (idade mais anos de contribuição) e os homens 95 pontos (idade mais anos de contribuição). Na prática, era o fim do fator previdenciário. A partir de 31 de dezembro de 2018, a soma do tempo de contribuição e da idade será acrescida de um ponto, o mesmo acontecendo a cada dois anos, até 31 de dezembro de 2026, quando a soma será de 90 pontos para as mulheres e de 100 pontos para os homens.

Só no fim de 2015, Dilma passou a defender uma reforma da Previdência Social que instituísse idade mínima para requerer aposentadoria, mas a proposta não chegou a ser enviada ao Congresso. Com a saída de Joaquim Levy do Ministério da Fazenda, seu substituto, Nelson Barbosa, tentou levar a ideia adiante. Em entrevistas, Barbosa afirmava que "para manter a Previdência é preciso reformá-la". Quando a crise política já se aprofundava, ele foi ao Instituto Lula conversar com o ex-presidente. Na reunião estavam também o presidente do PT, Rui Falcão, e sindicalistas. Lula deixou que todos falassem. Os sindicalistas atacaram a proposta de reforma. Falcão defendeu a ideia de que só se deveria falar nela depois de votado o impeachment de Dilma Rousseff na Câmara dos Deputados e depois das eleições. Barbosa reagiu:

"Da última vez que adiamos decisões para depois das eleições, não terminou muito bem."

"Nelsinho, esquece isso", disse Lula encerrando a conversa.

Com as receitas caindo mais do que o previsto e os gastos crescendo, o governo tinha que anunciar mais um corte no orçamento. Depois de se reunir com o vice-presidente Michel Temer em 18 de maio de 2015, Joaquim Levy declarou aos jornalistas que o corte de despesas ficaria entre 70 bilhões e 80 bilhões de reais. Entretanto, os ministros do Planejamento, Nelson Barbosa, e da Casa Civil, Aloizio Mercadante, acertaram com Dilma que o valor do corte seria de 69,9 bilhões de reais, decisão que Levy e Barbosa anunciariam em entrevista coletiva no dia 22.

Levy, que defendia um corte de 75 bilhões de reais e não estava em Brasília no momento da decisão, não escondeu seu descontentamento. Avisou Nelson Barbosa de que não participaria da entrevista e para a imprensa alegou uma gripe. A amigos, tempos depois, o ministro da Fazenda contou que não estava disposto a ser o "mão de tesoura" sozinho e que iria se concentrar na agenda de expansão da oferta, das reformas, dos projetos de infraestrutura, para o país "dar a virada". Levy estava gripado, cansado, mas o motivo maior de sua ausência naquela entrevista foi outro. Ele considerou inútil discutir 1 bilhão para cá ou 1 bilhão para lá "com um governo que não queria cortar nada". Ao telefone, segundo assessores seus na época, ele disse a Barbosa: "Essa você vai segurar sozinho!".

No final de agosto, uma mudança abrupta nos planos de Levy piorou sua situação no governo. Pela lei, a Presidência tinha que enviar o orçamento da União para o ano seguinte, 2016, até 31 de agosto. Era preciso definir uma questão estratégica: se o projeto de lei orçamentária iria contar ou não com a recriação da CPMF e sua inclusão no orçamento. Sem a volta da contribuição sobre movimentação financeira, as contas seriam deficitárias. Fazenda e Planejamento estavam de acordo sobre isso.

Nas reuniões de governo, o ministro da Fazenda dizia que o orçamento de 2016 seria "o momento da verdade". Era a hora "de enfrentar a realidade pós-boom das commodities e o fim do colchão fiscal usado nas políticas expansionistas dos anos anteriores", alertava Levy. Num sábado no final de agosto, na cidade de Campos do Jordão, em São Paulo, onde participava de um encontro promovido pela BM&F Bovespa, Levy defendeu a volta da CPMF, conforme tinha sido acertado com Dilma. O ministro já havia comunicado a decisão ao presidente do Senado, Renan Calheiros, e aconselhou os ministros do Palácio do Planalto a avisarem o vice-presidente, Michel Temer.

Dilma, a contragosto, ligou para Temer, que não mostrou nenhuma simpatia pela ideia. Até então, ninguém tinha agido para asfaltar o caminho da CPMF no Congresso.

A decisão, porém, sofreu uma reviravolta. Por sugestão do senador Romero Jucá (PMDB-RR), Dilma resolveu, em um ato inusitado, mandar o projeto de orçamento com um déficit de 30,5 bilhões de reais, equivalente a 0,5% do PIB, e sem a CPMF. A presidente convocou os ministros da área econômica e da área política para uma reunião naquele sábado à tarde, no Palácio da Alvorada, e pediu a Levy que voltasse de Campos do Jordão rapidamente. Até então, nunca nenhum presidente da República havia mandado ao Congresso um orçamento deficitário.

No domingo, o ministro da Fazenda ainda tentou, sem sucesso, argumentar com líderes do PMDB que o impacto de apresentar um orçamento deficitário "seria devastador e que o Brasil poderia, com aquele orçamento, perder de vez o grau de investimento", o que de fato aconteceu em 9 de setembro

Sem o grau de investimento, o país passou a ser "grau especulativo", tendo que pagar mais caro pelo acesso a empréstimos externos e perdendo investidores externos institucionais, como fundos de pensão. Em seu comunicado, a agência de rating Standard & Poor's também demonstrou preocupação com o enfraquecimento de Levy no governo. O mercado financeiro, que desde o início temia a fragilidade de Dilma, mas apoiava Levy, compartilhava dessa inquietação.

O ministro decidiu não abandonar o barco naquele momento, mas passou a ser bombardeado por todos os lados, inclusive pelo PT e pelo PMDB, como uma autoridade monotemática. O partido de Lula e seu maior aliado queriam crescimento, enquanto o ministro da Fazenda só oferecia ajuste fiscal, queixavam-se eles. Em novembro, reunido com parlamentares do PT, Lula declarou que o modelo de Levy estava "exaurido" e defendeu o nome de Henrique Meirelles para substituí-lo.[3]

A determinação de Levy em continuar no governo durou pouco. Em dezembro ele decidiu sair. Dilma chamou o ministro no Palácio da Alvorada e lhe perguntou se alguma coisa o faria mudar de ideia.

Levy, então, tentou convencê-la de que era preciso que ela dissesse a que tinha vindo. "Se ninguém sabe por que a senhora quer ser presidente, ninguém vai apoiá-la." Dilma pediu que o ministro esperasse uma semana até ela encontrar um substituto.

Não demorou mais que uns poucos dias para ficar definitivamente claro que Dilma já não tinha condições políticas de fazer mais nada. Em 17 de dezembro, durante a última reunião do ano do Conselho Monetário Nacional, o ministro da Fazenda avisou que estava deixando o governo e se despediu de todos ali. Lembrou aos presentes que o que se passava em uma reunião do Conselho não podia ser divulgado. Em menos de uma hora, a notícia se espalhou. Nelson Barbosa foi transferido para o Ministério da Fazenda. O Congresso não aprovou a proposta orçamentária deficitária estranhamente defendida pelo PMDB. A Comissão de Orçamento votou um superávit de 0,5% do PIB e restabeleceu a CPMF como fonte de receita. Com o afastamento da presidente Dilma Rousseff no ano seguinte, tudo mudaria.

O trabalho de Levy não foi desprezível. Ele acertou as tarifas públicas que estavam represadas e desatou os nós que embaralhavam o setor elétrico, viabilizando os leilões de usinas hidrelétricas. Começou a pagar as pedaladas que o governo tinha dado nos anos anteriores, aumentou uma série de impostos e cortou parte das desonerações. Desarmou o PSI, elevou a TJLP e no âmbito do BNDES lançou o programa de emissão de debêntures corporativas.

Durante sua gestão na Fazenda, Levy melhorou também as condições dos leilões de rodovias e aeroportos, desenhou a emissão de debêntures para financiar projetos de infraestrutura e propôs a recriação da CPMF por 48 meses com alíquota de 0,2%. Suspendeu os concursos públicos programados, reduziu uma série de incentivos tributários, cortou verbas e criou critérios para vários programas do governo, inclusive para o Fies e o Pronatec. Levy fechou a torneira do endividamento externo de estados e municípios com aval do Tesouro Nacional, encaminhou à Casa Civil a mudança do indexador das dívidas de estados e municípios com a União e avançou na proposta de repatriação de recursos de brasileiros no exterior. E deixou, como sugestão, a reforma do PIS como parte da reforma tributária.

Durante o ano em que Levy esteve no comando da economia, a desvalorização da taxa de câmbio deu novo alento às exportações e reduziu substancialmente o déficit em conta-corrente. A correção das tarifas públicas teve impacto sobre os preços, e a inflação encerrou o ano em 10,67%, a maior taxa desde 2002.

Com a recessão, com a necessidade de pagamento de mais de 72 bilhões de reais para os bancos públicos a título das pedaladas e com as gigantescas incertezas políticas agravadas pelo escândalo da Petrobras, a meta de superávit primário do início do ano já estava abandonada, e o governo, então, recebeu autorização do Congresso para gerar déficit. O desfecho da política fiscal em 2015 foi um déficit primário de 1,88% do PIB, uma conta de juros de 8,5% do PIB e, portanto, um déficit nominal de 10,38% do PIB, equivalente a 613 bilhões de reais. A dívida bruta do setor público encerrou o ano em 3,927 trilhões de reais, ou 66,2% do PIB.

Visto pelo mercado financeiro com reservas, Nelson Barbosa assumiu o Ministério da Fazenda em 21 de dezembro de 2015. Firmou compromisso com a meta de superávit de 0,5% do PIB para 2016, que poderia, entretanto, ser abatida em até 84,2 bilhões de reais, tornando-se, a rigor, um déficit de 60,2 bilhões. Barbosa anunciou a intenção de fixar um limite para o crescimento do gasto público e disse que até abril enviaria ao Congresso uma proposta de reforma da Previdência Social, estabelecendo uma idade mínima para a aposentadoria.

A promessa acabou não sendo cumprida, pois a presidente Dilma condicionou o envio da reforma a um entendimento entre as lideranças sindicais e empresariais no Fórum de Debates sobre Políticas de Emprego, Trabalho e Renda e de Previdência Social, o que não ocorreu antes de seu afastamento do cargo. O ministro abriu a renegociação das dívidas dos estados com a União e enviou projeto de lei complementar para o Congresso com o alongamento do prazo por mais vinte anos e redução das parcelas mensais de pagamento. O projeto previa uma série de contrapartidas, como a proibição de reajustes salariais e de nomeação de novos servidores estaduais, e a limitação do crescimento das despesas correntes à variação da inflação.

A falência financeira do Rio de Janeiro e do Rio Grande do Sul era a face mais dramática das contas dos governos estaduais. A LRF, em vigor desde o ano 2000, não foi suficiente para impor disciplina aos governadores, que, estimulados pelo endividamento avalizado pela União para alavancar investimentos, gastaram o que podiam e o que não podiam com o aumento da folha de salários.

A concessão de aumentos salariais e outros benefícios aos servidores sem uma adequada programação orçamentária e financeira levou alguns deles à insolvência. Entre 2009 e 2015, a despesa dos estados com o funcionalismo cresceu, em média, 96,5%. O caso mais ousado foi o do Rio de Janeiro, que em sete anos aumentou em 146,6% sua folha de pagamento. No quadro de crescimento desordenado das despesas, bastou que a receita caísse devido à recessão econômica para que as finanças de vários estados entrassem em colapso.

Em março de 2015, o governo enviou ao Congresso nova proposta de mudança da LDO, para permitir um déficit primário de até 96,65 bilhões de reais em 2016. A crise política já havia minado o governo. Encaminhou também um projeto de lei complementar instituindo um limite para o total das despesas da União em proporção ao PIB. Pela proposta, haveria três estágios para acionar medidas corretivas. No primeiro, havendo risco de os limites de gastos extrapolarem, haveria restrição tanto à ampliação do quadro de pessoal como a reajustes reais de salários (acima da inflação) de servidores. No segundo estágio, seriam vedados aumentos nominais de salários de servidores, ressalvado o mínimo constitucional, e novos subsídios e desonerações, entre outros. Na terceira etapa, seria vedado o aumento real do salário mínimo.

A proposta de Nelson Barbosa previa ainda a criação do Regime Especial de Contingenciamento, a ser decretado quando a economia estivesse em baixo crescimento, ou seja, inferior a 1%. Decretado o REC, o governo poderia continuar realizando os investimentos considerados prioritários em fase final de execução e gastando com segurança em educação, saúde, assim como fazendo as despesas necessárias para o funcionamento dos órgãos públicos, sem a exigência de cumprir a meta fiscal estabelecida.

Um aliado muito próximo do ex-presidente Lula e de Dilma Rousseff relatou que, no segundo semestre de 2014, havia alertado a presidente para o risco que ela corria de não prestigiar politicamente Michel Temer. Ao esvaziar o papel político de seu vice, advertiu esse aliado, ela acabaria fortalecendo o deputado Eduardo Cunha, candidato à presidência da Câmara. "Hum, vamos ver!", respondeu Dilma. Lula, de acordo com a mesma fonte, defendia a ideia de que Dilma se aproximasse de Cunha antes da votação para a presidência da Câmara. No pragmatismo de Lula, era melhor vencer com Eduardo Cunha do que ser derrotado por ele.

Cunha foi eleito presidente da Câmara em 1º de fevereiro de 2015, por 276 votos contra 136 do candidato apoiado pelo Palácio, Arlindo Chinaglia, do PT. Assim que foi proclamado o resultado, Cunha disse: "Assistimos à tentativa de interferência do Executivo, mas o Parlamento soube reagir e reagiu no voto". E prometeu conduzir a Câmara de forma independente, sem aceitar ingerência do governo. Era o início de uma conflituosa relação entre os presidentes da República e o da Câmara, o terceiro na linha sucessória. Houve pelo menos uma tentativa de atenuar o atrito, mas sem sucesso. No dia 16 de abril de 2015, na solenidade do Dia do Exército, coube a Dilma entregar a Eduardo Cunha a medalha da Ordem do Mérito Militar, também concedida ao procurador-geral da República, Rodrigo Janot, e a outros ministros e parlamentares. Ao se encontrarem no início da solenidade, Dilma e Eduardo Cunha trocaram um beijo, que ilustraria a primeira página da mídia impressa e digital. À noite, os dois jantaram no Palácio da Alvorada.

Pautas-bomba foi como ficaram conhecidas as iniciativas de Eduardo Cunha de submeter a votação na Câmara pautas que complicassem a vida econômica e política do governo. O presidente da

Câmara colocava ou ameaçava colocar em votação medidas que ampliavam gastos, aprovava pedidos de CPIs e acusava o governo de estar por trás das denúncias contra ele no âmbito da Operação Lava Jato.

Fato marcante para o desgaste da presidente reeleita ocorreu no primeiro ano de governo. No dia 25 de novembro de 2015 a Polícia Federal, a pedido da Procuradoria-Geral da República, e autorizada pelo Supremo Tribunal Federal, prendeu em Brasília o então senador Delcídio do Amaral e, no Rio de Janeiro, o banqueiro André Esteves, do BTG Pactual. A prisão de Delcídio, líder do governo no Senado, levou a Lava Jato para dentro do Palácio do Planalto.

O senador foi apanhado em gravações atuando para que o ex--diretor da Petrobras, Nestor Cerveró, não fechasse um acordo de delação premiada com a Justiça. Delcídio prometia em troca ajuda financeira coberta pelo banqueiro André Esteves e facilitação de fuga do ex-diretor para fora do país. Na gravação da conversa com um filho de Cerveró, o senador insinuava que tinha acesso a ministros do Supremo e ao vice-presidente, Michel Temer: "Eu acho que nós temos que centrar fogo no STF agora, eu conversei com o Teori [Zavascki], conversei com o [Dias] Toffoli, pedi para o Toffoli conversar com o Gilmar [Mendes], o Michel [Temer] conversou com o Gilmar também, porque o Michel tá muito preocupado com o [Jorge] Zelada, e eu vou conversar com o Gilmar também".

Delcídio permaneceu preso por 87 dias e teve seu mandato cassado por seus colegas no Senado. No dia 15 de março de 2016, seu acordo de delação premiada foi homologado pelo ministro Teori Zavascki, do Supremo Tribunal Federal. No acordo, ele acusou a presidente Dilma Rousseff de nomear para o Superior Tribunal de Justiça o ministro Marcelo Navarro, que teria assumido o compromisso de soltar empresários presos na Operação Lava Jato. Dilma, segundo o senador, sabia do esquema de desvio de dinheiro na compra da refinaria de Pasadena, nos Estados Unidos, e nomeou Cerveró para uma das diretorias da BR Distribuidora como compensação por ele ter sido afastado da diretoria da Petrobras. Depois de um longo processo de investigação, o TCU calculou que a compra de Pasadena gerou um prejuízo de 792 milhões de dólares à Petrobras.

O senador acusou também o ex-presidente Lula de lhe pedir que pagasse uma mesada a Cerveró para que este não denunciasse seu amigo, o empresário José Carlos Bumlai. No acordo de delação, Delcídio ainda fez acusações contra os senadores Aécio Neves, do PSDB, Renan Calheiros, do PMDB, o ex-ministro e senador Aloizio Mercadante e o então vice-presidente, Michel Temer.

Em 2 de dezembro de 2015, Eduardo Cunha autorizou a abertura do processo de impeachment de Dilma Rousseff, dando curso ao requerimento formulado pelos juristas Hélio Bicudo, Miguel Reale Júnior e Janaína Paschoal. Em sua representação, os autores alegaram que Dilma havia descumprido a Lei de Responsabilidade Fiscal, por haver assinado decretos liberando crédito extraordinário naquele ano sem a aprovação do Congresso.

A reação de Dilma veio em seguida, em uma declaração feita no Salão Leste do Palácio do Planalto: "Hoje eu recebi com indignação a decisão do senhor presidente da Câmara dos Deputados de processar pedido de impeachment contra mandato democraticamente conferido a mim pelo povo brasileiro. São inconsistentes e improcedentes as razões que fundamentam esse pedido. Não existe nenhum ato ilícito praticado por mim, não paira contra mim nenhuma suspeita de desvio de dinheiro público".

Estava consumada a retaliação do presidente da Câmara. Denunciado pela Procuradoria-Geral da República por envolvimento no escândalo da Petrobras e por omitir recursos no exterior, Cunha havia tentado, sem sucesso, obter do governo e do PT os votos necessários para impedir o avanço do seu processo de cassação na Câmara.

No dia 17 de abril de 2016, a Câmara autorizou o prosseguimento do processo de impeachment no Senado, determinando o afastamento da presidente Dilma Rousseff. Dezoito dias depois, por decisão do Supremo Tribunal Federal, Cunha foi afastado, até que em

14 de junho o Conselho de Ética da Câmara, depois de uma longa batalha, aprovou o relatório que pedia a cassação do deputado por quebra de decoro parlamentar quando ele negou, em plenário, possuir contas bancárias no exterior.

CAPÍTULO 21

A seis meses
da vitória

Em abril de 2016, às vésperas da votação do processo de impeachment da presidente Dilma Rousseff na Câmara dos Deputados, o clima na Esplanada dos Ministérios já era de esvaziar gavetas. Em conversa com o jornalista João Borges, da GloboNews, durante almoço em seu gabinete, o ministro Nelson Barbosa recordou um diálogo que tivera dias antes com o ex-presidente Lula.

"O senhor sempre deixou claro que só seria candidato se ela não quisesse se candidatar. No entanto, ela nunca perguntou se o senhor gostaria de ser candidato."

"Pois é, meu filho, estou esperando até hoje", respondeu o ex-presidente.

Na conversa com o jornalista, Barbosa se recordou também de uma frase que Lula havia dito anos antes, em maio de 2012, no *Programa do Ratinho*, do SBT. Ele estava regressando à cena política depois de se tratar de um câncer na laringe. A certa altura da entrevista de 44 minutos, o apresentador perguntou ao ex-presidente se ele se candidataria novamente. "A única hipótese de que eu volte a me candidatar é se ela [Dilma] não quiser. Não vou permitir que um tucano volte a presidir o Brasil."

Amigos e políticos que ao longo dos anos aprenderam a decifrar as entrelinhas de Lula dizem que ele sempre evitou expressar de forma direta seus desejos ou intenções. Preferia ir lançando sinais aos poucos, que, uma vez captados por seu entorno, forjavam o ambiente propício para a decisão já definida em sua mente.

No XIV Encontro Nacional do PT, ocorrido em 2 de maio de 2014, em São Paulo, essa estratégia de Lula foi posta à prova. O que ficou conhecido como o movimento "Volta Lula", que reunia alas do PT, partidos aliados e empresários desgostosos com a política econômica de Dilma, atingia o máximo da tensão semanas antes da convenção do partido, que aconteceria em junho e escolheria seu candidato a presidente para a eleição daquele ano.

No dia 28 de abril, cinco dias antes do encontro petista, o PR, um dos partidos aliados do PT, decidiu assumir publicamente o que muitos tramavam nos bastidores: lançou um manifesto assinado por vinte de seus 32 deputados, defendendo a candidatura de Lula. Bernardo Santana, líder do partido, colocou na parede de seu gabinete uma foto do ex-presidente com a faixa presidencial.

O Volta Lula era ainda mais forte no PT. A senadora Marta Suplicy conduzia ativamente as articulações e, segundo ela mesma revelaria em janeiro de 2015,[1] a pedido de Lula organizou um jantar para empresários em sua casa em São Paulo. A senadora disse que reuniu "trinta PIBs" e narrou o clima da conversa: "Eles fizeram muitas críticas à política econômica e ao jeito da presidente. E ele não se fez de rogado, entrou nas críticas, disse que era isso mesmo. Naquele jeito do Lula, né? Quando o jantar acabou, todos estavam satisfeitíssimos com ele". Marta disse ainda que Lula "nunca admitiu" ser candidato, "mas decepava [sic] ela: 'Não ouve, não adianta falar'".

O movimento que pedia a volta de Lula cresceria em intensidade até o Encontro Nacional do PT, em maio, que acabaria por aprovar o nome de Dilma como pré-candidata. Um ministro presente ao evento contou que, a pedido de Dilma, houve uma conversa reservada entre ela e Lula. A expectativa era enorme sobre quem, afinal, seria anunciado candidato à eleição de outubro. Horas depois do encontro, indagada por um ministro sobre como tinha sido a conversa, Dilma respondeu: "Falei tudo que pensava e tudo que pretendo fazer.

Ele não me disse que queria ser candidato". Dias depois, o ministro fez a mesma pergunta a Lula. "Ela nem me deixou falar", respondeu. Dois anos depois, rememorando a conversa e já fora do governo, o ex-ministro disse: "Acho que os dois não contaram toda a história".

No decorrer da campanha, surgiram informações de que essa conversa foi embaraçosa para Lula. Dilma teria bloqueado as pretensões dele com argumentos não eleitorais, mas apontando o que estava vindo a público por força das investigações da Lava Jato. O ex-presidente chegou ao Centro de Convenções do Anhembi levando no bolso um discurso de candidato, caso o vento virasse a seu favor naquelas horas decisivas.

Rever o discurso de 35 minutos e 55 segundos que Lula proferiu com Dilma já declarada pré-candidata não desvenda o enigma da quase candidatura de Lula, mas fornece pistas. Mais do que a transcrição do que ele falou, o vídeo mostra um Lula muito aquém do líder capaz de eletrizar a plateia com seus improvisos e metáforas peculiares.

Folheando várias páginas de papel, a certa altura ele afirmou, dirigindo-se à presidente: "Eu, Dilma, preparei três discursos... fui conversar com a Dilma pra saber qual o discurso dela. Mas ela conversa que nem papagaio, fala de tudo e de todos... que eu comecei não sabendo o que ela ia falar".

Segundo ele, um dos discursos era sobre "a situação do Brasil no mundo", outro "para falar o que aconteceu no Brasil nos últimos onze anos" e um terceiro para "falar das políticas sociais". Lula acabou fazendo um quarto discurso, de improviso. Apenas em determinado momento, quando já se aproximava do final, ele leu um pequeno trecho de um dos textos que tinha levado consigo. Citou vários dados sobre a economia brasileira, o suficiente para se perceber que ali estava um discurso estruturado, com informações bem encadeadas. A última frase lida pelo ex-presidente Lula dizia: "O Brasil já virou, Dilma, a sétima economia do mundo. E pode estar certo que nós chegaremos em 2016 como a quinta economia do mundo".

Foi o único momento em que Lula falou sobre o futuro. Antes, queixas e mágoas tinham pontuado o pronunciamento do ex-presidente. Logo no início, afirmou: "Não é possível a gente aceitar gratuitamente a tentativa da elite brasileira de tentar destruir a imagem da empresa que durante tantos anos é motivo de orgulho do nosso povo, que é a nossa Petrobras". Em seguida, disse que sempre que havia eleição também havia tentativas de criar CPIs para investigar a Petrobras: "A impressão que eu tenho é que tem gente querendo fazer caixa de campanha ameaçando em toda época de eleição a Petrobras".

Antes de prosseguir, fez uma ressalva. "Se alguém dentre nós cometeu um erro tem que pagar pelo erro que cometeu. Isso tem que ficar claro. O que a gente não pode permitir é que uma quantidade de mentiras deslavadas sejam veiculadas todo santo dia como se fosse a mais pura verdade."

Lula apontou aqueles que, no seu entender, estavam sendo vítimas de injustiças: "Há um processo em andamento que chega a ser uma perseguição ao nosso partido. Parece que é uma coisa pessoal contra o Zé Dirceu, uma coisa pessoal contra o [José] Genoino, uma coisa pessoal contra o João Paulo [Cunha], contra o Delúbio [Soares] ou contra qualquer companheiro".

Queixou-se também da imprensa: "Somente o PT governa o país de forma republicana, onde a imprensa se dá ao luxo que na mesma página que recebe publicidade do governo ou das empresas públicas, na página seguinte esculhamba o nosso partido. E a gente nem reclama! [...] nós precisamos começar a discutir seriamente o marco regulatório dos meios de comunicação nesse país para que a gente tente democratizar os meios de comunicação". Esse foi um dos momentos em que Lula foi mais aplaudido.

O que de fato alimentou o Volta Lula não foi uma disputa de poder entre duas personalidades. Desde o final de 2011, mas especialmente a partir de 2012, e de forma crescente até o primeiro semestre de 2014, eram claríssimos os sinais de deterioração da economia. Havia também duras críticas de aliados políticos e empresários ao estilo de governar e tomar decisões da presidente. O "não ouve" verbalizado por Lula era uma queixa constante de ministros e assessores de Dilma em Brasília.

O que mais preocupava os economistas era a piora progressiva do quadro geral das finanças públicas, com o crescente déficit fiscal. Somava-se a isso o intervencionismo na economia, com controle artificial das tarifas públicas, que levou à crise nas empresas do setor elétrico e petrolífero. E sobre esse conjunto de problemas desabavam ainda as revelações dos esquemas de corrupção na Petrobras, apurados pela Operação Lava Jato.

Na economia real, a situação era preocupante. A inflação, que já havia batido no teto da meta em 2011 — 6,5% no ano —, continuava alta e fechou 2014 em 6,41%, acima portanto da meta de 4,5%. O índice era pressionado acima de tudo pelos alimentos, cuja alta persistente naquele ano foi de 8,03%.

Dramáticas também eram as projeções de crescimento econômico. A pesquisa Focus do Banco Central espelhava a trilha dessa piora. A realizada no final de 2013 tinha projetado para 2014 um crescimento do PIB de 2%. A de 2 de maio de 2014, dia do lançamento da pré-candidatura de Dilma, reduziu essa expectativa para 1,63%. Quando, em 19 de agosto, a campanha começou de forma oficial, a previsão caiu para 0,7% e, em 31 de outubro, cinco dias depois do segundo turno que reelegeu Dilma, foi a 0,24%.

O resultado foi mais desapontador ainda: em 2014 o PIB cresceu 0,1%, ou seja, a economia estagnou. E o pior ainda estava por vir: em 2015, em profunda recessão, a economia brasileira encolheu 3,8%.

Apesar da recessão, havia pleno emprego, e o mercado de trabalho continuava vivendo dias positivos. De acordo com a Pnad Contínua, do IBGE, a taxa de desemprego ficou em 6,8% em 2014, a mais baixa desde o início da série histórica, em 2012. O mercado de trabalho, dizem os economistas, é o último a responder à contração da demanda agregada, mas também o último a reagir quando a economia volta a crescer.

Sob o fogo cruzado dos críticos e com resultados e perspectivas cada vez mais negativas, a política econômica de Dilma foi um dos focos de sua campanha. Por mais de uma vez o ex-presidente sugeriu que ela demitisse o ministro da Fazenda, Guido Mantega. Anfitrião costumeiro de empresários e economistas no instituto que levava seu nome, sediado em São Paulo, Lula ouvia em primeira mão reclamações contra Dilma, críticas a ela e advertências sobre os rumos da economia. Ele estava convencido de que era preciso trocar Mantega, o qual, a pedido dele próprio, tinha sido mantido no cargo em 2011, quando a presidente compôs seu primeiro ministério.

O sonho de Lula era trazer de volta ao governo petista o ex-presidente do Banco Central Henrique Meirelles para comandar o Ministério da Fazenda. Com base em conversas mantidas com empresários, economistas e políticos aliados, acentuadas a partir de 2013, Lula ficou ciente de que para mudar a política econômica era preciso mudar antes a equipe.

Dilma resistia à troca por dois motivos. Primeiro, por estar cada vez mais distante da influência de Lula. Segundo, porque Mantega e sua equipe haviam se ajustado disciplinadamente às determinações da presidente na área econômica. A rigor, a ministra da Fazenda era Dilma.

Submetida às pressões crescentes de Lula, em abril de 2014, pouco antes do XIV Encontro Nacional do PT, Dilma ensaiou trocar Mantega. Mas a seu modo. O ministro-chefe da Casa Civil, Aloizio Mercadante, recebeu para um almoço, no Palácio do Planalto, o presidente do Banco Central, Alexandre Tombini. Seria um encontro reservado, mas, para a surpresa de Tombini, a reunião foi registrada na agenda do ministro Mercadante. Surpresa maior ainda foi quando, no mesmo dia, vazou para jornalistas a informação de que Tombini poderia substituir Mantega. No Banco Central ficou a dúvida de se o vazamento tinha acontecido para forçar a saída de Mantega ou se para queimar o nome de um possível substituto dele. Tombini de fato foi sondado por Mercadante para assumir o posto de ministro da Fazenda. Dias depois, Dilma negou que tivesse em discussão uma troca de ministro.

Muito antes, em dezembro de 2012, a revista *The Economist*, sintetizando o sentimento da elite empresarial brasileira e do próprio Lula, havia sugerido a demissão de Guido Mantega. O título da reportagem era "Quebra de confiança. Se quer mesmo um segundo mandato, Dilma precisa de uma nova equipe econômica", e ela fazia referência ao resultado do PIB do terceiro trimestre daquele ano — crescimento de 0,6% —, considerado frustrante para o governo. Dilma reagiu: "Em hipótese alguma o governo brasileiro, eleito pelo voto direto e secreto dos brasileiros, vai ser influenciado por uma opinião de uma revista que não seja brasileira".

No decorrer de 2013 e 2014, as pressões internas para a mudança da equipe e da política econômica aumentaram bastante. Os empresários, em geral beneficiários da política de desoneração de tributos, crédito fácil para investimento e consumo, já estavam convencidos de que a escalada de gastos colocava a dívida pública em uma perigosa trajetória de alta, ao mesmo tempo que comprometia o crescimento. A recessão se aproximava.

Um ex-ministro contou que, durante a campanha, um dos empresários mais próximos do governo petista, Joesley Batista, do Grupo JBS, pedia insistentemente uma audiência com Dilma. Depois de finalmente atender ao pedido, Dilma, segundo esse ex-ministro, registrou com perplexidade o que ouviu: "Ele foi capturado, ele foi capturado... o governo reduziu imposto para os empresários e agora ele pede corte de despesas. Foi capturado pelo sistema financeiro!".

A presidente lançou Mantega à fogueira em plena campanha eleitoral. Em 4 de setembro de 2014, em Fortaleza, indagada por jornalistas sobre o destino do ministro, ela respondeu: "Eleição nova, governo novo, equipe nova". Quem poderia substituir Mantega?, perguntaram. "Eu não falo disso, pois acho que dá azar também nomear gente pra uma coisa que não aconteceu."

Mantega sentiu o golpe da declaração de Dilma e, pela primeira vez, ameaçou pedir demissão. O papel de bombeiro coube, então, a Fernando Pimentel, ex-ministro do Desenvolvimento, Indústria e Comércio e candidato ao governo de Minas, e a Miguel Rossetto, que havia se licenciado do Ministério do Desenvolvimento Agrário para coordenar a campanha presidencial de Dilma. Ambos falaram com Mantega por telefone. A presidente também tratou de acalmar o ministro, convidando-o para jantar no Alvorada. Ali os dois acertaram que ele ficaria no Ministério da Fazenda até dezembro, final do primeiro mandato.

Se a continuidade de Mantega no Ministério da Fazenda já era um problema admitido até pela presidente, sua saída a um mês das eleições teria deixado um vácuo preocupante, pois teria sido impossível imaginar uma rápida substituição de peso em um ambiente de alta volatilidade econômica e eleitoral. Uma semana antes, em 28 de agosto, o IBGE havia divulgado o resultado do PIB do segundo trimestre: queda de 1,9%, o que colocava o Brasil em recessão, caracterizada por dois trimestres consecutivos de queda da atividade. No primeiro trimestre a economia tinha tido retração de 0,7%, depois de crescimento zero no quarto trimestre de 2013.

Sempre que cobrada em entrevistas e debates na televisão, Dilma insistia em rebater análises negativas sobre a política econômica e previsões pessimistas para 2015. Em maio, quatro dias depois do lançamento de sua pré-candidatura no encontro do PT, em um jantar com dez jornalistas, todas mulheres, ela afirmou: "Dizer que o Brasil vai explodir em 2015 é ridículo! Me desculpe. O Brasil não vai explodir em 2015. O Brasil vai é bombar!".

Durante a campanha, Dilma assumiu uma série de compromissos. Prometeu controlar a inflação, não aplicar um tarifaço (aumento generalizado das tarifas controladas pelo governo) na economia nem aumentar impostos. Sobre a flexibilização do mercado de trabalho, tema que estava em debate e sobre o qual o governo dispunha, inclusive, de uma proposta pronta na Casa Civil desde o governo Lula, ela disse em entrevista coletiva depois de ter se encontrado com empresários na cidade de Campinas, em São Paulo: "Eu não mudo direitos na legislação trabalhista [...] lei de férias, 13º, Fundo de Garantia, hora extra, isso não mudo nem que a vaca tussa".

No dia 7 de novembro, doze dias depois da reeleição de Dilma, Mantega antecipou o que estava por vir: "A pensão por morte também deve ser reformatada, uma despesa de 90 bilhões de reais. Nos próximos anos, precisamos que essas despesas estejam em declínio e temos também que recuperar receitas". Desde 2013 o Ministério da Fazenda sabia que esses gastos explodiam sem uma justificativa plausível.

O aumento das tarifas de energia começou antes das eleições, mas os reajustes mais pesados foram deixados para 2015. No começo de novembro, em reunião do conselho de administração da Petrobras, Mantega autorizou um aumento de 3% para a gasolina e de 5% para o diesel, anunciados pela Petrobras três dias depois. Em 29 de outubro, passados três dias da eleição, o Banco Central havia aumentado a taxa de juros de 11%, onde estava desde abril, para 11,25% ao ano. A elevação de impostos, anunciada por Mantega em maio de 2014 e negada por Dilma durante a campanha, sairia em janeiro de 2015, três semanas depois da posse.

A definição de Joaquim Levy para ocupar a pasta da Fazenda e conduzir a política econômica do segundo mandato de Dilma também obedeceu a um processo tortuoso. Lula mantinha a preferência por Henrique Meirelles, mas, diante da resistência da presidente, passou a defender outro nome que, no seu entender, seria capaz de resgatar a confiança de empresários e investidores: Luiz Carlos Trabuco, presidente do Bradesco. Dilma aceitou a indicação, mas Trabuco recusou o convite por estar na linha sucessória para a presidência do conselho de administração do grupo. A escolha, então, recaiu sobre outro executivo da instituição, Joaquim Levy, diretor superintendente do Bradesco Asset Management e um velho conhecido de Dilma desde os tempos em que foi secretário do Tesouro e ela ministra de Minas e Energia e depois da Casa Civil.

No dia 18 de novembro, Lula e Dilma se reuniram longamente na Granja do Torto. Um encontro como esse já havia acontecido ali mesmo no começo do mês. A reunião do dia 18 começou no meio da tarde e só terminou à noite, e teve também a participação de alguns ministros e futuros ministros. Assessores de Dilma e de Lula informaram que o objetivo do encontro era discutir a escolha da equipe econômica e avaliar os desdobramentos da Operação Lava Jato. Quatro dias antes, a Polícia Federal havia deflagrado a sétima fase da operação, batizada de Juízo Final, em que foram presos Renato Duque, ex-diretor da Petrobras indicado pelo PT, e executivos de oito grandes empreiteiras. Em Brisbane, na Austrália, onde participava da Reunião do G20, grupo que reúne os países desenvolvidos e emergentes, Dilma, provocada pelos jornalistas, fez o seguinte comentário sobre as prisões: "Isso eu acho que mudará para sempre as relações entre a sociedade brasileira, o Estado brasileiro e as empresas privadas". Não mencionou partidos políticos.

Um ministro presente ao encontro da Granja do Torto lembrou que a certa altura Lula e Dilma travaram o seguinte diálogo:

"Sabe qual é a lição que devemos tirar dessa eleição?"

"É que somos nós contra eles, e nós somos maioria, presidente."

"Não, Dilma, é que nós estamos fodidos!"

EPÍLOGO

Na manhã do dia 17 de março de 2016, Lula desceu do gabinete presidencial, no terceiro andar do Palácio do Planalto, para o Salão Nobre, no segundo andar, para assinar o termo de posse. No mesmo local, Lula havia tomado posse como presidente em 2003 e 2007. Agora ele estava ali para assumir o cargo de ministro-chefe da Casa Civil do governo da presidente Dilma Rousseff.

Do lado de fora, grupos contra e a favor de Lula e Dilma disputavam espaço e gritavam palavras de ordem. Dentro do palácio, o discurso de Dilma era interrompido várias vezes com gritos de "Não vai ter golpe". Nos oito anos do mandato de Lula, o Salão Nobre foi cenário de inúmeros eventos em que o ex-presidente cativou plateias com seus discursos e com as metáforas tão características de seu estilo. Na posse como ministro da Casa Civil, no entanto, Lula preferiu o silêncio. Desviando os olhos ora para o teto, ora para o chão, Lula ouviu com semblante sério o discurso da presidente Dilma.

"As circunstâncias atuais me dão a magnífica chance de trazer para o governo o maior líder político deste país. Uma pessoa que, além de ser um grande líder político, é um grande amigo e companheiro de lutas e conquistas. Seja bem-vindo, querido companheiro, ministro Luiz Inácio, ministro Lula. A sua presença aqui prova que você tem a grandeza dos estadistas e a humildade dos verdadeiros líderes", disse a presidente.

A nomeação de Lula para a Casa Civil foi objeto de intensas controvérsias políticas e jurídicas. Nos bastidores de Brasília, comentava-se sobre o risco iminente de Lula ser preso por decisão do juiz Sérgio Moro, responsável pela Operação Lava Jato. No começo do mês, Moro havia determinado a condução coercitiva do ex-presidente para prestar depoimento sobre a propriedade de um apartamento no Guarujá e um sítio em Atibaia, reformados pela empreiteira OAS, envolvida no esquema de corrupção da Petrobras.

A partir daí, começaram a correr rumores de que Lula seria nomeado ministro para, dessa forma, obter foro privilegiado e sair do alcance do juiz Sérgio Moro. Na condição de ministro, Lula só poderia ser julgado pelo Supremo Tribunal Federal. No dia 15 de março, Dilma e Lula se reuniram por mais de quatro horas em um jantar no Palácio da Alvorada, quando ele foi formalmente convidado ao cargo. Lula ficou de pensar se aceitava. No dia seguinte, no início da noite, sua nomeação foi publicada em uma edição extra do *Diário Oficial* da União. Horas depois, o juiz Sérgio Moro retirou o sigilo das investigações sobre Lula e permitiu que viesse a público uma sequência enorme de grampos telefônicos. Dentre eles, um captou a seguinte conversa entabulada entre Lula e Dilma às 13h32 daquele 16 de março:

Dilma: "Alô".
Lula: "Alô".
Dilma: "Lula, deixa eu te falar uma coisa".
Lula: "Fala, querida. Ahn?".
Dilma: "Seguinte, eu tô mandando o Bessias junto com o papel pra gente ter ele, e só usa em caso de necessidade, que é o termo de posse, tá?".
Lula: "Uhum. Tá bom, tá bom".
Dilma: "Só isso, você espera aí que ele tá indo aí".
Lula: "Tá bom, eu tô aqui, fico aguardando".
Dilma: "Tá?".

Lula: "Tá bom".
Dilma: "Tchau".
Lula: "Tchau, querida".

No despacho em que retirou o sigilo das gravações, Moro afirmou: "Rigorosamente, pelo teor dos diálogos degravados, constata-se que o ex-presidente já sabia ou pelo menos desconfiava de que estaria sendo interceptado pela Polícia Federal, comprometendo a espontaneidade e credibilidade de diversos dos diálogos".

A nomeação de Lula como ministro da Casa Civil e a divulgação dos grampos deflagraram manifestações instantâneas de rua em pelo menos dezessete estados do país e no Distrito Federal. O Palácio do Planalto foi cercado por manifestantes que protestavam contra aquele arranjo que garantia ao ex-presidente foro privilegiado. Uma série de liminares de primeira instância começaram a dar entrada na Justiça, pedindo que se anulasse a decisão da presidente Dilma de nomear Lula ministro. Em 18 de março, um dia depois da posse de Lula, o ministro do STF Gilmar Mendes, acatando pedido do PSDB e do PPS, suspendeu a nomeação do ex-presidente, alegando ter identificado nela a intenção de o ex-presidente fraudar as investigações da Operação Lava Jato.

Em seu despacho, o ministro afirmou: "O objetivo da falsidade é claro: impedir o cumprimento de ordem de prisão de juiz de primeira instância. Uma espécie de salvo-conduto emitido pela Presidente da República".

No dia 7 de abril, o procurador-geral Rodrigo Janot recomendou ao STF a anulação da nomeação de Lula, considerando que o ato da presidente Dilma representava "desvio de finalidade" e que visava tumultuar as investigações da Lava Jato. No despacho, Janot apontou "atuação fortemente inusual da Presidência", além de revelar "sofreguidão para inserir o ex-presidente no ministério".

Um mês depois da posse de Lula na Casa Civil, a Câmara aprovou, por 367 votos a favor e 137 contra, o prosseguimento do processo de impeachment da presidente Dilma. No dia 12 de maio, o Senado aprovou, por 55 votos a favor e 22 contra, o afastamento temporário da presidente. Em 16 de maio, o ministro Gilmar Mendes decidiu arquivar o processo de anulação da nomeação de Lula para o ministério. Com o afastamento de Dilma, o ex-presidente já havia sido exonerado.

Em 13 de junho, o ministro do STF Teori Zavascki devolveu o processo contra Lula ao juiz Sérgio Moro, mas anulou como prova a gravação do diálogo entre Lula e a presidente Dilma, sob a alegação de que o juiz havia usurpado de sua competência ao permitir que a presidente fosse gravada sem autorização do Supremo.

No dia 26 de agosto, a Polícia Federal indiciou o ex-presidente Lula e sua mulher, Marisa Letícia, no inquérito que investigava a compra e a reforma do apartamento tríplex no condomínio Solaris, no Guarujá, litoral de São Paulo. Lula foi indiciado por corrupção passiva, falsidade ideológica e lavagem de dinheiro e Marisa Letícia por corrupção passiva e lavagem de dinheiro. De acordo com a Polícia Federal, Lula e Marisa Letícia "foram beneficiários de vantagens ilícitas, por parte da construtora OAS, em valores que alcançaram R$ 2,4 milhões". A OAS era uma das empreiteiras acusadas de corrupção nos contratos da Petrobras.

Ainda em agosto se daria o desenlace da crise econômica e política que tinha desgovernado o país. Em sessão que se estendeu dos dias 25 a 31, o plenário do Senado aprovou, por 61 votos a favor e 20 contra, o impeachment da presidente Dilma Rousseff.

Pouco depois cairia também o algoz de Dilma. Na noite de 12 de setembro de 2016, uma segunda-feira, a Câmara aprovou a cassação do mandato de Eduardo Cunha por 450 votos a favor, 10 contra e 9 abstenções. Isolado e sem apoio, o ex-presidente da Câmara tornou-se ficha suja e foi banido da política até 2027.

Para o PT, a devastação prosseguiu célere no segundo semestre de 2016. No dia 16 de agosto o ministro do Supremo Tribunal Federal, Teori Zavascki, atendendo a pedido do Procurador-Geral da República, Rodrigo Janot, autorizou a abertura de inquérito contra Dilma, Lula, Mercadante e o ex-ministro da Justiça José Eduardo Cardozo. O inquérito alcançou também o ex-senador Delcídio e os ministros do Superior Tribunal de Justiça Francisco Falcão e Marcelo Navarro. A finalidade era apurar suspeitas de que eles agiram para obstruir a Operação Lava Jato.

O Ministério Público Federal denunciou o ex-presidente Luiz Inácio Lula da Silva e sua esposa, Marisa Letícia, no âmbito da Operação Lava Jato, em 14 de setembro. O procurador Deltan Dallagnol disse que, segundo provas do Ministério Público, Lula era o "comandante máximo do esquema de corrupção identificado na Lava Jato". A Justiça Federal do Paraná aceitou a denúncia do ex-presidente sob a acusação de corrupção e lavagem de dinheiro no caso do tríplex do Guarujá em 20 de setembro. Lula tornou-se réu pela segunda vez.

O ex-ministro da Fazenda Guido Mantega foi preso na manhã do dia 22 de setembro, uma quinta-feira, em São Paulo, pela Operação Lava Jato. O empresário Eike Batista disse em depoimento que pagou 2,35 milhões de dólares ao PT a pedido do ex-ministro. O mandado de prisão temporária foi revogado no início da tarde do mesmo dia pelo juiz Sérgio Moro.

A prisão de Mantega foi precedida da detenção de Paulo Bernardo, ex-ministro do Planejamento de Lula e das Comunicações de Dilma, em junho de 2016. Pouco tempo depois, o Ministério Público de São Paulo denunciou Paulo Bernardo e sua esposa, a senadora Gleisi Hoffmann (PT-PR), ex-ministra-chefe da Casa Civil no governo Dilma, sob a acusação de ambos fazerem parte de uma organização criminosa que supostamente desviou recursos do crédito consignado de servidores públicos. Os advogados de defesa negaram o envolvimento do casal nos fatos apontados pela denúncia. Na mesma operação em que prendeu Paulo Bernardo, a Polícia Federal cumpriu mandado de busca e apreensão na casa de Carlos Gabas, ministro da Previdência da Dilma.

Na manhã do dia 26 de setembro, o ex-ministro da Fazenda e da Casa Civil Antônio Palocci foi preso. Na mesma operação foram detidos dois auxiliares de Palocci — Juscelino Antônio Dourado e Branislav Kontic. Todos foram levados para a carceragem da Polícia Federal em Curitiba, no desenrolar da 35ª fase da Lava Jato, encarregada da apuração da relação entre o Grupo Odebrecht e o ex-ministro. Segundo o Ministério Público Federal, havia evidências de que Palocci e Branislav receberam propina para atuar em favor da empreiteira, entre 2006 e o final de 2013, interferindo em decisões tomadas pelo governo federal. O ex-ministro também teria participado de conversas sobre a compra de um terreno para a sede do Instituto Lula, feita pela Odebrecht.

"Conforme planilha apreendida durante a operação, identificou-se que entre 2008 e o final de 2013 foram pagos mais de R$ 128 milhões ao PT e seus agentes, incluindo Palocci. Remanesceu, ainda, em outubro de 2013, um saldo de propina de R$ 70 milhões, valores estes que eram destinados também ao ex-ministro para que ele os gerisse no interesse do Partido dos Trabalhadores", diz o Ministério Público Federal.

No dia seguinte à prisão de Palocci, a 2ª Turma do STF recebeu a denúncia contra a senadora Gleisi Hoffmann (PT-PR) e seu marido, o ex-ministro do Planejamento Paulo Bernardo, tornando-os réus na Operação Lava Jato. Ambos foram denunciados ao STF pela Procuradoria-Geral da República, sob a acusação de terem recebido 1 milhão de reais para a campanha da senadora em 2010.

Ao fim de treze anos, quatro meses e doze dias no exercício do poder, os governos do PT avançaram na economia, retrocederam e, ao insistirem na busca do crescimento a qualquer preço, quebraram o Estado. Está na deterioração das contas públicas a raiz da pior recessão que o Brasil já experimentou, tanto em intensidade quanto em duração — estagnação do PIB em 2014, retração de 3,8% em 2015, mais uma contração de 3,8% até julho de 2016.

Entre 2003 e 2008, a política fiscal do governo petista foi austera, com superávits primários sempre superiores a 3% do PIB, que freavam o endividamento insustentável. O déficit nominal chegou a seu mais baixo patamar — de 1,99% do PIB — em 2008. A conta de juros da dívida pública, que em 2003 consumiu o equivalente a 8,41% do PIB, teve seu menor valor em 2010: 5,03% do PIB.

Depois de 2012, o estrago nas contas foi sendo progressivo. Em 2015, a situação era devastadora. As despesas que cresciam acima da renda do país e as receitas anêmicas em virtude das desonerações e da recessão levaram o resultado primário a um déficit de 1,88% do PIB, déficit nominal de 10,34% do PIB e as despesas com juros da dívida pública a 8,46% do PIB. Em 2016 a piora se acentuou.

A dívida bruta do setor público, principal indicador de solvência do Estado, assumiu uma trajetória acelerada de crescimento depois de 2013, quando foi de 51,7% do PIB. A partir daí, a ascensão foi vigorosa: 57,2% do PIB em 2014, 66,5% do PIB em 2015, alcançando 69,5% do PIB em julho de 2016. Em números absolutos, significava uma dívida de 4,2 trilhões de reais.

Quando Dilma foi afastada, a economia brasileira se encontrava no fundo do poço, com as finanças públicas em frangalhos, a recessão batendo recordes, a inflação persistente e o desemprego galopante.

Em 5 de outubro de 2016, o TCU aprovou, por unanimidade, parecer pela rejeição das contas da presidente Dilma Rousseff referentes a 2015. O Tribunal apontou dez irregularidades, que feriram preceitos constitucionais, a Lei de Responsabilidade Fiscal e a lei orçamentária. Entre elas, a insistência do governo na prática das pedaladas fiscais e na edição de decretos de crédito suplementar sem prévia autorização do Congresso e em desrespeito à meta fiscal definida para o ano. No mesmo dia, também por decisão do TCU, o ex-ministro da Fazenda Guido Mantega e o ex-secretário do Tesouro Arno Augustin ficaram inabilitados para exercer cargo em comissão e função de confiança na administração pública federal. Arno por oito anos e Mantega por cinco anos. Além disso, os dois foram multados em 54 mil reais cada um. Tudo por causa das pedaladas fiscais. O ex-subsecretário de Política Fiscal Marcus Pereira Aucélio terá de pagar 30 mil reais. A multa do ex-chefe do Departamento Econômico do Banco Central Túlio Maciel foi de 25 mil reais. O ex-presidente do Banco Central Alexandre Tombini, o ex-presidente do BNDES Luciano Coutinho, o ex-presidente do Banco do Brasil Aldemir Bendine e o ex-presidente da Caixa Jorge Hereda terão que pagar 30 mil reais cada um. Outras nove pessoas não sofreram sanção, entre elas os ex-ministros Manoel Dias, Gilberto Occhi e Tereza Campello.

SÉRIE HISTÓRICA DO PIB
(VARIAÇÃO EM VOLUME)

SÉRIE DAS ESTATÍSTICAS DO SÉCULO XX		SÉRIE ANTIGA (DAS SÉRIES HISTÓRICAS DO SITE)		SÉRIE ATUAL (REFERÊNCIA 2010)	
1901	14,4	1948	9,7	1996	2,2
1902	-0,5	1949	7,7	1997	3,4
1903	1,9	1950	6,8	1998	0,4
1904	1,4	1951	4,9	1999	0,5
1905	3,3	1952	7,3	2000	4,4
1906	12,7	1953	4,7	2001	1,4
1907	0,8	1954	7,8	2002	3,1
1908	-3,2	1955	8,8	2003	1,1
1909	10,3	1956	2,9	2004	5,8
1910	2,6	1957	7,7	2005	3,2
1911	5,8	1958	10,8	2006	4,0
1912	6,9	1959	9,8	2007	6,1
1913	2,9	1960	9,4	2008	5,1
1914	-1,3	1961	8,6	2009	-0,1
1915	0,3	1962	6,6	2010	7,5
1916	0,9	1963	0,6	2011	3,9
1917	9,4	1964	3,4	2012*	1,9
1918	-2,0	1965	2,4	2013*	3,0
1919	7,9	1966	6,7	2014*	0,1
1920	12,5	1967	4,2	2015*	-3,8
1921	1,9	1968	9,8		
1922	7,8	1969	9,5		
1923	8,6	1970	10,4		
1924	1,4	1971	11,3		
1925	0,0	1972	11,9		
1926	5,2	1973	14,0		
1927	10,8	1974	8,2		
1928	11,5	1975	5,2		
1929	1,1	1976	10,3		
1930	-2,1	1977	4,9		
1931	-3,3	1978	5,0		
1932	4,3	1979	6,8		
1933	8,9	1980	9,2		
1934	9,2	1981	-4,3		
1935	3,0	1982	0,8		
1936	12,1	1983	-2,9		
1937	4,6	1984	5,4		
1938	4,5	1985	7,8		
1939	2,5	1986	7,5		
1940	-1,0	1987	3,5		
1941	4,9	1988	-0,1		
1942	-2,7	1989	3,2		
1943	8,5	1990	-4,3		
1944	7,6	1991	1,0		
1945	3,2	1992	-0,5		
1946	11,6	1993	4,9		
1947	2,4	1994	5,9		
		1995	4,2		

Fonte: Fundação Getúlio Vargas — Centro de Contas Nacionais —, diversas publicações, período 1947 a 1989; IBGE. Diretoria de Pesquisas. Coordenação de Contas Nacionais

*Para os anos de 2012 e 2014 os resultados preliminares foram obtidos a partir das Contas Nacionais Trimestrais.

NOTAS

1. "DESPESA É VIDA" [pp. 17-30]

1   Entrevista aos jornalistas Suely Caldas, Patrícia Campos Mello e Renée Pereira, de *O Estado de S. Paulo*, no dia 9 de novembro de 2005.

2   Resultado nominal e primário — Conceito nominal é uma metodologia mais ampla de cálculo das contas públicas, medido pela necessidade de financiamento e que, ao contrário do conceito primário, considera o gasto com o pagamento de juros da dívida pública. O resultado primário é apurado pela diferença entre receitas e despesas, destas excluídos os juros da dívida pública. A contabilidade fiscal envolve os orçamentos dos três Poderes nos três níveis de governo (União, estados e municípios) e as suas empresas.

3   A Selic é definida pela taxa média ajustada dos financiamentos diários apurados no Sistema Especial de Liquidação e de Custódia para títulos federais.

4   Há no Brasil um permanente embate entre economistas desenvolvimentistas e "neoliberais". A visão destes se distingue, sobretudo, pelo papel do Estado como promotor, indutor e produtor do desenvolvimento. Já os desenvolvimentistas advogam proteção do mercado e não acreditam em restrições ao crescimento que não possam ser superadas pela ação do Estado. Os liberais atribuem peso maior ao mercado, defendem a abertura comercial e acreditam nos fundamentos econômicos.

5   Entrevista a Guilherme Barros, publicada na *Folha de S.Paulo* do dia 4 de dezembro de 2005.

6   *Valor Econômico*, edição de 21 de maio de 2010, matéria de Cristiano Romero e Raymundo Costa.

7   As agências internacionais de "rating" dão notas a países e empresas que aferem o risco de crédito. A classificação de risco serve para indicar a capacidade de pagamento de uma economia. Os investidores usam os "ratings" como um dos elementos da decisão sobre seus investimentos. Há várias gradações para o "grau especulativo" (que indica risco de calote) e "grau de investimento" (bom pagador). O Brasil era considerado "grau especulativo" e só obteve o selo de bom pagador em 2008.

8   Texto de autoria de Nelson Barbosa e José Antonio Pereira de Souza, "A inflexão do governo Lula: Política econômica, crescimento e distribuição de renda", 2010.

2. LULA ORTODOXO [pp. 31-44]

1   O comitê é formado pelos diretores do Banco Central e tem como função definir a meta da taxa básica de juros, Selic.

2   O documento do XII Encontro Nacional do PT pode ser encontrado no site <http://csbh.fpabramo.org.br/uploads/resolucoes-xii-encontro.pdf>.

3   O Banco Central faz uma pesquisa semanal, com cerca de cem instituições financeiras e consultorias, sobre as expectativas de inflação. O resultado é divulgado às segundas-feiras no Boletim Focus.

3. A META QUE INFLACIONOU [pp. 45-56]

1   O regime de metas para a inflação foi criado em 1999 pelo decreto nº 3088, de 21 de junho, como diretriz da política monetária. A resolução nº 2615, editada em 30 de junho de 1999, estabeleceu a primeira meta para a inflação, medida pela variação do IPCA, de 8% para aquele exercício, com margem de tolerância de dois pontos percentuais para cima ou para baixo. Assim, o IPCA poderia ficar no intervalo de 6% a 10%. Foi de 8,94%. Para os anos posteriores, as metas eram decrescentes — 6% para 2000, 4% para 2001, 3,5% para 2002 e 3,25% para 2003, sempre com uma margem de tolerância de dois pontos percentuais. A inflação efetiva no período de 2000 a 2003 foi: 5,97% em 2000, 7,67 em 2001, 12,53% em 2002 e 9,3% em 2003. O IPCA manteve-se na meta apenas nos dois primeiros anos, depois se desviou totalmente do intervalo, saltando para dois dígitos no ano das eleições presidenciais de 2002, quando Luiz Inácio Lula da Silva venceu o pleito. A meta de 3,25% foi abandonada. Em 2003 ela foi ajustada para 4% e a margem de tolerância passou a ser de 2,5 pontos percentuais. Para 2004, primeiro se estabeleceu uma inflação de 3,75%, depois corrigida para 5,5%, também com a banda de 2,5 pontos percentuais. Em 2005, a meta para o IPCA foi cravada em 4,5%, onde permanecerá estacionada até 2018. As alterações ocorreram apenas na margem de tolerância, que foi de 2,5 pontos percentuais em 2005 e de dois pontos percentuais de 2006 a 2016, caindo para 1,5 ponto percen-

tual em 2017. A margem de tolerância existe para acomodar choques eventuais que podem comprometer a execução da política, por exemplo uma quebra de safra que possa produzir um aumento nos preços dos alimentos ou uma escassez de chuvas que possa resultar em um reajuste forte das tarifas de energia elétrica.

2 Entrevista às jornalistas Vera Brandimarte e Claudia Safatle, do jornal *Valor Econômico*, publicada em 21 de junho de 2007.

3 Entrevista concedida ao jornalista Guilherme Barros, da *Folha de S.Paulo*, e publicada na edição de 1º de julho de 2007.

4 Entrevista ao jornalista Márcio Aith, publicada no dia 12 de dezembro de 2007.

5 Ver reportagem de Cristiano Romero e Alex Ribeiro, publicada na revista *Eu & Fim de Semana*, suplemento da edição de 13 de novembro de 2009 do jornal *Valor Econômico*.

6 Hipotecas de alto risco. Empréstimos imobiliários concedidos a clientes sem a devida avaliação de suas condições de pagamento.

4. FIM DA FESTA [pp. 57-67]

1 Nas operações *target forward*, "as partes envolvidas acordavam uma taxa de câmbio pela qual as empresas venderiam seus dólares a cada mês (*Strike*). Caso o câmbio se apreciasse de forma a ficar abaixo do *Strike* combinado, a empresa poderia vender uma quantidade X de dólares para a instituição financeira por esse valor. Caso o câmbio se depreciasse, indo parar acima do *Strike*, a empresa teria que vender uma quantidade 2X de dólares à instituição financeira, à taxa de câmbio combinada (*Strike*). Ou seja, em um cenário desfavorável (real depreciado) a empresa se veria obrigada a vender, a baixo preço, quantidade de dólares duas vezes maior do que compraria no cenário favorável, produzindo potenciais grandes perdas. Além disso, esses produtos costumavam ter um limite máximo de lucro acumulado via vendas de dólar para as empresas, enquanto a recíproca não era válida para a instituição financeira. Ou seja, em um estado favorável (real apreciado), a empresa teria o direito de vender os dólares ao preço estabelecido até que atingisse o valor de lucro limite estipulado nos contratos; ao atingir esse valor, o produto estaria finalizado. Ou seja, o ganho máximo é limitado. Já no ambiente desfavorável (real depreciado), a empresa se veria obrigada a vender os dólares para a instituição financeira durante os doze meses de vigência do produto, sem limite de perda para a empresa". "Incentivo perverso das reservas internacionais: o caso das empresas exportadoras brasileiras", de Werther Vervloet e Márcio Garcia, disponível em: <http://www.economia.puc-rio.br/mgarcia/Artigos/090803%20Vervloet%20Garcia%5B1%5D.pdf>.

2 Ver matéria "Os bastidores da crise", dos repórteres Cristiano Romero e Alex Ribeiro, publicada na edição de 13 de novembro de 2009 do jornal *Valor Econômico*.

3 Estar vendido em dólar indica a realização de negócios que exige a entrega futura da moeda estrangeira ou o pagamento da variação cambial. Na prática, representa a

aposta dos bancos na valorização do real. Estar "comprado", ao contrário, sinaliza a expectativa de depreciação da moeda brasileira.

4 Ver reportagem "Anatomia da crise que quebrou a Aracruz", de Graziella Valenti, publicada na revista *Eu & Fim de Semana*, suplemento da edição de 14 de dezembro de 2012 do jornal *Valor Econômico*.

5 "O dia que abalou o Unibanco", reportagem de Raquel Balarin publicada na edição de 10 de novembro de 2009 na revista *ValorInvest*.

6 Em 2010, o Banco Central começou a descobrir fraudes no balanço do Banco Panamericano que chegaram a 4,3 bilhões de reais, levando Silvio Santos a vender o controle do banco ao BTG Pactual em janeiro de 2011.

7 O *swap* é um tipo de derivativo que envolve a troca de indexadores. Ou seja, troca-se risco e rentabilidade. No caso do *swap* cambial, o Banco Central se compromete a pagar ao mercado a variação do câmbio no período de vigência dos contratos mais um cupom cambial, como são chamadas as taxas de juros em dólar no Brasil. Os investidores, por seu lado, ficam obrigados a entregar ao Banco Central a oscilação dos juros DI, a taxa utilizada nos empréstimos entre instituições financeiras e que fica próxima à taxa Selic.

8 As contas do governo federal, na definição da Lei de Diretrizes Orçamentárias (LDO), abrangem o orçamento da União, da seguridade social, do Banco Central e das empresas estatais federais.

5. "UM MOMENTO MÁGICO" [pp. 69-77]

1 Superintendência do Desenvolvimento do Nordeste, idealizada pelo economista Celso Furtado e criada em 1959 pelo presidente Juscelino Kubitscheck.

2 O Ipea foi criado nos primórdios da ditadura militar, por iniciativa do ministro Roberto Campos, para ser uma espécie de consciência crítica dos programas e das políticas de governo. Mesmo operando sob um regime fechado, o instituto produziu estudos importantes, com pluralidade de pensamento entre seu corpo de pesquisadores.

6. A ERA TOMBINI [pp. 79-89]

1 "BC pode subir Selic em 0,75 ponto em março", matéria do jornalista Cristiano Romero, publicada na edição de 24 de fevereiro de 2011 do jornal *Valor Econômico*.

2 "Palocci multiplicou por 20 patrimônio em quatro anos", matéria de Andreza Matais e José Ernesto Credendio, publicada na edição de 15 de maio de 2011.

3 As políticas fiscal e monetária podem ser expansionistas, contracionistas ou neutras para a atividade econômica e para a inflação. Se o gasto do governo cai, a política é contracionista e ajuda no combate à inflação. Se cresce, é o contrário.

4   Coluna de Claudia Safatle no jornal *Valor Econômico*, em 6 de setembro de 2013, com
o título "bc conta com um impulso fiscal neutro".

7. O NASCIMENTO DA NOVA MATRIZ ECONÔMICA [pp. 91-102]

1   De 6 de dezembro de 2012, produção e execução da Secretaria de Política Econômica.
2   Entrevista do secretário de Política Econômica do Ministério da Fazenda. Márcio
Holland, a Cristiano Romero, do *Valor Econômico*, publicada na edição de 17 de dezembro de 2012.
3   Do governo, presentes na reunião, além da presidente Dilma Rousseff, os ministros
Guido Mantega (Fazenda) e Fernando Pimentel (Desenvolvimento, Indústria e Comércio Exterior); o secretário-geral da Presidência da República, Gilberto Carvalho;
o presidente da Câmara de Gestão, Jorge Gerdau; e o presidente do bndes, Luciano
Coutinho. Os empresários Marcelo Odebrecht (Odebrecht), Otávio Azevedo (Andrade Gutierrez), Josué Gomes (Coteminas), André Esteves (btg Pactual), Joesli Batista
(jbs Friboi), Robson Andrade (Confederação Nacional da Indústria, cni), José Martins
(Marcopolo), Luiz Trabuco e Lázaro Brandão (Banco Bradesco), Roberto Setúbal (Banco Itaú), Frederico Curado (Embraer), Murilo Ferreira (Vale), Luiz Nascimento (Camargo Corrêa), Cledorvino Belini (Fiat), Pedro Passos (Natura), Paulo Tigre (Federação
das Indústrias do Rio Grande do Sul), Eike Batista (ogx), Alberto Borges (Caramuru),
Amarilio Proença (J Macêdo), Ivo Rosset (Grupo Rosset), Carlos Sanches (ens), João
Castro Neves (AmBev), Luiza Trajano (Magazine Luiza), Antônio Carlos da Silva (Grupo
Simões), Daniel Feffer (Suzano), Ricardo Steinbruch (Banco Fibra) e Paulo Skaf (Fiesp).
4   Entrevista concedida ao repórter Cristiano Romero.

8. A "OPERAÇÃO QUADRANGULAR" [pp. 103-13]

1   A entrevista da presidente Dilma Rousseff aos jornalistas foi publicada no site do
Palácio do Planalto no dia 16 de dezembro de 2011.
2   Os dados da Receita Federal sobre o impacto das desonerações em 2012 estão na
página 27 da Análise da Arrecadação das Receitas Federais — Dezembro de 2012.
3   A entrevista de Arno Augustin à repórter Adriana Fernandes foi publicada na edição
de 7 de janeiro de 2013 do jornal *O Estado de S. Paulo*.
4   A nota técnica 23/13, de autoria dos consultores José Fernando Cosentino Tavares e
Márcia Rodrigues Moura, da Consultoria de Orçamento da Câmara dos Deputados,
foi publicada em 15 de outubro de 2013.
5   A sequência das transações é apenas ilustrativa e para facilitar a compreensão. Na
verdade, todas as transações foram realizadas no mesmo dia.
6   O Relatório do bndes com as informações sobre a liberação pelo Tesouro da parcela
de 15 bilhões de reais refere-se ao quarto trimestre de 2012 e foi publicado pelo banco em janeiro de 2013.

7 O Relatório e Parecer Prévio do TCU sobre as contas do governo da República no exercício de 2012 pode ser encontrado no site do tribunal.

8 O artigo do economista e ex-ministro da Fazenda Antonio Delfim Netto intitulado "Imaginação" foi publicado na edição de 16 de janeiro de 2013 da *Folha de S.Paulo*. O artigo "2013", na edição de 15 de janeiro de 2013 do *Valor Econômico*.

9 A entrevista do ministro da Fazenda, Guido Mantega, ao jornalista Cristiano Romero foi publicada na edição de 8 de janeiro de 2013 do jornal *Valor Econômico*.

10 As declarações constam da entrevista do secretário do Tesouro, Arno Augustin, à repórter Adriana Fernandes, do jornal *O Estado de S. Paulo*, já citada.

11 Os passivos acumulados pelo Tesouro em 2012 estão no quadro 44 das notas técnicas de política fiscal do Banco Central publicadas a partir de janeiro de 2015.

9. EM BRASÍLIA, 17 HORAS E 10 MINUTOS [pp. 115-27]

1 As informações estão nas tabelas 20 e 21, nas páginas 59 e 60 do relatório do Tribunal de Contas da União sobre as pedaladas fiscais.

2 As informações constam na tabela 22 da página 62 do relatório do TCU sobre as "pedaladas fiscais".

3 O ofício de Gil Castello Branco ao procurador do Ministério Público pode ser acessado na página do Contas Abertas no Facebook.

4 O depoimento do auditor do TCU Antônio Carlos Costa d'Ávila Carvalho à Comissão Especial do Impeachment do Senado, no dia 8 de junho de 2016, pode ser encontrado no site do Senado.

5 O depoimento do procurador do Ministério Público de Contas junto ao TCU, Júlio Marcelo de Oliveira, à Comissão do Impeachment do Senado, no dia 8 de junho de 2016, pode ser encontrado no site do Senado.

6 Os citados pelo TCU, com seus respectivos cargos na época foram: Guido Mantega, ministro da Fazenda; Nelson Henrique Barbosa Filho, ministro interino da Fazenda; Dyogo Henrique de Oliveira, ministro interino da Fazenda; Arno Hugo Augustin Filho, secretário do Tesouro; Marcus Pereira Aucélio, subsecretário de Política Fiscal da Secretaria do Tesouro Nacional; Marcelo Pereira de Amorim, coordenador-geral de Programação Financeira da Secretaria do Tesouro Nacional; Adriano Pereira de Paula, coordenador-geral de Operações de Crédito do Tesouro Nacional; Alexandre Antonio Tombini, presidente do Banco Central; Tulio José Lenti Maciel, chefe do Departamento Econômico do Banco Central; Jorge Fontes Hereda, presidente da Caixa Econômica Federal; Aldemir Bendine, presidente do Banco do Brasil; Luciano Galvão Coutinho, presidente do BNDES; Manoel Dias, ministro do Trabalho e Emprego; Tereza Helena Gabrielli Barreto Campello, ministra do Desenvolvimento Social e Combate à Fome; Gilberto Magalhães Occhi, ministro das Cidades; Carlos Antônio Vieira Fernandes, secretário executivo do Ministério das Cidades; e Laércio Roberto Lemos de Souza, subsecretário de Planejamento, Orçamento e Administração do Ministério das Cidades.

10. A CONTA DO BNDES [pp. 129-46]

1   Entrevista à Agência Estado.
2   Entrevista concedida ao *Valor Econômico* e publicada na edição de 22 de setembro de 2009.
3   O mercado de crédito brasileiro é dual. Opera com crédito livre — concedido a partir de fontes de captação sem destinação obrigatória — e com crédito direcionado. O Banco Central considera direcionados os recursos vindos de fontes com destinação prévia e específica, que precisam ir para determinadas modalidades de crédito. Por exemplo, recursos da poupança vão para financiamentos imobiliários; parte dos depósitos à vista dos bancos financia a área rural. Nem todo recurso aplicado em crédito direcionado, portanto, é público. Mas o contrário é verdadeiro: todo recurso público destinado pelo governo a operações de crédito é classificado pelo Banco Central como direcionado. Foi o caso do BNDES. No segmento livre os juros são de mercado; no crédito direcionado, praticam-se juros subsidiados.

12. A PETROBRAS DEFINHA [pp. 161-78]

1   Criada em setembro de 1960, na Conferência de Bagdá, no Iraque, a Opep ganhou expressão a partir dos anos 1970. Com a nacionalização da indústria do petróleo, antes sob o domínio de companhias multinacionais do Ocidente, a Opep passou a ter poder de regular a oferta mundial, provocando duas ondas de elevação de preços na década de 1970, no que ficou conhecido como os dois choques do petróleo.
2   Disponível em: <http://lavajato.mpf.mp.br/entenda-o-caso>.
3   Levantamento realizado em janeiro de 2016 pela Economatica, empresa provedora de informações financeiras.

13. FÁBRICA DE DIVIDENDOS [pp. 179-87]

1   A observação sobre o lucro do BNDES está na página 47 do Relatório e Parecer Prévio sobre as Contas do Governo da República — Exercício 2010.
2   A observação sobre o lucro do BNDES está na página 55 do Relatório e Parecer Prévio sobre as Contas do Governo da República — Exercício 2010.
3   A estimativa para o subsídio implícito e explícito das operações do Tesouro com o BNDES consta da relação das informações complementares ao projeto de lei orçamentária de 2016.
4   A análise sobre o pagamento de dividendos em condições não previstas no Estatuto do BNDES está nas páginas 417 a 420 do Relatório e Parecer Prévio sobre as Contas do Governo da República — Exercício 2012.

5 A informação sobre o montante de dividendos no período de 2008 a 2015 foi obtida nos relatórios "Resultado do Tesouro Nacional".

6 A avaliação do TCU sobre os dividendos pagos pelo BNDES a partir de empréstimos obtidos junto ao Tesouro está na página 208 do Relatório e Parecer Prévio sobre as Contas do Governo da República — Exercício de 2014.

7 As operações do Tesouro Nacional com a Caixa Econômica Federal em 2012 estão analisadas nas páginas 192 e 193 do Relatório e Parecer Prévio sobre as Contas do Governo da República — Exercício de 2012.

8 O crédito do Tesouro Nacional à Caixa Econômica Federal em 2013 foi autorizado pela Medida Provisória 620/2013. A operação está analisada na página 213 do Relatório e Parecer Prévio sobre as Contas do Governo da República — Exercício de 2013.

9 A cronologia das operações do Tesouro Nacional com a Caixa Econômica Federal está nas páginas 192 e 193 do Relatório e Parecer Prévio sobre as Contas do Governo da República — Exercício de 2012.

10 Ver reportagem de Alex Ribeiro, publicada na edição de 30 de março de 2012 do jornal *Valor Econômico*.

11 O texto do economista Timothy Irwin pode ser encontrado no site do Fundo Monetário Internacional.

14. "EU QUERO É EMPREGO" [pp. 189-204]

1 Nota de análise sobre a desoneração da folha, elaborada pela Secretaria de Política Econômica do Ministério da Fazenda, em abril de 2015.

2 Declarações ao jornal *O Estado de S. Paulo*, veiculadas pela Agência Estado em 13 de março de 2012.

3 As declarações do ministro da Fazenda, Guido Mantega, ao jornal *O Estado de S. Paulo* também podem ser encontradas na edição de 13 de março de 2012.

4 Declarações da presidente Dilma Rousseff veiculadas pela Agência Brasil em 24 de abril de 2013.

5 As informações estão na nota técnica elaborada pela Secretaria de Política Econômica do Ministério da Fazenda em abril de 2015.

6 Declarações veiculadas pela Agência Brasil em 2 de agosto de 2011.

7 Discurso da presidente Dilma Rousseff no lançamento do Plano Brasil Maior, em 2 de agosto de 2011.

8 Todas as medidas que a partir de 2010, e a cada ano, instituíram desonerações tributárias estão no site da Secretaria da Receita Federal.

9 A estimativa sobre a perda de receita em 2012 com as desonerações tributárias consta do relatório mensal da Secretaria da Receita Federal relativo a dezembro daquele ano.

10 O dado consta do relatório mensal da Secretaria da Receita Federal, relativo a dezembro de 2015.

11 A série histórica sobre o resultado primário do governo federal, que inclui as empresas estatais federais, pode ser encontrada na página do Banco Central: <http://www.bcb.gov.br/htms/infecon/seriehistdivliq-p.asp>.

12 As declarações do ex-ministro chefe da Casa Civil, Jaques Wagner, à Rádio Metrópole, de Salvador, foram publicadas pelo jornal *O Globo* em 30 de dezembro de 2015.

15. MUITO ALÉM DAS PEDALADAS [pp. 205-15]

1 O episódio está contado na história do Tribunal de Contas da União, que pode ser encontrada no site do TCU.

2 Reportagem do jornal *O Globo*, 8 de julho de 2015.

3 As informações estão no site do TCU.

4 A análise sobre as falhas do balanço patrimonial da União e dos passivos ocultos estão nas páginas 377 a 428 do Relatório e Parecer Prévio sobre as Contas do Governo da República de 2013.

5 Em 30 de setembro de 2014, o Ministério da Fazenda publicou, em sua página na internet, as declarações do secretário do Tesouro, Arno Augustin, reafirmando a meta de 2014.

17. UM TROTSKISTA NO COMANDO DO TESOURO [pp. 229-44]

1 As informações sobre o rompimento do grupo do ex-prefeito de Porto Alegre Sereno Chaise com o líder do PDT, Leonel Brizola, basearam-se em matéria publicada na edição de 15 de fevereiro de 2001 da *Folha de S.Paulo*.

2 Os dados sobre as pedaladas feitas em 2009 e 2010 podem ser encontrados nas notas sobre a política fiscal, divulgadas pelo Banco Central a partir de janeiro de 2016.

3 O relatório dos auditores do TCU sobre as pedaladas fiscais descreve em detalhe todas as operações feitas pelo governo. As informações sobre o seguro-desemprego e o abono salarial estão entre as páginas 42 e 48 do relatório.

4 "O aviso foi dado: pedalar faz mal", da repórter Leandra Peres, *Valor Econômico* de 11 de dezembro de 2015.

5 Ver nota 4.

6 Ver nota 4.

7 O depoimento de Adriano Pereira de Paula à Comissão do Impeachment do Senado pode ser encontrado no site do Senado na internet.

8 Nota técnica sobre os passivos acumulados pelo Tesouro foi publicada no site do Ministério da Fazenda em 30 de dezembro de 2015.

9 Matéria de Adriana Fernandes e João Villaverde, publicada na edição de 10 de julho de 2014.

18. A FORTE REDUÇÃO DA POBREZA [pp. 245-54]

1 O aumento dos gastos sociais foi estimado pela Secretaria do Tesouro Nacional, no estudo intitulado "Gasto social do Governo Central — 2002 a 2015", divulgado em junho de 2016.

2 Ver matéria "Fome Zero: 0 — Bolsa Família: 10", do jornalista Ricardo Mendonça, publicada pela revista *Época*.

3 O vídeo em que o ex-presidente Luiz Inácio Lula da Silva agradece o então governador de Goiás, Marconi Perillo, pode ser encontrado no YouTube.

4 Dados retirados do estudo "Desigualdade de renda no Brasil: uma análise da queda recente, volume I", do Ipea.

5 Os dados sobre a melhoria dos indicadores sociais do Brasil estão no portal do Banco Mundial na internet.

6 A notícia sobre a exclusão do Brasil do mapa da fome está no relatório da FAO de 2014.

7 A notícia sobre o estudo do Banco Mundial foi publicada no site do jornal *El País* em 23 de abril de 2015. A íntegra do estudo pode ser obtida no site do Banco Mundial.

8 A íntegra do relatório divulgado pode ser obtida no site da instituição na internet.

9 A entrevista do economista Ricardo Paes de Barros foi publicada na edição de 19 de maio de 2016 do jornal *Valor Econômico*.

10 A distribuição do aumento do gasto social está no estudo "Gasto social do Governo Central — 2002 a 2015", da Secretaria do Tesouro Nacional, citado anteriormente.

11 Informações retiradas de matéria publicada na página do Portal Brasil em 1º de maio de 2016.

12 O estudo "Gasto social do Governo Central — 2002 a 2015", da Secretaria do Tesouro Nacional, citado anteriormente, traz um boxe sobre o impacto da política de valorização do salário mínimo no gasto social do governo federal.

13 O gasto do governo com o programa Bolsa Família em 2014 está no Balanço Geral da União daquele ano.

14 As condições e exigências do programa Minha Casa Minha Vida podem ser consultadas no site da Caixa Econômica Federal na internet.

15 Dados publicados no Portal Brasil no dia 30 de março de 2016.

16 As declarações do ex-presidente Luiz Inácio Lula da Silva foram reproduzidas na edição de 25 de outubro de 2010 do jornal *O Globo*.

17 As declarações do ex-ministro do Trabalho Manoel Dias foram publicadas no Portal Brasil em 23 de janeiro de 2015.

18 A taxa de desocupação do Brasil em 2015, estimada pelo IBGE, encontra-se no site da instituição.

19 Os dados do Caged estão no site do Ministério do Trabalho.

20 A decisão do governo de reavaliar diversos programas sociais está na apresentação das medidas adicionais de redução do gasto da União, publicada na página do Ministério do Planejamento na internet.

19. O ESTILO DILMA [pp. 255-72]

1 Publicada na edição de 22 de julho de 2011 do jornal *O Globo*.
2 *Folha de S.Paulo*, matéria do jornalista Fernando Rodrigues.

20. NOVO GOVERNO VELHO [pp. 273-92]

1 Entrevista ao jornal *Valor Econômico*.
2 Projeto de LDO para 2017.
3 *O Globo* de 12 de novembro de 2015.

21. A SEIS MESES DA VITÓRIA [pp. 293-304]

1 Entrevista concedida à jornalista Eliane Cantanhêde, publicada no jornal *O Estado de S. Paulo*.

CRÉDITOS DAS IMAGENS

p. 1, acima: Ruy Baron/ Valor/ Folhapress

p. 1, abaixo: Veja/ Edição 2038/ Abril Comunicações S.A.

p. 2: The Economist

p. 3, acima: EVARISTO SA/ Staff/ Getty Images

p. 3, abaixo: Roberto Stuckert FilhoPR

pp. 4 e 5: Ribamar Oliveira/ Valor

p. 6, acima: Ana Carolina Fernandes/ Folhapress

p. 6, abaixo: Sebastião Moreira/ Efe

p. 7, acima e abaixo: Pedro Ladeira/ Folhapress

p. 7, ao centro na candidatura: Nelson Antoine/ Fotoarena

p. 7, ao centro sozinha: Ruy Baron/ Valor/ Folhapress

p. 8 à esquerda: TIAGO QUEIROZ/ Estadão Conteúdo

p. 8 à direita: DANIEL TEIXEIRA/ Estadão Conteúdo

TIPOGRAFIA Arnhem Blond
DIAGRAMAÇÃO acomte
PAPEL Pólen Soft, Suzano Papel e Celulose
IMPRESSÃO Gráfica Bartira, janeiro de 2017

A marca FSC® é a garantia de que a madeira utilizada na fabricação do papel deste livro provém de florestas que foram gerenciadas de maneira ambientalmente correta, socialmente justa e economicamente viável, além de outras fontes de origem controlada.